책방길 따라 제주 한 바퀴

책방길 따라
제주
한 바퀴

제주 곳곳에

소담하게 자리 잡은

마을책방,

각기 다른 매력을 지닌

특별한 책방 30곳

고봉선 글·사진　제주의소리 엮음

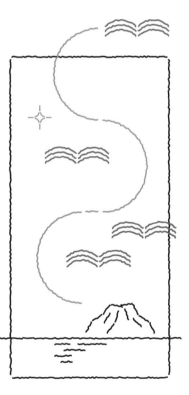

〈제주의소리〉 김봉현 편집국장

故 고봉선 시인.

시인은 단엄하고 정직했다. 곧아서 빗나감이 없는 이였다.

필자와 편집자로 우연히 만난 우리는 어쩌면 바쁜 일상처럼 건조할 수 있는 사이였다. 그러나 그런 예상이 깨지는 데는 그리 오랜 시간이 걸리지 않았다. 단출하나 풍성했던 어머니의 끼니처럼, 녹진한 그의 문체에 나는 단박에 고 시인의 팬이 되어버렸다. 글에서는 글 쓰는 사람의 결과 무늬가 드러나는 법. 가난한 농부의 집안에 태어난 그녀가 제주 애월읍 어느 시골 마을의 사람 냄새 진하게 밴 고향 집에서 인근의 아이들 글공부를 가르치고 있었다. 나의 제안으로 신문에 연재를 시작한 책방 취재를 한순간도 소홀하지 않았다. 2년간의 연재 기간에 단 한 번의 소위 '빵꾸'도 없을 만큼 그는 미쁜 글쟁이였다. 얕잡아 볼 '쟁이'가 아니라, 그는 타고난 촘촘한 성품과 사물의 이치를 관조할 줄 아는, 글쓰기가 태생적으로 업이었던 시인이다.

2017년의 일이다.

도시재생과 마을만들기 등의 기획취재로 일본 혼슈 서부의 히메지에서 다시 배를 타고 들어가 '이에시마'라는 작은 섬마을을 방문한 적이 있다. 이곳에서 1933년 개업해 3대째 '문희당文姬堂'이라는 책방이 운영되고 있어 깜짝 놀랐던 기억이 선명하다. 사실 놀람보다 부러움이 더 컸다. 창업주의 손자며느리라는 당시 60대 후반 초로의 할머니가 3대를 이어 책방지기를 하고 있다는 점도 부러웠다. 2020년 8월 연재를 시작해 2년간 격주로 총 40회 이어진 '고봉선의 마을책방을 찾아書'는 사실 일본 이에시마의 문희당을 찾았을 때 내 머릿속에 기획됐다. 제주에 온 많은 사람이 카페순례나 빵지순례까지도 하는 마당에 책방순례를 할 수 있다면 얼마나 더 행복할까 싶었다. 그 순례의 건강한 길잡이를 찾는 데 이후 3년이 걸렸다. 일면식 없던 고봉선 시인을 우연한 기회로 만나게 되며 무릎을 '탁' 쳤다. 직감적으로 마을책방 순회 취재할 적임자가 바로 그임을 알아챘고, 고 시인도 내 직감대로 제주 마을 골목골목에 자리한 책방과 책방지기들에 대한 궁금증으로 목말라 하고 있었다. 독립언론 〈제주의소리〉에 연재된 '고봉선의 마을책방을 찾아書'는 그렇게 탄생했다.

마을책방, 단순한 기호품을 파는 곳이 아니다.

마을책방, 동네서점, 골목서점…. 그 이름을 무엇으로 부르든지 대도시 대형서점처럼 책을 어마어마하게 팔아 치우는 곳이 아니다. 제주 여행길에 후미진 어느 골목길이나 시골 언저리에서 우연히 마을

책방을 만난다면 그것은 큰 행운이다. 마을 초입 정자나무 아래 동네 사람들이 모여들듯 책벌레가 아니어도 도란댈 수 있는 사랑방 같은 곳이다. 맘만 먹으면 즐기고 소비할 수 있는 크고 화려한 관광지가 많은 제주. 그런데 마을 곳곳에서 사람을 살리고, 다시 사람이 마을을 살리게 하는 작은 책방들이 있다. 그것이 마을책방의 가치이고 제주의 가치다. 시인이 바람을 쐬듯 책방마실을 다녔다. 책과 사람이 만나는 '마을책방'에서 책방지기의 책 살림 이야기를 시인을 통해 들을 수 있는 또 다른 제주여행의 길잡이라 확신한다.

　유작집遺作集이 될 줄이야….
　고 시인은 남들 앞에서 자신을 시인이라고 소개하는 것조차 진심으로 부끄러워했다. 흔해 빠진 장삼이사張三李四 식의 시인이 차고 넘치는 시대이나, 스스로에 대해 그만큼 엄격하고 겸손했다. 피로하고 권태로워도 글을 쓸 때만큼은 몸과 마음을 기우듬히 기대지 않을 것 같은 시인이었다. 연재를 마치면서 글을 묶어 단행본을 내기로 담앤북스 출판사와 결정하던 날, 소녀처럼 좋아했던 맑은 나릿물 같은 사람이었다. 지난 3월 3일 이른 새벽, 그가 안타까운 사고로 황망히 우리 곁을 떠났다. 62세, 그리 길지 않은 삶이었다. 만만찮은 세상, 가볍지 않게 쌓이는 어제와 오늘의 고요를 직관하는 섬세한 감각과 깊은 서정이 고 시인의 글 속 힘이다. 마을책방이라는 공간과 책방지기라는 사람을 통해 글 곳곳에 출몰하는 '살림을 짓는 길'을 만나 보시라. 어찌하다 보니 필자가 썼어야 할 '펴내는 글'을 '엮는 말'로 대신하게 됐다. 이 글은 故 고봉선 시인께 올리는 나의 헌사獻辭다. 책을 끝까지 펴내 주신 담앤북스 출판사에도 고인을 대신해 감사를 전한다. 아직 고 시인은 우리 곁에 있다.

2022년 9월
독립언론 〈제주의소리〉 김봉현 편집국장

고정국 시인

큰길, 작은 길, 골목길, 올레길 등등 주변에는 수많은 종류의 '길'이 있습니다. 그런데 오늘, 〈제주의소리〉에서 건네받은 원고에서 '책방길'이라는 전혀 새로운 길을 하나 체험하게 되었습니다. 길은 곧 발자국이 쌓여서 생겨난 것이라 했을 때, 이번에 만난 이 길이야말로 지난봄 불의의 사고로 우리 곁을 떠난 고봉선 시인이 생전 발이 붓도록 맨발로 닦아 놓은 '고봉선의 길'이라 해도 지나침이 없을 것 같습니다.

삶이라는 바탕화면에 '아이사랑', '책사랑', '제주사랑', '자연사랑'이라는 폴더 넷을 또렷하게 표방하면서, 인생의 삶이란 말과 글이 아닌 바로 '행동' 그 자체임을 강조하던 그 열정적 모습이 날이 갈수록 그리움의 크기를 더해가는 것 같습니다.

언젠가 고 시인의 작업실을 찾았을 때, 시인이 직접 펜으로 필사한 원고지 더미가 저를 놀라게 했습니다. 조정래의 『태백산맥』

10권, 최명희의 『혼불』 10권 외 교황 아우렐리우스의 『명상록』은 물론 에머슨의 『자연』, 소로의 『월든』 그리고 국내 작가들의 단행본 등이었습니다. 이처럼 고 시인의 독서 방법은 책은 '읽'는 대상이 아닌, '읽어 내'는 대상으로서 이른바 그 책을 써 내려간 저자와의 만남이라고 했습니다.

"자녀가 바뀌기 위해선 엄마부터 바뀌어야 한다."라며 가정교육의 중요성을 강변하는, 그 열정이 넘쳐나는 이 원고들을 읽어 내려가면서 또 하나 놀랐던 것이 있습니다. 제주 책방길 곳곳에 조용히 자리한 서른 군데의 마을책방 운영자들, 그들 삶의 모습이 바로 지역 집단 지성의 면면이라는 점에서 그렇습니다. 작은 책방의 그 '작은'이라는 어휘의 어감에서 예전과는 다른 진실과 정감이 담겨 있습니다. 바로 동네 책방을 운영하는 책방지기들 나름의 깊은 철학이 곳곳에 숨어 있었습니다. 그들은 다양한 색깔 속에서도 책을 뼈대로 인간과 자연에 대한 저마다의 사랑의 결을 느끼게 했습니다. 고봉선 시인은 이 자료들을 통해 지역 곳곳에 내린 이러한 잔뿌리들을 우리에게 꺼내 보이고 있습니다. 이 작은 동네책방을 찾아오는 시골 아이들과 엄마 아빠, 동네 어르신 그리고 제주를 찾는 여행객에 이르기까지 책을 통해 주고받는 지적 나눔이야말로 제주의 잠재력을 키우는 손길들임을 다시 한번 생각하게 하였습니다. 문득 하던 일을 멈추고 제주도 동서남북 각처에 켜 있는 아담한 책방의 작은 불빛들을 찾아 훌쩍 떠나고 싶은 마음입니다.

이제 '하늘나라별'이 되신 고봉선 시인은 시골 노인정을 찾아가 책 읽어드리는 운동에도 앞장서면서 몇 권의 시집과 30개의 전자출판물을 남겼습니다. 그중에서도 이번 발간되는 『책방길 따라 제주 한 바퀴』는 제주의 대표적 인터넷 신문 〈제주의소리〉에서 기획·연재된 기사로, 원고 일부를 묶어 책으로 펴내게 되면서 고인의 넋을 위로하고자 합니다. 고봉선 시인과 함께 10년 넘게 세상과 문학의 결을 더듬었던 필자로서 이 기사를 기획한 〈제주의소리〉에 깊은 감사와 경의를 표합니다. 그리고 매일처럼 지속되는 폭염을 견디면서 이 자료의 원고 정리와 출판을 맡아 주신 출판사 담앤북스 관계자 분들께도 사랑의 갈채를 보냅니다.

고맙습니다.

2022년 여름 끝 무렵

고정국

1부 **제주시:**
제주국제공항에서 시작하는 책방 기행

2부 서귀포시:
산방산 품에 안긴 책방들

3부　제주시:

우도에서 잠시 숨을 고르고 다시 공항으로

제주시:

제주국제공항에서 시작하는
책방 기행

북부 ⌒ **서부 편**

*

또 다른 나를 찾아書

제주시 도평동 **북스페이스곰곰**

*

*

*

'북스페이스곰곰'에 가면 유아와 어린이를 위한 그림책과
어린이책이 있습니다. 논술 수업을 하면서 어린이책을
쓰는 작가인 책방지기도 만날 수 있습니다. 책방지기는
2021년에 그림책을 좋아하는 엄마들과 힘을 합쳐
'엄마와그림책협동조합'을 만들었습니다.

#그림책 #어린이책 #논술수업 #협동조합 #제로웨이스트

　　　　　　　푹푹 찌던 여름을 소리 없이 밀어내는 가
을, 가을은 힘이 참 세다. 살랑살랑 다가온 바람이 책 곁으로 우리를
불러 앉힌다. 가을 분위기 완연한 시월에 북스페이스곰곰을 찾아갔

● 북스페이스곰곰 간판.　　　　　　　　　　　　ⓒ북스페이스곰곰

다. 외도천과 도근천 줄기를 끼고 앉은 도평동은 심심찮게 지나다니는 길이다. 널따란 주차장에 차를 세우고 책방으로 들어섰다. 도심 냄새에 도서관 같은 분위기가 풍긴다. 그렇게 나는 책방지기 김지연 씨를 만났다. 드르르륵 드르르륵 커피 가는 소리에 이어, 쪼르록 똑 똑 커피 내리는 소리가 귀를 간지럽혔다.

독서라는 영양제를 뿌리는 사람

김지연 씨는 어렸을 때부터 책에 대한 관심이 많았다. 천성적으로 책을 좋아한다기보다는, 도서관에 가거나 책을 빌리는 행위 자체가 좋았다. 결국, 일도 책과 함께하게 되었다. 특히 아이들 책에 관심이 많았던 그는 서울에서 10년 정도 어린이책을 만들었다. 출판사에서 근무하는 10년 동안 논술 교재를 만들기도 했다. 이게 인연이 되어 제주에서는 논술 강사로 일하게 되었다.

논술 수업을 하다 보니, 의외로 책을 재미있게 읽지 못하는 아이가 많았다. 엄마들도 아이에게 맞는 책 골라 주는 걸 어려워했다. 책과 가까워지기는커녕 멀어지고 있는 현실이 안타까웠다. 내가 좋은 책을 소개해 보면 어떨까? 김지연 씨는 팔을 걷어붙였다. 책방을 시작하게 된 것이다. 그렇게 도평동에 책방 하나가 생겼다. 2017년이었다.

나에겐 10년 넘게 이어지는 스터디가 있다. 스터디를 이끄는 선생님은 농부 시인인데 그에게는 모든 게 관찰의 대상이다. 따라서 굉장한 시력을 갖고 계시다. 선생님은 '참 희한하더라'라는 말과 함께 어느 날 농사에서 깨닫게 된 한 가지 사실을 들려주셨다.

농사를 짓는 사람이라면 사용해 봤을 제초제나 영양제. 선생님께 깨달음을 준 건 이 제초제와 영양제였다. 잡초를 제거하기 위하여 제초제를 뿌렸는데 이상하더란다. 잡초가 죽으면서 주변 식물까지도 황폐해진 것이다. 이상한 일은 또 있었다. 영양제를 뿌렸을 때다. 영양제를 먹은 농작물은 보답이라도 하듯 야들야들했다. 주변 작물도 마찬가지였다. 제초제와 영양제가 보여준 건 한마디로, 주변이 어떤 사람들로 구성되어 있는가에 따라 나의 삶도 달라진다는 뜻이다. 책방지기가 시작하게 된 책방이 또 하나의 영양제는 아닐까. 이제 책방지기 주변의 아이나 엄마는 더 효과적으로 책을 읽으며 재미도 누릴 것이다. 지금 책방지기 김지연 씨는 도평동에서 독서라는 영양제

● 책방지기가 숙고해 입고한 그림책과 어린이책을 판매하고 있다.　ⓒ북스페이스곰곰

를 뿌리는 중이다.

김지연 씨는 여섯 살까지 시골에서 자란 후 제주로 올 때까지 도시에서 살았다. 그래도 곰곰이 생각해 보면 기억 저편엔 아름다운 시골 생활이 있었다. 어찌 보면 결혼 후 귀촌해서 살자는 꿈을 지니게 된 것도 여기에서 비롯되었는지 모른다.

김지연 씨 부부는 제주에 사는 형님네를 보러 왔었다. 그때 제주를 보는 순간 첫눈에 반했다. 두메산골도 번화한 대도시도 아닌 딱 그 사이, 귀농은 아닐지라도 귀촌을 꿈꾸는 부부에겐 최적의 장소였다. 부부는 이렇게 제주와 인연을 맺었다. 돌이켜보면 여섯 살까지 시골에서 살았던 기억이 귀촌을 꿈꾸게 하였고, 그 꿈이 다시 책방지기를 제주로 오게 하였는지도 모른다. 책방을 열게 된 계기가 시골에서 자란 6년 때문일 수 있다는 것이다.

몇십 년 살던 곳을 떠나는 일이 쉽지는 않았을 것이다. 그런데 어떻게? 그러나 부부는 별 미련이 없었다. 하던 일에 지쳐 있었기 때문이다. 쇠뿔도 단김에 빼랬다고, 이주 이야기가 나오고 석 달 만에 정리했다.

'읽기'보다 중요한 것

굳이 교인이 아닐지라도 성경 일독을 목표로 하는 사람은 많다. 하지만 완독은 쉽지 않다. 책방지기 역시 마찬가지였다. 2020년 1월부터 김지연 씨는 엄마들 네 분과 성경 읽기에 도전했다. 하루 넉 장 정도 정해진 분량을 읽고, 발췌한 내용을 단톡방에서 공유하기로 했다. 함께하는 것에는 확실한 힘이 있었다. 수적천석水滴穿石이란 말 처럼 천천히, 그러나 쉬지 않고 읽었다. 이처럼 '같이의 힘'을 알기 때 문에 김지연 씨는 모임에 적극적일 수밖에 없다.

요즘은 대부분 맞벌이 가족이다. 따라서 오전 모임은 힘들 것이 다. 하지만 꼭 그런 것도 아니었다.

아이들이 변화하기 위해선 엄마부터 바뀌어야 한다. 김지연 씨에 게는 엄마들을 위한 모임 '엄마와 그림책'이 있다. 그림책을 통해서 어떠한 이야기를 나눌 수 있는지, 아이와 그림책을 보는 게 얼마나 중요한 일인가를 안내하고 스터디하는 오전 모임이다. 아이들을 바 라볼 때 책방지기는 이들이들 자라는 새싹을 떠올린다. 어릴 때 책 읽는 즐거움을 경험한 이 아이들, 어른이 돼서도 읽고 싶다, 읽어야 겠다는 생각을 버리지 않을 것이라는 사실을 알기에 행복하다.

여행자들의 아지트

주말에 책방지기 김지연 씨는 논술 수업을 한다. 그러다 보니 정작 책방에서는 많은 걸 할 수 없다. 하지만 '같이의 힘'을 알기에, 가능 한 엄마들과 모임 하나라도 더 하려고 했다. 소소한 엄마들의 모임 과 꾸준한 관계를 더 중요하게 여긴다. 여기서 모임 구성원을 위하 는 김지연 씨 진심을 알 수 있었다.

● 책방 한쪽에는 다회용품을 구매할 수 있는 공간이 마련되어 있다. 제주 마을기업의 면생리대, 천연 수세미 등 제로 웨이스트를 위한 물품과 천연 세제를 판매한다.

©북스페이스곰곰

모임도 모임이지만 이곳은 엄연히 책방이다. 판매가 중요하다는 뜻이다. 고객은 모임의 대상인 엄마도 있을 것이고, 외부에서 일부러 찾아오는 사람들도 있을 것이다. 그렇다면 '북스페이스곰곰'에는 어떤 고객층이 주를 이룰까.

의외다. 여행자들에게 입소문이 났는지, 제주 책방 지도를 들고 찾아오는 분이 꽤 있다. '제주에서 한 달 살기' 프로그램은 몇 년 전 한창 유행이었다. 게다가 코로나19가 터지자 제주가 청정 지역이라는 의식이 한몫했는지, 프로그램에 참여한 엄마들이 아이를 데리고 종종 제주를 찾았다. 2020년 제주는 코로나19 청정 지역에 가까웠다.

이처럼 전국적으로 알려지면서 자리 잡을 즈음 코로나19가 초를

쳤다. 낙천적인 건지 긍정적인 건지 아니면 둘 다인 건지, 그래도 책방지기는 코로나19가 발목을 잡았다고 생각하지 않았다. 문제는 '어떻게 바라보느냐'이다. 생각의 차이였다. 물론 모임이나 수업이 지체되긴 했다. 그 대신 도서관에 가지 못하는 아이들이 엄마 손을 잡고 찾아오기도 했다. 코로나19라는 상황에 구속된다거나 탓하며 무기력해지는 것을 책방지기는 원하지 않았다. 장사가 아닌, 진정으로 아이들을 위하는 책방지기의 마인드가 돋보였다.

행복의 비결, '일과 삶의 적절한 조화'

김지연 씨는 출판사에서 오랫동안 일했다. 그리고 현재 논술 강사로도 활동하고 있다. 상황으로 봤을 때 저서도 충분히 냈을 것 같다는 내 짐작은 적중했다. 김지연 씨는 아이들을 위한 정보서를 다양하게 쓰고 있었다. 그가 지은 『이순신의 거북선 노트』, 『나의 소원』, 『초등 숙제 왕! : 인물편』 등이 이미 출간되어 시판되고 있었다. 저서는 주로 역사와 관련된 책이었으며, 『세계문화유산』도 출판을 앞두고 있었다. 작업 의뢰도 있지만, 작업 의뢰가 아니어도 김지연 씨는 계속 글을 쓸 계획이다. 솔직히 책방 운영에 수업까지 겹치다 보니 소화하긴 어렵다. 이제 '뭘 버려야 되나' 고민하고 있다. 문제는 선택이다.

김지연 씨가 책방을 운영하며 행복을 느낄 때는 언제일까. 그에게 행복은 그저 소소한 것들, 기분 좋게 느끼는 정도의 평범한 것들이

● 제주 관련 책, 환경과 지구를 위한 책도 판매하고 있다.

다. 아니, 진짜 중요하게 생각하는 게 있다. 일과 개인적인 삶이 조화를 이루는 것이다. 책방 운영, 엄마들 모임, 아이들과 하는 수업에서 문제없이 지내는 게 행복이다. 가능한 갈등의 요소를 없애고, 개인적인 시간을 여유롭게 보낼 수 있는 것들이 행복이다. 아이, 엄마와 함께 책 속에 파묻힐 수 있다는 건 더없는 행복이다. 책방지기에겐 일상에서의 소소한 행복이 줄줄이 널려 있다.

그림책은 어린이들만의 것이 아니다

김지연 씨는 아이들 책을 읽으면서도 종종 철학 분야의 책을 즐겨

읽는다. 읽으면서 그는 '왜 사나, 뭐가 행복일까' 등에 대하여 생각한
다. 생각을 놓치지 않는 게 중요하기 때문이다. 바꿔 말하면, 습관적
인 일을 되풀이하지 않으려는 것이다. 기준이 없으면 흔들리기 마련
이다. '흔들림'의 대명사인 갈대는 뿌리가 튼튼하다. 늘 제자리에 있
을 수 있는 이유다. 그에게 중요한 건 기준이다. 그 기준을 중심으로
언제나 생각하며 책을 읽는다.

　세상 어느 곳이든 양면성이 존재한다. '북스페이스곰곰'도 그렇다.
물론 많은 사람이 드나드는 곳은 아니다. 비슷한 관심사를 가진 분
들이 오가는 곳이기 때문에 크게 상처받을 일도 거의 없다. 그래도
가끔, 아주 가끔은 마음을 다칠 때가 있다. 그림책에 무관심한 사람

● 스터디룸은 공간 대여가 가능하고, 이곳에서 다양한 수업과 모임이 진행되고 있다.

ⓒ북스페이스곰곰

들의 태도 때문이다. 들어오지도 않고 입구에서 쓰윽, 그렇게 훑어 보고는, "그림책 밖에 없네." 하고 나가는 사람들, 그럴 땐 진열된 그림책들이 흐느끼는 소리가 들리는 것 같다. "그림책이 어때서?"라며 판매대에 누운 책들이 발딱 일어나 손님에게 대들 것만 같다.

책방지기가 생각하는 '책의 가장 큰 힘'은 무엇일까? 그건 바로 삶을 다른 시각에서 보게 되는 것이다. 다르게 살 수 있는 것, 습관적으로 살지 않는 것, 사고방식이 미처 닿지 않았던 곳에 다다르게 하는 것이다. 삶의 목적이나 가치 같은 것들에 대하여 생각 없이 지낼 수도 있다. 그러나 책을 읽다 보면 생각하게 된다. 거기서 또 다른 발견이 있다.

책은 하나의 매개체다. 힘들 때 다독여 주고, 어려운 일은 조금이라도 쉽게 해 준다. 그러나 발견은 스스로 하는 것이다. 읽지 않으면 발견도 깨달음도 없다. 다양한 삶, 다양한 사람들. 여기에 책이 함께한다면 우리 삶은 훨씬 풍요로워질 것이다.

📍 제주시 도평동 48-10 바인빌딩 1층 101호
🕐 월~토요일 12:00~19:00 (일요일 휴무)
📱 010-5105-7433
📷 instagram/gomgom_jeju

*

제주시 애월읍 하귀2리 카페 동경앤책방

피아니스트 부인과 바리스타 남편의 하모니

*

*

*

cafe Tokyo & Book shop

ⓒ카페동경앤책방

독서모임 장소를 찾고 계신가요?
'동경책방'이 장소를 제공해 드립니다.
독서모임에서 선정된 책은 없습니다.
정해진 리더의 안내에 따라 본인이 읽은 책을 가지고
가볍게 "이 책을 읽었습니다."라고만 하면 됩니다.
독서모임엔 책방지기 김효진 씨도 참여하고 있습니다.

#독서모임 #제주여행서 #문화공간 #샌드위치 #무라카미하루키

등잔 밑이 어둡다 했던가. 초등학교 6년
에 중학교 3년을 다녔고, 두 아들마저 9년씩 다닌 곳이다. 현재 내가
사는 지역권이기도 하다. 그런데 이곳에 책방이 있다는 사실을 전
혀 모르고 있었다. 아니다. 지나며 얼핏 간판을 보기는 했다. 하지만
관심을 끌어당기지는 않는 곳이었다. 그렇게 숨겨진 것 같은, 애월읍
하귀2리에 있는 '카페동경앤책방(이하 동경책방으로 칭함)'의 김효진·
서은지 씨 부부를 만났다.

얼마 전, 초등학교 6학년인 '라엘'이 읽어보라면서 발터 뫼르스의
『꿈꾸는 책들의 도시』를 들고 왔다. 책방을 탐방하면서 인연을 맺
게 된 노란우산 책방지기의 아들인 라엘은, 이 책을 얼마나 읽었는
지 책장 일부가 너덜너덜 떨어지고 있었다. 『꿈꾸는 책들의 도시』
는 상상의 대륙인 차모니아 부흐하임에서 펼쳐지는 모험을 그린 판
타지 소설이다. 이야기인즉슨, 동경책방 또한 밖에서 보았을 때와는
달리 전혀 생각지 못했던 분위기에 잠시 판타지 같은 느낌이 들더라

는 뜻이다. 책방지기와 마주 앉아 이야기를 나누는 동안 음료 손님도 심심찮게 다녀갔다.

우연을 필연으로 만들다

고향이 서울이라는 책방지기 부부. 그들이 이곳에서 책방을 시작한 지도 곧 4년이 된다. 7년 전까지만 해도 김효진 씨는 은행원이었다. 종로와 잠실에서만 거의 27년을 근무하던 그가 어쩌다 이곳으로 오게 되었을까. 그가 이곳 제주에서 정착하게 된 건 그야말로 우연이었다.

퇴직하면서 김효진 씨는 부인 서은지 씨에게, 1년 동안은 여행만 다니면서 완전히 놀 거라고 선언했다. 바다를 좋아해서 전에도 종종 제주에 왔던 김효진 씨다. '제주에서 한 달 살기'가 한창 붐이던 때, 그는 서은지 씨에게 선언한 대로 올레길도 완주할 겸 제주로 왔다.

그런데 시작부터 삐거덕거렸다. 서귀포 어딘가에서 계약하려니 최소한 석 달이어야 한다고 했다. 별수 없이 3개월로 계약했지만 3개월이란 시간은 너무 길었다. 두 달 가까이에 이르자 가족이 눈앞에 아른거렸다. 이제 집에 가고 싶어 미칠 지경이 되었다.

그런 상황에서 김효진 씨는 아버님 친구의 리조트로 놀러갔다. 가서는 직장을 그만둔 이야기며 지금은 노는 중이라는 사실까지 말씀드렸다. 그랬더니 아버님 친구는 방을 하나 줄 테니 강아지 밥도 주며 리조트에 와 있으라고 하셨다. 그렇게 얼떨결에 그곳으로 가게 되었다.

1년은 실컷 논다고 했지만, 사실 계속 놀 수는 없는 형편이었다. 퇴직하면서 7년 뒤엔 커피 장사를 생각하고 있었다. 김효진 씨는 조심스레 그 속내를 아버님 친구분께 비쳤다. 그랬더니 직장을 그만두고 바로 장사하다가는 금방 망할 수 있다며 이곳에서 연습하라고 하셨다.

웬 기회인가 싶었다. 그렇게 그는 아버님 친구의 리조트에서 6개월 정도 카페를 운영했다. 우연히 제주도에 놀러왔다가 연습 삼아 해 보게 된 것이다. 그러나 세상 어디에도 공짜는 없었다. 수업료는 톡톡히 치러야 했다.

아쉽게도 리조트가 팔리게 되었다. 덩달아 카페도 접어야 했다. 잠시 고향으로 돌아가야 하나 고민했지만, '제주도에서 처음 시작했던 마음으로 해 보자.' 하고 머물기로 하였다.

샌드위치, 카페, 그리고 무라카미 하루키

일본 여행 중 김효진 씨는 오사카의 어느 카페에서 샌드위치를 먹은 적이 있었다. 그때 먹었던 샌드위치가 어찌나 맛있었는지, 한국으로 돌아온 뒤에도 잊지 못했다. 그 샌드위치가 너무 먹고 싶었던 그는 부인과 함께 다시 오사카로 갔다. 오로지 샌드위치를 먹기 위해서였다.

그런데 문제가 생겼다. 맛을 잊지 못하는 샌드위치, 어쩌다 한 번 먹는 것으로 만족할 수 없었다. 그렇다고 샌드위치를 먹기 위해 매번 일본으로 갈 수도 없었다. '주변에 그런 샌드위치를 파는 곳이 있으면 얼마나 좋을까.' 고민 끝에 다시 오사카로 갔다. 샌드위치 만드는 비법을 배우기 위해서였다. 그렇게 만든 샌드위치와 커피로 김효진 씨는 카페를 운영하게 되었다.

그런데 뭔가 허전했다. 김효진 씨는 책을 많이 읽는다기보다는 많이 사는 편이다. 은행에 근무할 때도 교보문고와 영풍문고를 수시로 드나들었다. 여행을 다닐 때도 국내의 동네책방뿐만 아니라 도쿄의 개인 책방, 독립서점까지도 다녔다. 이처럼 책을 좋아하던 그가 카페에 책이 없으니 허전한 게 당연했다. 문득 카페에 '책이 있으면 좋겠다'라는 생각이 들었다.

현장 조사도 할 겸 여러 북카페를 둘러보았다. 그런데 빛바랜 책이 많았다. 그런 책들을 보면서 곧 책장이 너덜너덜해질 거라는 데에 생각이 미쳤다. 그렇다고 새 책을 계속 유치할 수는 없다. 김효진 씨 뇌리에 브레이크가 걸렸다.

마침 그때 제주에는 동네책방이 유행이었다. 여기서 그는 차라리 카페에서 책을

ⓒ카페동경앤책방

파는 게 낫겠다는 생각을 떠올렸다. 새 책을 유치하면서 비용을 줄이고, 수입도 될 것 같았다.

김효진 씨가 즐겨 다니던 대형 서점에는 책을 읽는 손님이 꽤 많았다. 그들은 책에 밑줄을 긋는 등의 낙서는 하지 않았다. 그 수준으로 고객들이 카페에 비치한 책을 봐준다면 괜찮을 것 같았다. 그리하여 가게 안 가게 개념으로 카페 안 책방을 시작하게 되었다. 도서 매출 비율은 음료에 비해 20~30퍼센트 정도밖에 안 되지만, 그래도 무시할 수 없는 비중이다.

책을 판다는 것은 책방지기가 그만큼 도매상으로부터 많이 산다는 뜻이다. 비록 팔 책이라 해도 책을 구매하면 김효진 씨는 기분이 좋다. 팔기 위해서라지만, 개인적으로 구매할 때 느낌과 똑같았다. 마치 품 안으로 안겨드는 자식을 맞이하는 것 같기도 했다. 책을 즐겨 구매하던 그로서는 만족감 또한 높았다. 그는 수십 권, 아니 수백 권이라 해도 마음껏 책을 산다. 책방을 하게 되면서 기쁨은 더 쌓였다.

그러나 여기엔 분명히 한계가 있을 것이다. 책이 모두 팔린다면 문제없겠지만, 재고 또한 쌓일 것이기 때문이다. 김효진 씨 말에 따르면, 책방이란 게 날이 갈수록 수익성이 좋지 않다는 것을 알게 된다고 한다. 언제 팔릴지도 모르는 책, 은근한 부담도 따른다. 그러므로 제한적으로 책을 사들일 수밖에 없다. 처음엔 뭣도 모르고 꽂히는 대로 샀다. 대표적인 책이 무라카미 하루키의 『1Q84』다. 김효진 씨는 무라카미 하루키의 광팬이다. 그걸 증명이라도 하듯 처음엔 무라카미 하루키의 『1Q84』를 한꺼번에 10권씩 갖다 놓았다. 이 작은 책방에서 해당 수량을 팔기는 무리였다. 그렇게 경험이 축적되면서 지금은 자신만의 방법이 생겼다. 우선 한두 권씩 사다 놓고, 팔리면 다시 사다 놓는 것이다.

책을 매개로 이어진 인연

동경책방에서 도서 매출이 차지하는 비율은 2할이다. 그런데 다른 책방과 달리 동경책방은 관광객이 별로 없다. 그가 생각해도 관광객은 제주를 대표할 수 있는 곳을 찾아가는 게 맞다. 다시 말하면, 동경책방은 제주를 대표하는 곳이 아니라는 사실을 스스로 밝히는 것이다. 그렇다면 동경책방에는 어떤 분들이 찾아올까?

동경책방에서 매출의 2할을 차지하는 손님 중 60~70퍼센트는 장기 여행자라는 게 특징이다. '한 달 살기'나 '1년 살기' 등으로 오는 장기 여행자들이 주로 찾는다는 것이다. 다음은 육지에서 근처로 이주해 오신 분들이다. 대부분 자녀 교육을 위해 이주한 학부모인데, 그들 중에는 책을 좋아하는 분이 많다. 물론 책과 상관없이 이주하신 분들이다. 그런데도 대부분은 책의 고리가 연결되어 있는 것 같다는 게 책방지기의 생각이다. 장기 여행자 혹은 이주자들은 제주를 알아야 할 것이다. 이러한 사실을 뒷받침이라도 하듯 동경책방에서 잘나가는 책들의 주제를 보면 '오름 오르기'라든지 '트래킹맵 제주에서 1년 살기' 등 여행에 필요한 정보 책들이다. 제주 체험을 위해서는 필요할 수밖에 없는 책이다.

리조트가 팔릴 때 어쩔 수 없이 김효진 씨도 고향으로 가야 할 상황이 되었다. 하지만 고향에서는 경쟁이 만만치 않았다. 비록 6개월이라 해도 제주는 경험을 쌓은 곳이다. 그래서인지 약간은 만만하게도 여겨졌다. 그러던 차에 누가 현재의 장소를 추천해 주었다. 그런데 세가 만만치 않았다. 시작은 했지만, 장사란 유동 인구가 많은 곳, 즉 수도권으로 가야 하는 게 아닌가 하고 생각할 때도 있다. 더군다나 사랑하는 두 딸이 고향에 있기 때문이기도 하다.

부인 서은지 씨는 제주도를 전혀 생각하지 않았다. 남편을 따라 그야말로 졸지에 제주로 오게 된 것이다. 그러나 환경에 젖어 드는 건 금세였다. 이곳에 발을 붙이고 지내다 보니 이제 서울에서는 못 살 것 같다. 전철은 물론이고 복잡한 것들이 버거워진 까닭이다.

그런데 가게를 하면서 꼼짝없이 갇혀 버렸다. 처음 김효진 씨 혼자 왔을 땐 만날 올레길을 다녔다. 윗세오름도 가고 골프도 치러 다녔다. 낚시도 다녔다. 그런데 가게를 시작한 후로는 한 코스 남은 올레길마저 걷지 못하고 있다. 제2의 삶에 다시 갇혔다는 게 스트레스의 요인도 되겠지만, 흔히 이런 걸 두고 '호강에 겨운 소리'라고 하는 게 아닌가 하는 생각도 들었다. 아무튼 책방지기 부부는 아직 경제 활동을 해야만 하는 상황이다. 가게를 내려놓을 수가 없다.

자신의 취향을 큐레이션하다

아무리 책이 좋다 하여도 이 작은 책방에 마냥 갖다 놓을 수는 없다. 작은 책방을 돌아다니면서 그는 살 만한 책이 없는 책방도 종종 봤다. 물론 자신의 취향을 기준으로 해서이다. 책 그림이 예쁘면서도 살 만한 책이 없다는 건, 사람들이 찾지 않는 책을 갖다 놓는 것이다. 그의 주관으로는 베스트셀러가 팔기에도 좋고 찾는 사람이 많다. 그러므로 그는 책방이 아무리 작아도 베스트셀러는 갖춰놔야 한다고 말한다. 그는 책을 선정할 때 1위에서 10위까지 베스트셀러를 필수 조건으로 한다.

다음으로 그가 중점을 두는 건 무라카미 하루키의 책들과 고양이에 관한 책이다. 그는 무라카미 하루키 못지않게 고양이도 좋아한다. 당연히 동경책방엔 무라카미 하루키의 책과 고양이 관련 책이 많다. 그런데 이처럼 책방지기의 취향을 중심으로 책을 선정할 경우

● 동경책방엔 무라카미 하루키의 책과 고양이 관련 책이 많다.　　ⓒ카페동경앤책방

고객층은 한정된다. 책방지기는 이를 보완하기 위한 분위기 전환이 필요하다. 부인 서은지 씨는 피아니스트다. 그래서 서은지 씨의 전공도 살리고 분위기 전환도 할 겸 2~3개월에 한 번씩 음악회가 열린다. 서은지 씨는 피아노를, 지인들은 바이올린과 첼로를 연주하기도 한다. 정기적으로 꾸준히 이어지는 음악회는 지금까지 20회 가까이 진행되었다.

처음 몇몇 책방은 책을 도매로 들여오기가 힘들었다. 작은 책방들은 연합회의 필요성을 느꼈다. 그러나 잘 되지 않았다. 그래도 책방 연합회가 필요하다는 건 누구나 인정하고 있었다. 마침 그해 책섬 행사가 있었다. 이 행사에서 비로소 책방 연합회가 결성되었다. 이렇게 결성된 연합회에서 이들은 정보를 공유하며 힘을 모았다.

동네책방은 문화 공간으로서의 역할에도 큰 몫을 차지한다. 게다가 적게 팔리면서도 괜찮은 책들을 세세하게 안내해 준다. 우리는 책방지기들의 추천을 받으며 동네책방에서 문화생활도 즐긴다. 동네책방이 사라지면 덩달아 그런 기회도 사라진다. 자본주의 논리에 의해 대형출판사나 인기 작가 위주로만 기회를 얻을 확률이 높아질 수 있다. 누구나 처음부터 인기 작가는 아니다. 인기 작가가 아니어도 기회는 얻을 수 있어야 한다.

김효진 씨에 따르면 대형출판사가 동네책방에 적잖이 공을 들이는 책들도 있다. 예를 들면 베스트셀러가 아니어도 입소문으로 많이 팔리는 책들이다. 그런 책들은 동네책방이 사라지면 팔리지 않는다. 동네책방에서 판매를 무시하지 못함이다.

● 동네책방은 문화 공간으로서의 역할에도 큰 몫을 차지한다. ⓒ카페동경앤책방

상업적, 문화적 공간의 공존

　동경책방에서 책의 판매가 가져다주는 수익은 아주 미미하다. 하지만 분명한 건, 책이 손님을 불러들인다는 것이다. 그렇게 손님을 불러들이고, 샌드위치나 커피는 더 팔린다. 책은 인건비 지출도 줄여준다.

　가게에서 매상을 올릴 수 있는 방법의 하나가 책을 많이 파는 것이다. 커피며 샌드위치를 팔기 위해서는 누군가의 손길이 필요하다. 그렇기 때문에 적잖은 인건비가 나가야 한다. 하지만 책을 파는 일은 그렇지 않다. 계산만 해 주면 된다. 그러므로 인건비를 걱정하지 않아도 된다. 물론 책을 선정하고 주문하는 등의 노력이 필요하긴 하다. 그래도 불합리한 사업은 아니다. 샌드위치를 하루에 10만 원어치 팔려면 정신없다. 하지만 책은 몇 권만 찍으면 금세 10만 원이 된다. 게다가 분위기도 한몫한다.

　전국적으로 봤을 때 카페의 수는 엄청나다. 제주 역시 그렇다. 이런 상황에서 책이 있으면 이점도 많다. 카페만 운영할 경우, 상업적인 공간이기 때문에 언론에 노출될 기회가 거의 없다. 하지만 책방은 상업적이면서도 문화공간이다. 이런 이유로 자연스레 언론에 노출될 기회를 얻으면서 홍보도 된다. 특히 음악회가 있을 때는 각 언론사에서 취재도 한다. 네이버에도 홍보해 달라고 문자를 보내면 바로 노출해 주기도 한다. 제아무리 "우리 카페 커피는 맛있습니다. 노출해 주세요." 하고 외쳐도 노출해 주는 일은 절대 없다. 하지만 책이나 음악회는 사적인 이익과 달리 공유 사항이다. 혜택의 기회를 얻는다는 것이다. 또한 책은 인테리어로도 한몫한다. 책이 있는 공간과 없는 공간은 마음부터 다르다. 책이라는 특성 때문이다.

책이 아니면 누가 대통령을 만나고 유명 작가를 만나게 될까. 이처럼 우리는 책으로 시공간을 넘나들며 온갖 인물들을 만나기도 하고 가보지 못할 곳을 가보기도 한다.

📍 제주시 애월읍 하귀2리 1382
🕐 월, 수~일요일 09:00~21:00 (화요일 휴무)
📱 010-4717-0727
📷 instagram.com/jeju_cafe_tokyo

제주시 애월읍 수산리 그리고서점

* 의식의 눈을 뜨게 해 드립니다

앞이 캄캄하신가요? 지금, '그리고서점'을 찾아보세요.
물 맑고 산이 좋아 물메라 불리는 곳 수산리, 그곳에 가면
의식의 눈을 뜨게 해 주는 책방지기를 만날 수 있습니다.

#카페책방 #북큐레이션 #커피 #바리스타

　　　　　　　　제주시 애월읍 수산리, 물이 맑고 산이
아름답다 하여 물메라고 불리워 오다가 수산水山리가 되었다. 언제부
터 사람이 살았는지 모르지만, 고려 원종12년(1271) 삼별초 별장 김
통정이 제주에 들어오면서부터 설촌된 것으로 추측한다. 어릴 적 수
산저수지에 종종 갔었는데, 상동을 따먹고 간혹 저수지 둑에 붕어들
이 걸려 있던 모습이 아련하다.

　'그리고서점'을 이야기하자면, 애월교육협동조합으로 거슬러 올라
가야 한다. 애월교육협동조합은 2016년 안재홍 이사장의 이주에서
시작된다. 제주 여행 중 납읍리에 매료된 그가 이주했을 때, 납읍리
교육 환경은 허허벌판이었다. 학교 말고는 배울 곳이 없었기 때문이
다. 이를 안타깝게 여긴 안재홍 이사장은, 이 마을 다섯 가족과 함
께 납읍리사무소 공간에서 애월교육협동조합 '이음'을 출범했다. 다
시 2017년, 감귤 창고였던 곳에서 개소식 했다.
　왜일까, 불현듯 "개천에서 용 난다."라는 속담이 떠올랐다. 개천에

서 용 나던 시절은 옛이야기가 된 지 오래다. 그런데 머잖아 개천에서 용이 나올 것만 같은 예감, 애월교육협동조합원들이 있었기 때문이다. 이렇게 출발한 '이음'은 애월읍 중산간 교육 터전을 연둣빛으로 물들이기 시작했다.

'그리고서점'은 이음과 함께 있었다. 이음과 손잡고 애월읍 중산간 일대 교육 환경을 초록으로 가꾸다가 코로나19로 빠져나왔다. 그리고 잠시 근처에 머무른 뒤 2021년 여름에 수산으로 이사했다. 여기서도 여전히 교육 환경을 밀림으로 가꾸는 중이다.

"커피를 드릴까요, 주스를 드릴까요?"라는 질문에 습관처럼 "커피요." 하고 대답했다. 그런데 이상하다. 내가 예상하는 커피는, 플러그를 콘센트에 꽂는다던가 정수기에서 뜨거운 물을 받으면 그만인 손쉬운 커피였다. 그런데 아니다. 책방지기 정현덕씨가 커피 메이커를 챙기는 것 같더니 순식간에 짙은 향이 번진다. 커피잔을 사이에 두고 책방지기와 마주 앉았다.

어느 날 스위치에 불이 켜졌다

"어릴 때 꿈이 서점 주인이었습니다."

아, '책꽃'이 있다면 아마 책방지기와 같은 모습이 아닐까. 커피 향과 책방지기의 음성이 어우러지는 순간 온몸이 저릿했다. 이 한마디에서, 꿈이란 얼마나 애틋한 존재인가도 알 수 있었다. 차분하고도 잔잔한 음성이 책꽃의 향기인 양 다가오며 내 몸을 휘감았다. 이내

● 10여 년 전, 그는 제주도에서 2년을 근무하게 되었다. 그때 그를 사로잡은 제주도, 그 매력을 잊을 수 없다.

귓바퀴가 팽팽하게 조여 왔다.

책이 좋았던 정현덕 씨, 그는 어려서부터 책과 관련된 일을 하고 싶었다. 신의 손길이었던가. 10여 년 전, 그는 제주도에서 2년을 근무하게 되었다. 그때 그를 사로잡은 제주도, 그 매력을 잊을 수 없다. 정착해야 할 곳은 정해진 셈이었다. 문제는 '때'다.

꿈이란 녀석은 아름다우면서도 호락호락한 녀석이 아니다. 그래도 언젠가는 마주치겠지. 그 언젠가를 위해 정현덕 씨는 야간대학에 다녔다. 목표가 확실한 만큼, 사서 자격증과 독서심리상담사 자격증도 땄다. 그는 대도시 서점을 꿈꾸지 않았다. 어차피 시골에서 살 생각이었으므로 귀농학교도 다녔다. 이렇게 차근차근 꿈의 터전을 닦았다. 2016년 3월, 딸의 초등학교 입학과 함께 고향 진주를 떠나 제주의 품에 안겼다. 부산에서의 직장도 안녕을 고했다.

제주로 이주하기 전, 책방지기는 한국야쿠르트에서 일하고 있었다. 먹고살 만했다는 뜻이다. 먹고살 만하다고 해서 꿈이 사라지는 건 아니다. 자꾸만 뒤를 따라다니는 소리,

'꿈을 찾아가지 않을래?'

그는 늘 허전했다.

꿈이란 녀석은 어디에 있을까. 감나무 아래서 입만 벌리고 있을 수는 없었다. 내면 저 깊숙이에서 잠자는 녀석을 깨워야 했다. '구본형 변화경영연구소'를 찾았다. 그리고 거기에서, 3박 4일 동안 나를 찾아 떠나는 여행인 '꿈벗' 프로그램에 뛰어들었다.

3박 4일 동안 단식과 함께 정현덕 씨는 '나'를 되돌아보게 되었다. 애써 외면해 오던 꿈의 욕망은 여물대로 여문 씨앗이 되어, 이제나저제나 꼬투리에서 튀어 나갈 그 날을 기다리고 있었다. 아득히 먼 곳에서 손짓하는 동아줄도 보였다. 그 끝에 무언가 대롱대롱 매달려 있는 것, 서점이었다. 하지만 선뜻 그 줄을 잡지 못했다. 준비가 되지 않았기 때문이다.

'10년 뒤 나는 어떻게 살아갈 것인가?'

'꿈벗' 여행에서 돌아온 뒤, 3년 동안 꿈에 취해 살았다. 취한다는

건 기분 좋은 일이었다. 그러나 다시 현실. 취한다고 되는 게 아니었다. 자칫 공상이나 망상으로 이어질 수도 있었다. 결론은, 평생을 직장에 묶여 살 수 없다는 것이었다. 꿈틀, 그의 의식이 움직이기 시작했다. 스위치를 찾아 벽을 더듬었다. 기껏 찾았는데 불이 켜지지 않는다면? 낭패다. 무엇을 할 것인가? 호흡을 고르며 질문을 던졌다. 마침내 스위치가 잡혔다. 딸깍, 불이 켜졌다.

15년 직장생활을 뒤로하고, 정현덕 씨는 명품의 꿈을 향해 발을 내디뎠다. 가장으로서 책임감, 두려움과 고마움이 혼재하는 감정은 벗어날 수 없었다. 그러나 이 또한 잡다함이라 여기며, 탈곡기가 낟알을 털어내듯 탈탈탈 털어냈다. 꿈을 향한 욕망엔 거름종이도 필요 없었다.

책방지기가 사는 곳은 납읍리 이웃인 봉성리다. 딸이 납읍리 이음에서 댄스와 바둑을 배우게 되자 자연스레 그도 이 공간을 오가게 되었다. 그러던 중, 이음을 경계 없는 모두의 공교육 공간으로 만들 계획이라는 이사장의 말을 들었다. 그 취지에 공감하면서, 두 번째 조합원을 모집할 때 가입했다. 여기서 정현덕 씨와 안재홍 이사장의 만남은 필연이었는지도 모른다.

조합원이면 이음이 운영하는 프로그램을 누구나 이용할 수 있다. 2층에는 보호자나 동행인이 이용할 수 있는 '이음 작은도서관'도 있다. 그러나 이 모든 건 프로그램이 진행되는 시간에만 가능했다. 그러므로 낮에는 이음의 공간을 활용할 수 없다. 그 부족함을 정현덕 씨가 채우게 되었다. 이음 한쪽에서 서점을 시작하게 된 것이다.

- 서점 내부 풍경.

©그리고서점

2018년 11월이었다.

바리스타가 있는 책방

드디어 책방지기가 되었다. 어릴 때부터 꿈이었던 서점 주인이 된 것이다. 이는 애월교육협동조합 조합원과 자녀들 모두에게 좋은 일이었다. 그러나 그는 겸손했다. 서점을 수익 도구로만 여기지 않았다. 그저 어릴 적 꿈이었던 서점의 주인이 되었다는 사실 하나로 벅찼다. 게다가 아이들의 꿈을 키워줄 수 있어 더없이 좋았다. 이음을 이용하는 정조합원과 100여 가족 준조합원들이 자연스레 서점을 이용하게 되었다. 작은 서점, 그래서 그는 더 행복했는지도 모른다. 행복해서, 다음이나 네이버에 등록할 생각도 못 했다. 2019년 2월, 드디어 '그리고서점'도 전국으로 알려지게 되었다.

그리고서점의 시작은 본인이 읽고 소개하고 싶었던 책 200여 권이었다. 그렇게 시작한 것이 1,600여 권을 넘어섰다. 때로는 판매율을 높이기 위해 베스트셀러도 입고해 봤다. 그런데 오히려 팔리지 않았다. 당연했다. 책방지기가 읽지 않았거나 관심 없는 책은 추천도 적극적일 수 없었다. 온라인에서 쉽게 구할 수 있는 책을 여기 와서 찾을 이유도 없었다. 한정된 공간, 큐레이션을 고민하다가 본인이 재밌게 읽고 감동했던 책을 중심으로 꾸렸다. 아니나 다를까, 고객들과 더 많은 이야기를 나누게 되면서 책이 주는 즐거움, 위안, 행복

● 2층에 있는 '이음 작은도서관'에서는 책도 읽고 다양한 놀이도 즐길 수 있다.

©그리고서점

● 책이 진열된 서가 풍경.

©그리고서점

도 누리게 되었다.

자투리 시간을 모아 바리스타 자격증까지 취득한 그는 손님이 오면 바리스타로 변한다. 바리스타의 솜씨가 돋보이는 커피와 함께 손님들은 느긋하게 책을 둘러본다. 커피 한 잔의 효과일까, 여유롭게 둘러볼 수 있는 시간이 멍석 위에 깔렸다. 판매로 이어지는 확률도 높았다.

왔으나 그냥 가는 손님도 있다. 10명 중 2명 꼴이다. 여행이라는 멋에 취해 오는 사람도 있다. 책방 투어에서 도장만 찍으러 오는 분도 많다. 찾아왔다는 사실만으로도 의미가 있지만 서점인 이상 판

● 자투리 시간을 모아 바리스타 자격증까지 취득했다는 책방지기 정현덕 씨가 드립 커피를 손수 내주었다.

매로 이어지면 더 큰 보람이다. 고객이 책을 구매하고 싶도록 하는 것 또한 책방지기의 몫이다. 그러나 그는 독서의 중요성을 극구 말로 하지 않는다. 대신, 책에서 좋았던 구절이나 재미있었던 내용을 들려준다. 복사해서 나눠 주기도 한다. 활자화된 글을 읽을 때 구매 의욕이 더 커지기 때문이다. 간접적으로 말하면서 재미도 경험할 기회를 주는 것이다,

서점이 좋다는 손님은 꽤 많다. 그런가 하면, '이것도 서점이냐?'라며 찬물을 끼얹는 사람도 있다. 그래도 '아, 맘에 드는 책이 없나 보다. 조금 더 고객의 취향을 연구하고 개선해야겠구나' 할 뿐이다. 그 역시 서점 탐험을 많이 했지만, 가는 곳마다 사고 싶은 책이 있는 것은 아니었다. 입장을 바꾸면 간단했다. 그들에겐 주제와 큐레이션이 맞는 책방을 소개하기도 했다. 그래도 야금야금 서점이 알려지면서 일부러 제주시에서 아이를 데리고 오는 손님도 있다. 그래서 힘이 난다.

그리고서점이 다른 서점과 차별화되는 건 구본형 작가의 책만 진열한 판매대다. 구본형 작가는 그의 인생에서 가장 큰 스승이다. 그는 다른 사람들에게도 구본형 작가가 스승이 되리라 믿는다. 그래서 많이 읽어 주었으면 하고 바란다. 구본형 변화경영연구소의 개인대학은 그가 변화를 원할 때 많은 도움을 주었다. 작가가 떠난 지금 연구소는 제자들이 운영하고 있다. 판매대엔 구본형 변화경영연구소 출신 작가들의 책도 함께 진열하고 있다.

어둑한 앞날을 밝혀줄 '책'이라는 등불

책방지기는 최근 기억에 남는 고객으로 서울에서 다녀갔다는 청년 이야기부터 들려 주었다. 혼자 와서 서점을 둘러보던 청년은 정혜진 국선 변호사의 책 앞에서 멈췄다. 그리고 책을 펼치더니 움직일 줄 몰랐다. 이 또한 인연이었던가. 마침 이튿날 저녁엔 정혜진 변호사의 강연회가 준비되어 있었다. 그 사실을 귀띔해 주자 꼭 오겠노라며 청년은 떠났다. 이튿날 강연회에 참석한 청년은, 질문도 많이 하는 등 적극적이었다. 강연회를 마치고, 책방지기는 청년을 게스트하우스로 데려다주게 되었다. 그렇게 책방지기는 청년의 사연을 듣게 되었다.

청년은 엘리트 코스를 거치며 자사고를 졸업하고, 서울대학교의 어느 교육학과에 진학하게 되었다. 대학에 진학하고 자기만의 시간을 갖게 된 청년은 딜레마에 빠졌다. 이대로 살아도 되는가? 고민 끝에 입대를 결심했다. 여백의 시간을 붙잡은 청년은 여행에서 정현덕 씨를 만났다.

지나온 길과 가야 할 길 사이에서 고민하는 사람은 많다. 그러나 걸어온 길을 포기하긴 쉽지 않을 터, 엘리트 코스를 거쳐 온 경우라면 더욱 그렇다. 출세 가도를 따라 달려온 길이 한순간에 무너질 수 있기 때문이다. 부모의 뜻을 거스르기도 쉽지 않다. 성적과 명예를 선택하며 살아온 길, 하물며 명문대일 경우 그 길을 버리기는 더더욱 그렇다.

그러나 이젠 변했다. 기성세대가 인정하는 출세보다 하고픈 일을 찾아 나서는 사람이 많아지는 까닭이다. 기성세대의 의식 앞에서 자신을 희생했던 사람들, 청년도 더 늦기 전에 길을 찾고자 휴학했는지 모른다. 청년이 책방지기를 만난 건 과연 우연이었을까. 숙소로 가는 동안 청년은, 의식에 서려 있던 뿌연 안개를 걷어 냈을 것이다. 우연이라기보다 필연일지도 모른다. 진정한 행복이란 자기가 하고 싶은 일, 끼를 발휘하며 사는 게 아닐까. 그렇게 살아갈 때 사회나 개인 모두에게 이익이다. 그렇게 살도록 버팀목이자 디딤돌이 되어주는 이들이 작은 서점 책방지기라는 사실, 괜스레 코끝이 찡했다. 이들은 단지 책을 파는 것이 아니었다. 앞이 캄캄한 자들에게 의식의 눈을 뜨게 해 주고 있었다.

다음은 도내 손님이다. 어느 날 40대 후반쯤 되는 남자가 찾아왔다. 그는 자존감이 많이 떨어졌다면서 도움이 될 만한 책을 추천해 달라고 했다. 책이라는 게 개인차가 있다 보니, 성향이 다르면 추천도 소용없다. 게다가 그 남자는 책을 그다지 즐기지 않는다고 했다. 좀 더 편하게 접근할 수 있는 책이 필요했다. 작가가 정신과 의사와 상담한 내용을 그대로 담은 책, 『죽고 싶지만 떡볶이는 먹고 싶어』와 함께 성장소설 한 권을 더 추천했다.

얼마 후, 남자가 다시 책방을 찾아왔다. "너무 위안이 되었다, 좋았다, 고맙다."라고 하면서 조그만 선물까지 들고 왔다. 다행이다. 책방지기의 이야기를 들으며 가슴 졸이던 나도 막힌 숨을 풀었다. 40대 후반, 삶의 굴곡을 따라 앞만 보고 달렸으리라. 허구한 날을 술로 달랬을 수도 있었을 터, 그런 그가 책방지기를 만나면서 심 봉사 눈 뜨듯 의식의 눈을 뜰 수 있었으니 어찌 다행이 아닐 수 있을까. 그 손님은 이제 정기적으로 책을 추천해 달라는 등 책이 주는 재미에 푹 빠졌다. 고객의 사연을 들려주는 책방지기의 얼굴에서 말간 미소가 흘렀다.

　모두가 그런 건 아니지만, 요즘은 의외로 소설책 읽기를 힘들어하는 젊은이가 많다. 내용을 이미지화할 줄 모르기 때문이라고 책방지기는 말한다. 나 역시 독서지도를 하다 보면, 이해력은 높아도 슬픈 내용을 읽으며 눈물 흘릴 줄 모르는 아이가 있다. 공감력이 떨어지기 때문이다. 책방지기가 나를 찾아서 떠난 여행 '꿈벗'이나, 책방지기가 기억에 남는다던 청년, 40대 남성 모두 알을 깨고 나오는 과정이었음을 나는 믿는다.

📍 제주시 애월읍 수산리 955-1
🕐 월~토요일 10:00~19:00 (일요일 휴무)
📱 010-7942-9111
📷 instagram.com/and_bookshop

제주시 애월읍 광령1리
윈드스톤 커피앤북스

안팎으로 낭만에 취한다

커피 향이 그립고 분위기에 취하고 싶을 때,
널따란 야외 정원이 있는
책방 '윈드스톤 커피앤북스'를 찾아가 보세요.
책도 읽고 커피도 마시면서 나만의 낭만을 누려 보세요.

#카페책방 #여행에세이 #예술서적 #디자인서적

登高南嶽擧深觴등고남악거심상: 남악南嶽에 높이 올라 대폿술 마시고

川上歸來興更長천상귀래흥경장: 냇길 따라 내려오니 흥이 절로 새로워라

滿眼黃花如昨日만안황화여작일: 들국화는 만발하여 예와 같으니

一樽仍作兩重陽일준잉작양중양: 한 동이 술이 두 중양重陽을 이루네.

- 이원진 목사, 「무수천가찬시無愁川佳讚詩, 탐라지」

무수천가찬시無愁川佳讚詩는 조선 중기 문신으로 효종 때 제주목사를 역임하였던 이원진 목사의 저서 『탐라지耽羅誌』에 실린 한시다. 탐라지는 1653년(효종 4년) 이원진이 편찬한 제주도 제주목·정의현·대정현의 읍지邑誌로, 자연환경·인물·시문에 이르기까지 제주의 특성을 정확하고 상세하게 기록하여 17세기 중엽의 제주도를 이해하는 데 많은 도움을 준다.

- 『한국민족문화대백과사전』에서 발췌

- 찻길에서 바라본 윈드스톤. 늙은 팽나무가 수호목인 듯 서 있다.

광령1리는 해안동과의 경계선인 무수천에서부터 시작된다. 무수천가찬시에서 보다시피 마을의 명소로는 단연 무수천 8경을 꼽을 정도로 계곡이 아름답고 전형적인 중산간 마을이다. 등잔 밑이 어둡다고 했던가. 책방 여행 지도를 살피던 중, 엎드리면 코 닿을 곳 광령1리에 책방 윈드스톤이 있었다.

코로나19 기세에 눌려 집콕 신세다. 설상가상으로 며칠째 폭설까지 쏟아졌다. 도저히 집을 나설 엄두가 나지 않는다. 그래도 어쩌랴, 폭설을 뚫고 책방 윈드스톤을 찾았다. 익숙한 장소다. 버스를 타고 다닐 때 늘 지나던 곳이기 때문이다.

지상낙원 한곳에 차린 자신만의 공간

제약회사에서 일하던 책방지기 이언정 씨의 남편은 일 관계로 혼자 제주에 와 있었다. 그리고 본인은 서울에서 어린이책 편집 디자인 일을 하고 있었다. 그러던 차에 둘째를 가지면서 쉬기도 할 겸 남편 곁으로 왔다. 그 후 아기를 낳고 제주에 머무르게 되었다. 2016년이었다.

책방지기가 제주에 머무르게 된 동기는 남편이라는 기둥이 있었다. 그런데 솔직히 말하면 여유롭게 다가오는 분위기며 사로잡는 자연의 매력이 더 컸다. 바로 옆에는 학교도 있고, 아이들이랑 다니기엔 더없이 좋은 곳이었다. '눈 뜨고 코 베인다'는 서울에서 쫓고 쫓기는 생활을 하다가 온 그로서는 제주가 지상낙원이었다. 모든 게 만족스러웠다.

남편은 커피를 무척이나 좋아했다. 결국 제약회사를 그만두고 제주에서 카페를 차렸다. 이언정 씨도 자신만의 공간에서 작은 책방을 하고 싶었다. 그렇게 남편이 운영하는 카페 한쪽에서 책방을 꾸미고 책방지기가 되었다.

12년 정도 어린이책 편집을 했던 이언정 씨는 이미 그 분야에선 전문가다. 그는 예비 6학년인 아들과 이제 막 여덟 살이 되는 남매를 두고 있다. 첫째가 어렸을 땐 많은 책을 읽어 줬다. 그런데 지금은 좀 컸다고 책보다는 컴퓨터 게임을 더 좋아한다. 둘째는 그래도 아직까지는 엄마와 아빠가 책 읽어 주는 걸 더 좋아한다.

내가 어릴 땐 혼자 놀 수 있는 놀이가 거의 없었다. 놀이도 계절에

● 책방에서 바라보는 찻길.

● 책방지기의 남편은 커피를 내리고, 책방지기는 설거지를 돕고 있다.

따라 달랐다. 여름엔 공기놀이에 숨바꼭질, 자치기 등이었고, 겨울엔 팽이치기, 눈싸움, 연날리기, 썰매 등이었다. 계절을 불문하고, 이 모든 건 여럿이 밖에서 낮에 하는 놀이라는 공통점이 있다. 밤에 혼자 할 수 있는 건 책 읽는 게 유일했다. 그렇다고 모두가 책을 읽는 건 아니다. 책을 읽으라고 잔소리하는 부모도 없었다.

한마디로 책을 읽는 건 누가 시켜서가 아니라 내가 좋아서다. 비록 천성이라고 할지라도, 요즘은 이를 비웃듯 유혹하는 요소가 너무 많다. 자칫 다른 길로 빠지기 십상이다. 반면, 책이라면 거들떠보지 않을 것 같은 아이도 있다. 그래도 어릴 때부터 꾸준히 접하다 보면 습관화되는 경향이 많다. 그만큼 환경의 힘은 크다.

생각지도 못 했지만

일을 하다 보면 최선을 다했지만 안 좋은 결과로 돌아올 수 있다. 그런가 하면 생각지도 않았는데 좋은 결과를 얻을 수도 있다. 어린이책 편집을 하던 당시 춘천에 사는 박경진 그림책 작가님이 계셨다. 박경진 작가의 구름도 쉬어 가는 구름골의 봄, 여름, 가을, 겨울 이야기를 다룬 '구름골 사계절' 시리즈를 출판할 때였다. 이 시리즈에서 이언정 씨는 디자인과 출판하는 일을 맡았다.

4권의 시리즈로 출판된 작가의 그림책 중 첫 번째 책『꼭, 보고 말 테야!』에서는 주인공 방실이의 감정과 느낌 등이 생생하게 펼쳐진다. 사랑이 담긴 부드럽고 따뜻한 문체와 그림, 잔잔하면서도 감동적인 구름골의 봄날 이야기는 작가의 어릴 적 경험과 춘천의 시골 생활을 담고 있다.

이웃집 돼지가 새끼를 낳고, 그날 밤 주인공은 무서운 꿈을 꾸었다. 결국 오줌을 싸고 말았다. 방실이는 그 당시 풍습대로 키를 쓰고 이웃집에서 소금을 받아와야 했다.

책이 출판되던 2007년 당시에도 10여 년 전을 배경으로 하는 이야기이다. 그러므로 작가의 어린 시절과는 다소 차이가 있었다. 그래서인지 썩 인기를 끌지 못했다. 그런데 의외였다. 문화관광부에서 우수선정도서로 채택되었다. 호응은 별로 없었지만 가치는 인정받은 것이다. 우수선정도서로 채택되며 상을 받고, 금색 스티커를 제작해서 붙이던 그때의 설렘을 이언정 씨는 잊지 못한다.

책방지기의 첫째는 아들이어서 그런지 공상과학이나 판타지를 선호한다. 둘째는 딸인 데다가 아직은 어려서인지 전래 속 공주님이나 예쁘게 보이는 그런 부류의 책을 좋아한다. 그런데 조금 다르다. 우리가 생각하는 백설공주나 인어공주, 신데렐라가 아니라 현재 활동하는 작가들의 새로 나온 창작동화들을 더 좋아한다. 그는 회사 다닐 때 작업했던 책들을 모두 소장하고 있다. 딸은 그 책들을 계속 읽는다. 여전히 회자되는 고전도 많지만, 시대 또한 거스를 수 없음을 확인하는 순간이다.

알게 모르게 아들딸로 구분하며 키운 건 아닐까? 이언정 씨는 전혀 그렇지 않다고 했다. 아들을 키울 때도 딸을 키울 때도 아들은 파란색, 딸은 핑크색이라는 기준을 두지 않았다. 오직 이언정 씨 본인이 좋아하는 컬러 위주로 입혔다.

이언정 씨는 첫째인 아들을 낳고 5년 있다가 둘째를 낳았다. 자연스레 둘째는 오빠가 입던 옷을 물려받았다. 베이지, 카키색 등 주로 중성적인 컬러였다. 첫째는 엄마가 선택해서 입히는 색깔에 대해 크게 개의치 않았다. 딸도 네 살 때까지는 괜찮았다. 그런데 다섯 살이 되면서부터 달라졌다. 핑크색을 고집하기 시작한 것이다. 엄마는 단 한 번도 핑크색 옷을 사준 적이 없다. 그런데 신기할 정도로 딸은 그 색을 고집했다. 이제 엄마와 딸은 아침마다 옷을 두고 실랑이를 벌여야 한다. 자아나 정체성이라기 이전에 매체 혹은 단체생활에서 받은 영향은 아닐까? 엄마가 보기에도 그런 면이 없잖아 있는 것 같다. 어린이집에 다니기 시작하면서 친구들이 예쁘다고 선호하는 게 있으면 사달라고 조르기 때문이다.

그러나 얼마나 이쁜가. 자연스러운 발달 현상이다. 떼를 쓰고 고집을 피우는 것은 당연하다. 상대를 배려하거나 자신의 생각과 상대방의 생각이 다르다는 것을 이해하지 못한다. 유아기 아이들은 자신이 우주의 중심에 있다는 자기중심적 세계관을 갖는 시기이기 때문이다.

첫 선택이 이후의 삶을 결정한다

이언정 씨는 어릴 때부터 그림 그리는 걸 좋아했다. 그렇다고 그림

쪽으로 특별하게 뛰어난 건 아니다. 그냥 그리는 게 좋았을 뿐이다. 성격도 조용한 편이었다. 그러므로 타인의 관심을 끌려거나 앞에 나서는 것을 썩 좋아하지 않았다. 그저 집에서 혼자 그림 그리며 노는 게 다였다. 그래서인지 그림 대회에 출전했던 기억도 없다. 그와 이야기를 나누면서 진로란 걸 생각해 보았다.

흔히 진로라 하면 우리는 상급 학교 진학이나 직업 선택을 생각하기 쉽다. 그러나 넓은 의미에서 보면 입학, 졸업, 취업, 결혼, 가정생활, 노후 등 사람이 태어나서 죽을 때까지 선택하고 경험하는 삶의 모든 과정, 즉 사람이 일생 동안 나아가는 길을 뜻한다. 청소년 진로 탐색 워크북『꿈은 이루어진다』에서 보면 처음 진로 선택이 얼마나 중요한지 알 수 있다. 처음 선택이 이후 삶에 연쇄적으로 영향을 미치고, 삶의 내용과 질까지 좌우하기 때문이다.

적성, 특히나 천부적인 재능이 있는 사람은 본인뿐만 아니라 세상을 위해서 그 일을 해야 하는 게 옳다고 책방지기는 말한다. 살다 보니 본인은 좋아하지만, 타인들이 봤을 때 그 어떤 수준에 못 미치는 경우도 많더라는 것이다. 그런 면에서 볼 때, 천부적인 재능이 있다면 그쪽 일을 하는 게 옳다고 보는 것이다. 그런데 아이러니하게도 나와 수업하는 중학생 10명의 아이들은 대부분 흥미를 우선으로 하여야 한다고 말했다. 적성이라 하여도 흥미가 없으면 능력을 상실하게 되고, 흥미가 있으면 점차 전문성을 갖춰나갈 수 있다는 게 이유였다. 수업하던 중 공교롭게도 흥미와 적성이 겹치지 않는 아이가 있었다. 어떻게 하는 것이 현명한 선택인지 돌아가면서 조언하기로 했다. 그러자 모든 아이가 흥미를 우선하여 고려해 보라고 했다. 똑같

● 책방지기는 자녀들에게 책을 읽으라고 하지 않는다. 그저 지켜볼 뿐이다. 자칫 강요
   가 될 수도 있기 때문이다. 대신 행동으로 보여 준다.

은 이유였다. 직업 가치관에 관해서 이야기할 때도 대부분 아이의 의견은 일치했다. 두 아이를 제외하고 자신에게 가장 중요한 가치는 능력 발휘라고 했다. 능력을 발휘하다 보면 전문성을 갖추게 되고, 그러면 보수도 많아질 뿐만 아니라 사회적으로 인정받으면서 안정된 삶을 누릴 수 있다는 것이다. 경제와 안정, 사회적 인정을 중요시하던 때와 많이 다른 사고를 엿볼 수 있었다.

책과 친해질 환경을 만들어 주다

디자이너가 꿈이었던 이언정 씨는 대학 진학 후 학부로 들어가며 시각디자인을 전공하게 되었다. 그리고 졸업 후, 세분된 직업을 정하면서 출판사며 그래픽디자인 회사 등 몇 군데에 지원서를 넣었다. 그렇게 입사한 첫 회사가 교육출판회사였다. 일하는 동안은 즐겁고 재미있었다. 특히 책 편집일을 했던 이언정 씨는 책과 관련된 일을 하며 자연스럽게 아이들의 독서 환경을 생각하게 되었다.

누구나 독서의 중요성은 알고 있기에, 부모라면 대부분 책을 읽으라고 잔소리하게 마련이다. 그러나 책방지기는 자녀들에게 책을 읽으라고 하지 않는다. 그저 지켜볼 뿐이다. 자칫 강요가 될 수도 있기 때문이다. 대신 행동으로 보여 준다.

본인은 물론 남편도 책을 많이 읽는 편이다. 늘 책 읽는 부모를 보면서 자녀들도 자연스레 읽으리라고 믿는다. 다음은 언제나 눈에 띌 수 있도록 요소요소에 책을 놓아둔다. 책과 친숙해질 수 있도록 하기 위해서이다.

예전과 달리 요즘 아이들은 공감 능력이 많이 떨어진다. 책방지기의 첫째는 남자애라 그런지 조금은 무심하고 무딘 것 같단다. 남녀에 따라 다른지 모르지만, 둘째는 오빠보다 훨씬 공감 능력이 뛰어나다고 했다. 아들과 딸의 공감 능력은 뚜렷하게 차이가 난다는 것이다. 물론 책방지기 자녀만을 봤을 때다.

공감 능력을 키우기 위해 책방지기는 경험을 많이 하라고 말한다. 경험이 없으면 어떤 상황에 부닥쳤을 때 그 상황을 헤아리기 힘들다는 것이다. 이언정 씨는 가능한 여행을 많이 하라고 한다. 여행하면서 가족끼리 시간도 갖고, 해볼 수 있는 일들을 계획하며 경험을 쌓는 것이 최대한 공감 능력을 키우게 된다는 것이다. 여행은 직접적인 책읽기다. 독서에서 얻는 간접 경험보다 훨씬 효과적이다. 그러나 이 모든 경험을 할 수 없다. 그래서 우린 독서를 하는 것이다. 그렇다. 중요한 것은 책을 통한 경험이다. 책은 공감 능력을 키워 준다. 장기간 독서 지도를 하며 종종 생각했다. 아이들은 자신의 또래가 등장하는 책에서 다양한 삶을 만난다. 이야기 속에서 주인공과 함께 슬퍼하고, 기뻐한다. 때론 같이 걱정한다. 분노하고, 안도하는 경험도 한다. 이처럼 책을 통해 주인공과 동일시하는 경험을 한다. 대리 경험은 남의 입장이 되어 보고 감정 이입하는 능력을 길러 준다. 이 과정에서 아이들은 등장인물과 친근하게 관련 맺으며 사람들을 이해하는 공감 능력이 커진다.

대부분 책방지기 개인적인 취향이 담긴 서가엔 많은 책이 있는 건 아니다. 예술이나 디자인 관련 책들, 그리고 여행 에세이가 대부분이다. 이곳이 여행지인 까닭이다. 그래도 어린이책 편집에서 연장선으로 하게 된 책방이다. 그러므로 책방지기에겐 더없이 소중한 공간이다. 아들은 엄마가 책방을 한다고 자랑하며 다니는 등 자부심이 대단하다. 그런 아들을 보며 작은 책방이라도 보람을 느낀다.

두 자녀를 학교로 보내면 책방지기는 책방과 카페를 오가며 일한다. 시간에 맞춰 다시 아이들을 데리러 간다. 책방지기의 이런 삶은 워킹맘인지 전업주부인지 헷갈릴 정도다. 그래도 책방 일에 최선을 다한다. 손님이 찾는 책이 없을 땐 대신 주문해 주기도 하고, 여행객일 경우에는 다른 서점을 추천하기도 한다. 비록 작은 책방이지만 그래도 행복하다. 돈을 번다기보다 아이와 함께 삶을 누리고 있기 때문이다.

📍 제주시 애월읍 광령1리 1227-2
🕐 월~토요일 09:00~18:00 (일요일 휴무)
📱 070-8832-2727
🅞 instagram.com/windstone_jeju

제주시 애월읍 광령리 그림책방&카페 노란우산 2호점

섬앓이에서 그림책을 낳다

많이 아프신가요?
지금, '그림책방&카페노란우산'을 찾아가 보세요.
언제든 손님을 반길 준비가 되어 있는 책방지기,
그림책을 닮은 책방지기를 만날 수 있습니다.

#그림책 #그림책전문서점 #그림책모임 #글쓰기모임

하늘과 땅, 산과 물을 연결하는 게 무어냐고 묻는다면, 그건 책이라고 해도 틀리지 않을 것이다. 수그러드나 싶었던 코로나19가 다시 고개를 치켜들었다. 고민 끝에 수업을 1주일 쉬기로 했다. 그 여유를 붙들고, 광령리 '그림책방&카페노란우산(이하 노란우산으로 칭함)'을 찾았다.

정확히는 광령2리, 옛 이름은 '이신굴'로 유신동이라고도 한다. 이는 '이신굴'의 한자 차용 표기로, 조선 성종 때 이주자들이 정착한 것으로 전해진다. 전형적인 중산간 농촌 마을이지만, 시대에 따른 변화는 피할 수 없다. 책방 입구, 나한송 한 그루가 부목에 의지한 채 자라고 있다. 열매도 맺혔다. 우리 집 나한송은 언제 꽃이 피고 열매 맺힐까? 괜히 나무 한 그루가 부러웠다.

소창 손수건을 만드는 책방지기

앞에 놓인 커피잔이 독특하다. 원기둥에 손잡이만 달린 것 같은 모양이 여느 카페에서 보던 잔과 다르다. 옆에 놓인 소창 손수건이 시선을 당긴다. 자연스레 이야기는 환경으로 흘렀다.

책방지기 이진 씨는 세 개의 독서 모임과 그림책 모임 둘, 그리고 글쓰기 모임을 이끌고 있다. 그러던 중 그림책 모임에서 꺼내 놓던 이야기를 글로 쓰고 싶었다. 점진적으로 아티스트 웨이가 되어 나의 아티스트를 만나고 소통도 하고 싶었다. 여기서 글쓰기 모임이 가지를 뻗었다. 나는 왜 글을 쓰려고 하는가? 꼬리를 물고 올라오는 별의

● 주문한 커피에 따라온 소창 손수건. 노란우산에서는 일절 티슈를 사용하지 않는다.

별 궁금증에 대한 도전이었다.

어느 날, 엄마들 독서 모임에서 환경에 관한 책을 읽었다. 심각했다. 실천의 필요성을 절실히 느꼈지만 쉽지 않았다. 편리에 젖어 있었기 때문이다. 그러나 책은 사람을 변화시키는 힘이 있다. 문제점과 원인, 해결책에 관해 이야기를 나눴다. 이제 실천 차례, 일회용품 사용을 줄이기로 했다. 책을 좋아하는 엄마들 중심이라 의견도 잘 맞았다.

'워터월드'란 영화가 떠올랐다. 해수면 상승에다 개발로 인한 포장, 언젠가 우리는 흙 한 줌을 보기 위해 박물관에 가야 할지도 모른다. 플라스틱 쓰레기로 설 땅을 잃을지도 모른다. 이렇게 꼬리를 물며 편의점에 갔더니 쓰레기들만 보였다. 단 한 번을 위해 태어난 포장이 너무 많았기 때문이다. 재활용이나 분리수거만으로는 쓰레기를 줄일 수 없다. 휴지 사용을 줄이기 위해 책방지기는 손수 소창손수건을 만든다.

꿈은 소리 없이 다가온다

노란우산이 2호점을 열게 된 계기는 접근성 때문이다. 1호점(서광점)은 제주도에서 처음 시작한 그림책방이다. 작가며 출판사 등 관계자들의 관심이 쏠릴 수밖에 없었다. 자연스레 북 토크, 팬 사인회 등이 자주 열렸다. 뭍에 있는 작가들도 제주에 왔다가 북 토크를 해주기도 했다. 문제는 접근성이었다. 멀어서 참석하지 못하는 사람들

● 책방 내부의 모습.

이 많았기 때문이다. 마침 임대 기간이 얼마 남지 않았다. 재계약도 불투명한 상태다. 이러한 상황과 맞물리며 다음을 준비했다. 염려와 달리 재계약이 이뤄졌고, '노란우산 2호점'도 태어났다.

노란우산의 책들은 단순한 듯하면서도 깊이가 있다. 길을 찾아 주기도 하고, 마음의 상처를 치료해 주기도 한다. 지친 사람들에겐 에너지도 준다. 게다가 노란우산에서는 작가들의 전시회, 작가 초청 강연회, 독서 모임 등 다양한 문화 행사도 열린다. 여행객들이며 동네 주민들이 이곳에서 이야기를 나누는 이유가 이 특별함에서 비롯된다.

친구들이 기억하는 이진 씨는 백일장에 나가면 무조건 상을 받는, 항상 책을 가까이하고 뭔가 끄적이는, 그림을 좋아하는, 특히 시를 좋아하고 친구들에게 읽어 주기도 하는 엉뚱한 아이였다. 그림도 좋지만, 텍스트가 있으면 이미지부터 떠올리는 이진 씨는 함축적이면서도 텍스트에 많은 걸 내포하는 그림책을 좋아할 수밖에 없다. 이미지를 형상화할 수 있다는 것, 공감 능력도 뛰어나지만 경험도 풍부하다는 뜻이다. 주입식에다 정답 찾는 훈련에 익숙해진 요즘 아이들, 문제는 읽지 않고 정답 찾기에 급급한 경우도 허다하다. 물론 공감 능력도 떨어진다. 이 한계를 돌파하는 데 필요한 것, 그게 바로 그림책이 아닐까.

우연히 유튜브에서 서장훈·이수근이 나오는 〈무엇이든 물어보살〉이란 프로그램을 보았다. 고등학생인 출연자는 성적이 뛰어나지만, 공감 능력이 떨어진다는 게 고민이었다. 출연자는 농구를 하다가 슛을 던지면서 친구의 코뼈를 부러뜨렸다. 미안하다는 말은 했다. 그런데 문제는 왜 미안해야 하는지 알 수 없다는 거다. 일부러 부러뜨린 것이 아니기 때문이다. 논리와 이성으로만 교육을 받은 탓이었다.

이진 씨의 원래 직업은 간호사, 남편은 카페를 운영했다. 자녀를 자연에서 키우고 싶었던 부부는 고민 끝에 제주도의 시골로 이사했다. 그러나 농사를 지으며 살아갈 자신이 없다. 그렇다고 간호사로 나갈 수도 없었다. 다시 도시로 나가야 하기 때문이다. 이런 환경에서 카페는 자연스러웠다. 하지만 책방은 뜬금없다는 생각도 든다. 그는 어떻게 해서 책방을 하게 되었을까?

솔직히 말하면, 이진 씨는 제주로 오면서도 책방은 전혀 생각하지 않았다. 카페와 함께 무엇을 할지 고민할 때, 그의 성향을 잘 아는 지인이 서점은 어떻겠냐는 운을 띄웠다. 그 이야기를 듣는 순간, 날마다 책을 만나고 소개도 해 줄 수 있다는 생각에 가슴이 뛰었다. 문제는 '어떤 책방을 할 것인가?'였다. 이때 소리 없이 다가온 게 그림책이었다.

서정의 힘

굳이 표현하자면 책방지기는 문·이과 통합형이다. 17년 동안 응급실, 소아과, 중환자실, 특히 정신과에서 오래 일했다. 주관적일지도 모르지만, 정신과에서라면 힘들었을 것이다. 그런데 이진 씨는 정신과에서 근무할 때가 되레 좋았다고 한다. 그는 항상 뭔가를 배우며 환자들과 함께했다. 이런 간호사라면 환자들도 서로 찾지 않았을까. 인기가 많을 수밖에 없다. 선배들이 봤을 때도, 휴가조차 봉사활동에 다 쓸 정도로 이진 씨는 바쁜 애였다. 20대 때, 대지진에 쓰나미가 덮쳤을 때도 구조 활동으로 스리랑카에도 가고 파키스탄에도 갔다. 누가 봐도 좀 이상한 아이였다.

슬픈 걸 보면 눈물 흘릴 줄 아는 서정을 아이에게 심어 주고 싶다는 이진 씨. 그 역할을 하는 것이 그림책과 시라고 이진 씨는 믿는다. 워크숍에 갔을 때 한시를 공부한다는 분이 계셨다. 그분은 15년 동안 하루 한 편씩 한시를 지었다고 했다. 한시를 지으려면 주변의 온

● 책방을 운영하면서 만나는 사람들이 달라지고, 세상을 보는 눈도 달라졌다는 책방지기 이진 씨. 그 말이 어떤 뜻인지 알 것 같다.

갖 것들을 자세히 관찰해야 한다. 시력이 뛰어날 수밖에 없다. '공부란 이렇게 해야 하는 것이 아닐까?' 아이한테 서정과 여유, 보는 눈을 길러주고 싶었다. 그래서 그는 자녀들을 학원에 보내기보다는, 잠들기 전 감미로운 목소리로 아빠가 책을 읽어 주는 게 더 중요하다고 생각한다.

옛날과 달리 부모의 경제력으로 인재가 탄생하는 시대이다. 성적을 위해 독서보다는 사교육에 투자하는 부모가 많다는 뜻이다. 왜일까, 독서와 학습을 별개로 생각하기 때문이다. 현대식 교육이 있기 전, 우리 교육은 오로지 독서였다. 그런데 서구식 교육이 들어왔다. 여기서 문제는, 이용설명서가 없이 왔다는 것이다. 아이들을 교육하는 방식과 학교에서 요구하는 준비 사이에 간극이 생겼다. 자연스레 지적능력과 시험성적은 관계가 없다는 관념이 생겨났다. 이 간극을 메워줄 누군가가 필요했다. 시험공부만 시켜주는 전문가들이 생겨나기 시작했다. 하지만 분명한 건, 시험이나 독서에서 요구하는 지적능력은 따로일 수 없다. 독서로 배경지식과 독해는 물론 이해 능력, 출제자의 의도까지 파악하는 능력을 갖췄다. 그런데 성적 향상으로 이어지지 않는다는 건 말이 안 된다. 여기서 우리는 시골 책방의 절대적인 필요성을 알 수 있다.

시골 구석구석에 자리한 책방을 보면서 맹모삼천지교란 한자성어를 떠올려 본다. 마을 책방은 독서인구가 늘어날 확률을 높여준다. 덩달아 주변 환경도 변화한다. 책방이 많을수록 그 영향은 커진다. 고대사부터 흘러오는 역사를 봐도 국력은 독서다. 책방지기들의 역할이 더욱 크게 와닿는 이유다. 유유상종이랄까, 이진 씨도 책방을 운영하면서 만나는 사람들이 달라졌다. 그리고 세상을 보는 눈이 달라졌다고 한다, 그 말이 무슨 뜻인지 알 것 같다.

책장을 넘기며 단단해지는 자신만의 세계

고3 때 IMF가 들이닥쳤다. 이때 평생 직업을 고민하던 이진 씨는 간호학을 공부했다. 열심히 했지만 재미없었다. 하고 싶은 것에 대한 갈증, 그의 갈증을 해갈시켜준 건 그림과 글쓰기였다. 체계적으로 배

● 그림책방&카페노란우산의 뒷문.

우지는 못했지만, 이런 상황에서 그림책방은 자연스러울 수밖에 없었다.

책방에 앉으면 이진 씨는 세상을 다 가진 듯 행복하다. 책을 읽고 만지다 보면 책 속의 그림이며 텍스트가 몸 안으로 스멀스멀 기어드는 것 같다. 그렇게 자신만의 세계를 구축하노라면, 몸속으로 기어든 그림과 텍스트가 다시 손끝으로 흘러나오는 것 같다. 저도 모르게 치유라는 단어가 떠오른다. 서가며 책 표지, 제목만으로도 위로받는 자신이 그곳에 있다. 그럴 때마다 책방지기는 엄마들이 바뀌었으면 좋겠다고 생각한다. 그러려면 엄마들이 먼저 그림책을 누릴 수 있어야 한다. 그림책 모임에 지원자가 많은 이유다. 동네책방 하나가 엄마들을 변화시키고 아이들, 마을, 더 나아가 세계를 변화시킬 것이다.

엄마들이 그림책 모임에 지원할 땐 아이한테 책을 골라주기 위한 목적이 더 컸다. 그러나 이진 씨가 추구하는 모임은 '엄마들이 그림책을 좋아했으면 좋겠다.'였다. 이진 씨는 모임의 리더로서, 엄마들께 그림책으로 나의 이야기를 하도록 했다. 시간이 흐르면서 왜 이런 수업을 했는지 알겠다면서 수긍하기 시작했다. 그러더니 어느 순간 확 바뀌었다. 엄마들은 책을 고를 때도 아이를 존중하였고, 아이와 토론도 하게 되었다. 생각지도 못했던 변화였다.

노란우산에는 단골 할머니가 한 분 계시다. 할머니는 서귀포에 있는 손녀를 위해 항상 그림책을 사러 오신다. 처음엔 책방지기가 골라줄 것을 원했지만, 지금은 직접 고르신다.

할머니는 노란우산에 올 때마다 그림책으로 변화된 손녀의 모습을 들려주신다. 어린이집 선생님은 손녀가 여느 아이들하고 다르다고 하신다. 할머니가 보는 손녀도 확실히 다르다. 야외에 가면 누가 시킨 것도 아닌데 아이는 그림을 그린다. 손녀의 그림은 독창성이 뛰어나다. 할머니가 독서의 힘을 실감하는 순간이다.

할머니는 그림책으로 변화하는 손녀를 보며, '엄마들도 많이 알고 아이들한테 책을 읽을 수 있도록 해 줬으면 좋겠다.'라는 말씀을 하신다. '나 같은 할머니 없을 거'라는 너스레까지 떤다. 모두 그림책이 주는 영향이다. 그래서 더욱 할머니는 손녀를 만나러 갈 때 책을 사지 않고서는 갈 수가 없다. 할머니가 사다 주는 책을 손녀가 기다리기 때문이다. 할머니는 점점 책의 전문가가 되어가면서 본인이 읽을 책도 즐겨 사게 되었다. 이제 할머니는 책을 고를 때 이진 씨의 도움이 필요 없다.

'느낌'이라는 전략

책방지기가 바라보는 제주도는 창작 욕구를 가진 사람이 많은 곳이다. 게다가 창작도 잘한다. 그래서 책방지기는 '제주 테마 판매대'를 따로 마련해 놓았다. 동시 캠프를 할 때, 다른 지역에서 동시 캠프를 하던 이안 시인이 같이 했다. 이 캠프에서 이안 시인이 제주 아이들은 다르다고 말했다. 동시 전문지 '동시마중'에 실을 만큼 수준도 뛰어나다고 했다. 이진 씨는 피드백을 나누면서 '뭐가 다를까?'를 이야기했다. 그것은 섬의 하늘과 육지의 하늘, 다름 아닌 자연이었다.

이진 씨는 나로호가 발사되었던 섬, 나로도에서 태어났다. 그리고 열한 살에 부모님의 고향으로 돌아갔다. 여기서 아이러니가 발생했다. 부모님은 고향으로 돌아갔지만 이진 씨는 타향으로 가게 된 것이다. 이때 이진 씨는 엄청난 섬앓이를 했다. 섬앓이는 쉽게 치유되지 않았다. 결국 아이들을 핑계 삼아 제주도로 왔다.

역시 제주는 하늘이 달랐다. '육지는 하늘도 답답하다'는 말에서 섬앓이가 얼마나 힘들었는지 알 것 같았다. 그러나 그 섬앓이는 누가 치료해 줄 수 있는 게 아니었다. 이진 씨 스스로 떠안아야 할 몫이었다. 그 결과 2020년 5월, 『엄마의 섬』이란 예쁜 그림책을 낳았다. 이제 이진 씨에겐 제주의 하늘이 더더욱 맑아진 셈이다.

관광객과 도내 손님 비율은 7 대 3. 그런데 이제 그 비율이 6 대 4로 바뀌고 있다. 도내 손님이 늘고 있다는 말이다. 관광객이든 도내 손님이든 책 한 권은 사겠다는 목적으로 이곳에 올 것이다. 차 한 잔

● 제주 테마 판매대. 뒤로 책방 테마 여행 지도가 붙어 있다.

을 마시러 왔다가 살 수도 있다. 이때 책방지기는 느낌이란 전략을
이용한다. 찌르르, 자신의 몸에 전류가 흐를 때 책을 읽어드리는 것
이다. 책을 좋아하는 사람은 입으로 말하지 않는다. 오직 뒷모습으
로 전류를 흘려보낼 뿐이다.

인터넷에서 우연히 봤던 기사가 떠오른다. 글을 쓴 사람은 주역을
공부했고, 나름 사람을 꿰뚫어 볼 줄 안다고 자부했다. 그런데 그 사
람이, 교보문고 사장이야말로 사람을 꿰뚫는 귀신이라고 했다. 교보
문고 사장이 주역을 공부했는지는 모르겠지만, 책을 많이 읽었다는
건 확실히 안다. 그러고 보면 사람을 꿰뚫어 보는 힘은 결국 독서가
아닐까. 이진 씨는 애써 책을 읽어주려고 하지 않는다. 가능한 추천
도 하지 않는다. 직접 골라야 한다는 생각 때문이다. 그런데 이상하

게 추천해 주고 싶고, 읽어 주고 싶은 사람이 있다. 말하자면 느낌인데, 희한하게도 거의 맞아떨어진다. 이쯤 되면 책방지기도 귀신이라고 해야 옳지 않을까.

책방지기가 책을 읽어 준다는 건 의미가 크다. 대부분 그 책을 사기 때문이다. 한번은 모 출판사 대표가 '책을 편애하는 것 같다'고 하더란다. 노란우산에서 유난히 잘 팔리는 책이 있기 때문이다. 그러나 이건 이진 씨도 모르는 사실이다. 그는 모든 책을 사랑한다. 그래도 자신만의 성향은 분명히 있을 것이다. 무의식중에 좋아하는 책을 갖다 놓고 추천하게 될 거라는 말. 그는 정원 가꾸며 식물도감을 좋아한다. 자녀들 책도 대부분 들꽃이야기다. 성향대로라면 책방은 온전히 자연학습 책방이 되었을 것이라며 이진 씨는 하얀 이를 드러냈다.

그림책을 읽어 주는 맛

책은 이진 씨에게 자식과 같은 존재다. 책을 함부로 다루면 아프다는 말이다. 그래서 '이곳은 서점'이라는 사실을 미리 알린다. 책을 조심히 다뤄 달라는 부탁도 잊지 않는다. 책을 떨어뜨리는 경우엔 상품에 금이 간다. 상품의 가치가 사라지면 아플 수밖에 없다. 그런데 이 부탁이 기분 나쁘다고 휙, 가버리는 손님도 있다. 알다시피 이곳은 도서관이 아니다.

이진 씨는 타 지역의 외고 학생들이 책방에 들렀던 그 날을 잊을 수 없다. 수학여행 마지막 코스로 온 학생들은 지쳐 있었다. 학생들은 축 늘어진 어깨로, 제주도까지 와서 무슨 그림책방이냐고 불평을 쏟아냈다. 그런 학생들에게 그는 과연 어떤 반전을 날렸을까?

이 학교 학생들은 흔히 우리가 말하는 인재들이다. 이들 중엔 돈으로, 즉 과외로 공부하는 아이가 있고 오로지 자신의 노력으로 공부하는 아이가 있다. 같은 선상에서 올라왔지만, 후자는 전자를 치고 나가는 게 힘들다. 여기서 진로에 대한 고민이 많아진다. 대학도 가기 전, 빈부격차란 사회의 모순을 발견했기 때문이다.

이진 씨의 능력을 알았던 것일까? 선생님은 아이들의 아픔을 전화로 귀띔해 주었다. 이제 이진 씨가 능력을 발휘할 때다. 그는 『고래가 보고 싶거든』이란 그림책을 들었다. 그리고 아이들이 정말 원하는 것, 보고 싶은 것, 만나고 싶은 것을 고래에 대입시켜서 들어보라고 했다.

이진 씨의 편안한 음성이 아이들의 가슴을 휘젓고 다녔다. 이내 여학생들의 훌쩍임, "우와~! 와아~!" 남학생들의 벅찬 리액션이 책방 안을 가득 메웠다. 이진 씨가 책을 덮는 순간, "그림책이 이런 거였어? 선생님이 우리를 왜 이곳으로 데리고 왔는지 이제 알겠어!" 다양한 반응들이 술렁임과 함께 오갔다. 어떤 아이는 이 한 번의 경험으로 그 자리에서 꿈을 바꿨다고 했다. 그는 흐뭇한 미소로 책방을 둘러보라고 했다. 그런데 웬걸, 책방은 나 몰라라 하고 아이들이 몰려들었다. 사진을 같이 찍자는 것이다. 그때 이진 씨는 '아! 스타가, 아이돌이 이런 거로구나'라는 느낌을 받았다. 온몸에 소름이 쫙

돋더란다.

이진 씨는 책을 읽으라고 말하지 않았다. 그냥 읽어만 줬다. 10분 안에 한 권을 다 읽어주고 보여줄 수 있었다. 이게 그림책을 읽어 주는 맛이다. 그 후 학생들로부터 두툼한 편지까지 받았다. 이보다 더 한 보람이 있을까.

독자를 감동으로 몰아넣는 낭독이란 어떤 것일까? 경험에 따르면 마이크를 들었는가 아닌가에 따라 분위기는 달라진다. 그런데 이진 씨가 말하는 최고의 낭독은 마이크가 아니다. 그냥 편안한 목소리 다. 기교도 없이 천천히 또박또박 읽는 것이 관건이다. 액션이 과하 면 오히려 방해된다. 느낌을 살리려 하기보다 덤덤하고 편안하게 읽 어줄 때 최대의 효과를 누릴 수 있다. 아이들이 분위기 속으로 온전 히 들어올 수 있어야 한다.

가능한 동화구연도 피해야 한다. 동화구연은 목소리도 여럿이어 야 하고 생각보다 힘들다. 부담될 수밖에 없다. 편안해야 낭독자의 정서가 전달되고 길게 간다. 물론 기교도 넣고 느낌도 살리며 읽어 줘야 할 책도 있다. 그러나 대부분은 편안한 목소리로 읽어 줄 때 아 이는 그 안에서 충분히 누릴 수 있다. 낭독자는 안내자에 불과하다. 분위기며 내용을 혼자 누리면 아이에게 남는 건 부담뿐이다. 아이가 감정을 누릴 수 있도록 시간을 충분히 줘야 한다.

그림책에서부터 벽돌책까지, 이진 씨에게 불가능한 책읽기는 없 다. 같이 가는 사람들이 있기 때문이다. 이러한 도전은 결국 지역 환경, 더 나아가 모두를 변화시키는 모티프가 될 것이다. 책방지기와 이야기를 나눈 후 테라스에 섰다. 서쪽 하늘엔 자연이란 화가가 진경산수화를 펼쳐놓았다. 여우가 시집가는가, 여우비도 내린다. 나는 오늘 노란우산에서 책방지기의 뇌 안에 든 철학책 한 권을 읽고 왔다. 나만의 착각일까, 갑자기 부자가 된 것 같다.

📍 제주시 애월읍 광령리 2981-1
🕙 월~토요일 10:00~19:00 (일요일 휴무)
📱 070-4158-9313
📷 instagram.com/bookshopnoranusan

제주시 애월읍 하가리 **주제넘은서점**

책방지기는 고객을 울린다

©minseo(instagram.com/minseo_s2s2)

마을에 들어서기만 해도 마을 이곳저곳에서
늙은 팽나무가 반기는 곳이 있습니다.
사계절 내내 사람들을 불러들이는 마을 하가리,
하가리의 부름을 따라 발길 옮겨 보는 건 어떨까요?
마을 한가운데엔 발칙한 것 같지만 전혀 발칙하지 않은,
누군가를 얌전히 기다리는 '주제넘은서점'이 있습니다.
충분히 즐거우실 겁니다.

#마을책방 #골목책방 #책읽어주는책방지기

제주시 애월읍 하가리, 옛 이름은 알더럭
으로 고려 시대부터 화전민이 모여 살던 곳이다. 마을 한가운데에
있는 약 1만 제곱미터 면적의 연화못이 관광객을 불러들이는 곳이
기도 하다. 물론 연화못이 관광객을 불러들일 수 있도록 노력하는
건 마을 주민들이다. 언제부턴가, 이곳에 인생 이모작을 꿈꾸는 사
람들이 모여들기 시작했다. 그렇게 모여드는 사람 중 한 부부가 있
었다. 연화못 앞, 눈여겨보지 않으면 모를 자리에 앙증맞기 짝이 없
는 서점 하나가 있다. 바로 거기, 그 서점을 운영하는 김문규·김용숙
씨 부부다.

이름도 발칙하기 짝이 없는 '주제넘은서점'. 주제라는 게 '그' 주제
인지 '이' 주제인지는 모르겠으나, 서점에 발을 들여놓은 사람이라
면 쉽게 알 수 있을 것이다. '그' 주제가 아니라 '이' 주제라는 것을.
그런데 부부의 말을 들어보면, 하고 싶은 일을 하기 위해서는 주제넘
다는 말을 두려워해서는 안 된다. 한계를 뛰어넘기 위해서는 주제넘

어야 한다. 그러므로 '그' 주제 또한 배제할 수 없다. '그'와 '이'는 물론이요, '주제넘은' 이 속에는 제주란 의미까지 숨어 있다.

아침 8시부터 부랴부랴 책방을 찾는 이유

유독 길게 이어지는 장마의 틈바구니를 타고 주제넘은서점을 찾아가는 길, 비가 스콜성 소나기처럼 쏟아지다가 멈추기를 반복한다. 당연히 손님이 없을 거라고 여겼다. 연화못 주차장에 차를 세우고 찻길을 건넜다. 유리문 너머로 사람들의 모습이 보인다. 으레 책방지기 부부일 거라고만 여겼다.

대문도 없는 집, 들어서면서 겹담을 끼고 오른쪽으로 몸을 돌렸다. 폭우도 나름 즐길만하다는 듯 의자들이 여유롭게 놓여 있다. 비만 아니라면, 그 의자에 앉고 싶다. 앉아서 연화못을 바라보는 것만으로도 독서가 되고 힐링이 될 것 같다.

문을 열었다. 손님이 없을

● 주제넘은서점 외관.

거란 나의 예상은 보기 좋게 빗나갔다. 길에서 보았을 때 유리에 비치던 사람은 다름 아닌 손님이었다. 대구에서 여행 온 4명의 일가족과 도민인지 여행객인지 모를 한 분이 11제곱미터의 책방 안을 꽉 메우고 있었다.

도민인지 여행객인지 모를 어떤 손님은 아침 8시에 맞춰 부랴부랴 달려왔다고 했다. 대구에서 왔다는 여행객의 손에도 막 구매한 듯 대여섯 권의 책이 들려 있다. 그들의 자녀인 초등학생 남매는 책 한 권을 다 읽을 때까지 일어설 줄 몰랐다. 종일이라도 일어서지 않을 것 같았던 손님들이 떠나고, 다행히 책방지기와 이야기를 나눌 수 있었다. 손가락 한 번 까딱하고 주문만 하면 집으로 고스란히 배달해주는 온라인 서점이 있음에도 굳이 이곳까지 찾았다는 건, 그만큼 책을 좋아하기 때문이다.

TV를 끄자 인생이 보이기 시작했다

뭍에서 치열하게 살아야 했던 부부가 제주에 내려온 지는 15년, 그러나 제주에서도 달라지는 건 없었다. 아파트, 도시 생활, 그리고 대형마트…. 육지에서 생활할 때나 다름없었다. 그나마 다행이라면, 수목원이나 오름, 가까운 바닷가 등 지역이 주는 자연의 혜택을 누릴 수 있다는 것이었다. 그런데 그 소소한 혜택도 오래가지 못했다. 다람쥐 쳇바퀴 굴리듯 살아야 하는, 마지못한 삶을 몸이, 마음이 거부했던 까닭이다. 어쩌면 내면 저 깊숙이에서 하고 싶은 것을 하지 못하는 것에 대한 아우성이었는지도 모르겠다. 아니, 그보다는 기다릴 줄 모르는 시간이 문제라는 걸 알고 있었기 때문이다.

부부는 머리를 맞대고 시간에 대하여 고민했다. 결론은, 자칫 잃어버릴 수 있는 시간을 조금이라도 젊었을 때 붙잡아야 한다는 것이다. 한번 주어진 생, 하고 싶은 일을 하며 살고 싶었다. 그리하여 부부는 내부에서, 외부에서, 그 질림에서 벗어나기 위한 프로젝트를 추진하기로 했다. 당장 TV를 버렸다.

효과는 엄청났다. TV를 버렸을 뿐인데 시간이 따라왔다. 그 벌어들인 시간 속으로 책과 함께, 집 나간 탕아가 돌아오듯 이야기들이 어슬렁어슬렁 기어들어 왔다. 부부는 만면에 화색을 띠고, 두 팔 벌리며 들어오는 시간을 끌어안았다.

그렇게 만들어진 환경 속에서 가족이 읽어내는 책의 분량은 엄청났다. 어느새 5,000권을 넘어선 것이다. 더는 책을 수용할 공간이 없다. 이제 별도의 공간이 필요해졌다. 그것으로 끝이 아니다. 움직이는 인생이 보이기 시작했다. 그 움직임이 부부에게 손을 내밀었다. 부부는 기꺼이 그 손을 잡았다.

부부의 프로젝트 실행 첫 단계는 집을 짓는 것이었다. 집을 짓는데도 가족 구성원 각자의 바람을 반영했다. 저마다의 요구사항 중, 단독 서재와 정원, 넓은 주방은 가족 구성원 모두의 공통 요구사항이었다. 우여곡절이야 없었을까마는, 무리 없이 원하던 집을 지었다. 부부의 프로젝트 추진 첫 번째는 성공한 셈이다. 그 성공은 다음으로 가는 길을 열어 주었다. 부부는 열린 길로 들어섰다. 그리고 주어진 미션을 수행하듯 다음 단계로 발을 디뎠다.

두 번째로, 부부는 가족 구성원 모두의 바람을 담아 정원을 만들기로 했다. 꽃이 주는 정서를 이웃과 나누고 싶었기 때문이다. 책으로 내면을 채우고, 그를 뒷받침해 줄 서정 또한 필요했던 까닭이다. 계절 따라 각기 다른 꽃들이 다른 표정으로 다가와 건네는 언어를 마주한다는 것, 꿈이 없는 사람에겐 불가능한 일이다. 그 언어를 해독하는 즐거움 또한 경험할 수 없다. 자칫 잡초로 뒤덮이기 쉬운 잔디도 깔끔하게 정리되어 있다. 구태여 꽃이 아니어도, 연화못을 비롯한 주변 환경은 덤으로 얻는 옵션이다. 이렇게 부부의 프로젝트는 차근차근 진행되었다.

세 번째는, 망설이기보다 가까이에서 바로 시작할 수 있는 것을 찾는 일이었다. 혼자서도 할 수 있는 것, 달리기였다. 달리다 보니 변화가 생겼다. 그곳에 살면서도 지금까지 길이라고 생각지 못했던 사람들, 이들이 김문규 씨가 달리는 걸 보며 길이라고 인지하기 시작했다. 처음엔 3킬로미터, 5킬로미터, 이렇게 달리기 시작한 것이 어느새 마라톤 풀코스의 거리를 달리게 되었다. 길이 아니라고 여겼던 곳에 길이 있었다. 그렇게 발견된 길과 함께 김문규 씨는 물론 그의 인생도 마라톤 코스에 뛰어들었다.

집짓기 프로젝트를 시작하기 전, 김문규 씨는 가족에게 이해를 구하고 별도의 작업실을 부탁했다. 그렇게 태어난 작업실은 김문규 씨 Lifework의 시작이 되었다.

현재 부부는 신제주에서 영어학원을 운영하고 있다. 학원은 부부가 '해야 할 일'이다. 집짓기 프로젝트는 '하고 싶은 일'로 가는 길이다. '하고 싶은 일'에는 책방을 하겠다는 꿈이 들어 있다. '하고 싶은 일'을 위해 '해야 할 일'을 하는 것이다.

기회는 준비된 자에게 온다고 했던가. 2020년이 시작되며 불청객 코로나19가 엄습해왔다. 워낙 그 기세가 거셌던지라 학원도 잠시 휴강해야 했다. 그렇다고 휴강이란 시간을 눈앞에서 잃어버릴 수는 없었다. 망설일 이유도 없었다.

그 시간을 붙잡고, 부부는 오래도록 꿈꾸던 책방을 열었다. 집을 지을 때 이미 마련해 둔 작업실이 있었으므로 별다른 어려움은 없었다. 코로나19가 부부를 하고 싶은 일을 하도록 이끌어 준 셈이다. 시간은 언제나 움직이는 자의 편이었다.

그 책방에는 특별한 것이 있다

그렇게 시작된 책방, 대형매장도 도시도 아닌 곳에서 책방지기가 된 김문규 씨는 자신만의 전략을 펼쳐야 했다. 그 첫 번째 전략이 주제별 판매다. 주제 선택에서도 망설이지 않았다. 인생 이모작을 꿈꾸며 오랫동안 생각해 오던 주제들이 있었기 때문이다. 처음 오픈했을 당시 주제는 '변신', 다음은 '시간은 흐른다'였다.

경제적인 걸 떠나, 시간은 기다릴 줄 모른다. 더 늦기 전에 시작해야 한다. 그런데 공교롭게도 전 세계를 공포로 몰아넣은 코로나19가 부부에게 인생 이모작의 씨앗을 파종할 수 있는 모판을 만들어 주었다. 부부는 그 모판에 마음을 다해 인생 이모작의 씨앗을 파종했다.

두 번째 전략은, 가능한 판매할 책은 모두 읽는 것이다. 고객과 자연스럽게 이야기를 나눌 수 있기 때문이다. 실제로 내가 보는 앞에서도 책방지기와 고객과의 대화는 끊이지 않았다.

세 번째 전략은, 고객에게 책을 읽어 주는 것이다. 새벽 혹은 책방에 손님이 없는 시간을 이용하여 하루에 4시간 정도 책을 읽는다는 김문규 씨. 그가 읽는 독서량은 엄청나다. 1년에 무려 500여 권의 책을 읽는다. 그런만큼 내공도 깊었다. 그 깊은 내공으로 읽어 주는 책의 맛이란 참으로 오묘하다. 저 폐부 깊숙이에서 정제된 목소리로 올라오는 이야기를 듣노라면, 그야말로 심연深淵에 빠진 기분이다. 쉽게 헤어날 수 없다. 참으로 심술궂은 책방지기다. 선하디선한 얼굴로 책방지기는 기어이 고객을 울리고 만다.

전략을 펼친다고 해서 판매에 연연하는 건 아니다. 판매가 목적이었다면, 베스트셀러로 책방을 채웠다. 즐거움을 따를 자 있을까, 하고 싶은 일이라 그저 즐거울 뿐이다. 그 즐거운 모습이 좋아서인지 시간이 더할수록 책방을 찾는 이는 늘어간다.

주제별 판매는 대형서점과 비교했을 때 오히려 시간을 절약할 수 있는 장점이 있다고 책방지기는 말한다. 개인이 주제를 가지고 책을 선택하려면 그만큼 시간이 오래 걸린다는 것이다. 비록 책방 안에 있는 책의 분량은 적지만, 워낙 촘촘하게 배열해 놓았으므로 주제는 대형서점 못지않다. 아니 더 많을지도 모른다.

● 서점 내부 풍경. 부부가 하가리에서 서점을 하겠다는 꿈은 이미 10여 년 전 집짓기 프로젝트에서 시작되었다.

ⓒ주제넘은서점

   Lifework의 시작이 된 작업실은 김문규 씨 혼자만의 공간이 아니다. 제주, 이곳에서 저 아메리카에 있는 포틀랜드처럼 '개성 있는 마을'을 만들 수는 없을까. 김문규 씨는 자기와 비슷한 생각, 비슷한 꿈을 가진 사람들과 만나고 싶었다. 고민이 깊었던 만큼, 끝내 그런 사람들을 찾았다. 오랫동안 꿈을 버리지 않았기에, 움직였기에 가능한 것이었다. 이렇게 열린 책방을 찾는 사람들은 나이며 지역이며 층도 다양하다.

   김문규 씨에겐 독특한 습관이 있다. 그림책에서부터 동화, 소설, 정보책 등 장르를 가리지 않고 주제별로 읽는 습관이다. 훨씬 매력 있기 때문이다. 2021년 여름 책방 안에 흐르는 주제를 예로 들어 '시간이 흐른다'라고 했을 때, 시간이 흐르는 것에 대해 김문규 씨는 고민한다. 작가는 왜 시간을 두고 '이런 이야기를 썼을까, 무엇을 말하려는 것일까?' 등 생각을 거듭하다 보면, 어느새 생각지 못했던 곳까지 이르게 된다. 참으로 매력 있는 책 읽기다.

'하고 싶은 일'을 해서 그럴까. 12시면 문을 닫고 '해야 할 일'인 학원으로 출근해야 한다. 바쁘다 엄살 부릴 만한데, 번거로울 텐데도 고충은 없다며 환히 웃는다. 어려움이 있다면 차라리 안 했을 거란다. 하고 싶은 일을 하는 것일 뿐, 무리하면 오래 못 간다고 말하는 부부다.

세상에 하고 싶은 일을 하며 사는 사람이 얼마나 될까. 그래도 모두 불행한 것은 아니다. 그런데 김문규 씨를 보면, 하고 싶은 일을 하며 사는 게 얼마나 행복한 일인가를 알 수 있다. 하고 싶은 일을 시작한 책방지기의 얼굴이 한없이 밝기만 하다.

그동안 김문규 씨는 혼자 책을 읽었다. 그러나 책방을 열고부터는 혼자가 아니다. 책의 내용에 대해 이야기를 나누는 사람들이 생겼다. 김문규 씨가 주제에 맞춰 책을 선택하면, 이를 공유하고 주제에 대하여 생각을 나누는 공감대가 형성된다. 이야기 창이 열린 것이다. 같이 읽게 되자 자신의 생각을 말할 수 있게 되었고, 또 상대의 생각을 들을 수 있는 접점이 생겼다. 이렇게 개인의 변화는 시작되었다.

또 다른 변화라면, 주변 움직임이라는 것이다. 가까이에서는 주제넘은서점을 모델로 삼아 '어떤 일을 할 것인가?' 고민도 하고, '어떻게 발전시킬 것인가?' 등 각자가 가진 종목의 점주들끼리 모임을 갖기도 한다. 그런가 하면, 멀리 지방에서도 주제넘은서점의 인스타를 보고, 인생 이모작을 위한 모태로 삼기 위해 찾아온다는 것이다.

책방 운영의 동력, 책으로부터 얻은 여유

1년에 500여 권의 책을 읽고, 또 기증 등의 방법으로 서재의 책을 교체한다는 김문규 씨. 그는 책이 사람을 변화시키고 삶을 바꿀 거라고 믿는다. 그러면서도 정작 책방을 찾는 손님에게 책을 읽으라는 말은 하지 않는다. 자녀에게 역시 예외는 아니다. 읽다가 좋은 책이 있으면 그저 책상에 펼쳐 놓을 뿐이다. 읽고 안 읽고는 본인 선택의 몫이기 때문이다. 어느 날 우연히 읽기 시작한 책이 쌓이면서 삶을 변화시키는 원동력이 될 것을 그는 믿는다.

부부가 하가리에서 서점을 하겠다는 꿈은 이미 10여 년 전 집짓기 프로젝트에서 시작되었다. 구멍가게조차 보기 힘들었던 그 시절 하가리에서 서점을 하겠다는 꿈을 꾸다니, 책방의 이름만큼이나 발칙한 발상이다. 하지만 꿈을 꾸는 자는 다르다. 시도조차 않고 포기할 수는 없다.

돈은 좇아가는 게 아니라 좇아오게 해야 한다고 했다. 성공이라는 말은 시기상조이지만, 성공을 향한 부부의 비결은 욕심부리지 않는 것이다. 오로지 좋아하는 책을 소개하고 함께 읽고 싶다는 게 목표다. 독서 모임도 있지만, 그건 부부가 원하는 게 아니었다. 마침내 그 발칙한 발상은 이뤄졌고, 인생 이모작의 소득을 향해 부부는 지금 마라톤 코스를 달리는 중이다. 처음 하가리에서 김문규 씨가 달리기 시작한 3킬로미터가 이제 인생 이모작 마라톤에 진입한 것이다. 본업과 책방, 반환점을 돌고 나면 책방은 본업이 되고 지금의 본업은 물러나 있을 것이다.

김문규 씨는 책꽂이에 책을 꽂아 놓기보다는 펼쳐 놓는 것을 좋아한다. 펼쳐놔야만 어떤 책이 있는지 한눈에 볼 수 있고, 보여야 읽고 싶은 생각이 든다는 것이다. 이 또한 김문규 씨의 습관이지만 고객을 향한 전략이기도 하다. 책도 읽게 하고 매출도 올리고, 누이도 매부도 좋은 것이다.

책방을 오픈하고도 첫 판매는 며칠이 지나서야 이뤄졌다. 그제야 '이제 시작이구나'라는 생각이 들었다는 부부. 부부는 '전에 읽었던 책을 다시 한번 읽어보자', '안 팔리면 우리가 읽으면 되지'라는 위안을 방패로 삼았다. 그 소박한 방패가 여유를 만들었고, 여유는 부부가 시골 책방을 운영할 수 있는 힘이 되었다.

부부가 운영하는 책방의 목표는 두 가지다. 첫째는 함께하는 것이다. 읽으며 생각하고 또 다른 나로 살아보는 것, 그렇게 변화하면서 함께하는 것이다. 둘째는 들어올 때 아무 생각 없이 들어왔지만, 나갈 때는 다른 생각을 하며 나가게 되는 것이다. 좋은 책은 읽기 전과 후가 다르다는 것이 책방지기의 신념이다. 실제로 내가 있을 때 왔던 손님들도 나갈 때는 분명히 달라진 모습을 보였다. 손님들은 책방을 나간 뒤 연화못을 한 바퀴 돌고는, 떠나기가 아쉬운 듯 한참을 책방 앞에서 서성이기도 하였다.

결국 답은 책이다

주제넘은서점의 가장 큰 무기는, 앞에서 언급되었지만 책방지기가 책을 읽어 주는 것이다. 책방을 오픈한 지 얼마 되지 않았을 때다. 손님이 왔을 때 김문규 씨는 자신의 무기를 꺼내 들었다. 그렇게 책을 읽어 주고 이야기를 나누는데, 손님의 감성 물꼬가 터졌다. 결국 손님은 울고 갔다. 책방에 들어올 때와 달리, 나갈 때는 확연히 달라진 모습을 보여 주는 증거였다.

주제별로 판매하다 보니 제약은 있다. 왔으나 그냥 돌아가는 사람도 있다. 그러나 부부는 판매에 연연하기보다 인스타를 통해 '책방이 어떻게 움직이고 있는지'를 보여 주는 데 우선하고 있다. 이를 보고 삶을 바꾸고 싶다는 사람들이 서점을 찾는다. 경력단절 사람들의 모임이나 인생 이모작을 꿈꾸는 사람들이다. 책의 힘보다는 책방지기의 힘을 발휘하는 순간이다.

부부는 한 가지 중요한 질문을 던지고 답을 찾는 과정을 보여주고 있다. 하나의 주제가 여러 갈래의 연결고리를 갖고 있기 때문이다. 분야가 어떻든 책은 결국 한자리에서 만나게 되어 있다. 모든 분야에서 공통점을 찾을 수 있다는 것이다. 책방지기가 책 읽기 전과 후가 다른 삶을 살도록 도움을 주는 책들로 구성하는 이유도 여기에 있다. 영감을 주는 책과 마음을 움직이는 책이 큐레이팅의 포인트라

● 책방지기 김문규 씨는 조심스레 '부싯돌 같은 역할을 하고 싶다'고 말한다.

는 설명이다. 각자의 경험을 나누는 곳, 지금 바로 시작하도록 도와 주는 곳이 바로 주제넘은서점이다.

　꿈은 꾸는 자의 몫이다. 그러나 꿈을 꾸는 것만으로는 되지 않는 다. 움직여야 한다. 그런데 움직이는 것 또한 쉽지 않다. 그런 이들에 게 책방지기 김문규 씨는 조심스레 '부싯돌 같은 역할을 하고 싶다' 고 말한다. 이들 부부의 소망이 유리 벽에 그려진 물결을 타고 넘실

대기를 소망해 본다. 더 나아가 물결 위 갈매기 날개에 실려 널리 널리 퍼지기를 빌어 본다.

서점을 나섰다. 멈췄던 비가 다시 내린다. 그 비를 맞으며 연화지 풍경 앞에 섰다. 수도 없이 왔던 곳이지만 여느 해와 다르게 느껴지는 건 왜일까? 휑하니 연못이 비어 있는 것 같은 느낌, 연꽃이 몇 송이 없다. 긴 장마에 이어 날씨까지 춥다 보니 연꽃도 흉년이라고 했다. 코로나19로 흉흉해진 2020년 상반기 모습을 연화못에서 보는 듯하다.

연화못을 한 바퀴 돌았다. 어느새 나도 주제넘은서점의 영향을 받은 것일까? 생각이 많아진다. 그동안 나는 무엇으로 살았는가?

사람은 무엇으로 사는가, 느닷없이 톨스토이가 떠오른다. 결국 톨스토이가 돌고 돌아 나에게 왔다는 뜻인가, 내가 돌고 돌아 톨스토이에게로 갔다는 뜻인가? 쿡, 나도 모르게 웃음이 터진다. 이 또한 책방지기가 던져준 주제에서 뻗어 나온 연결고리이리라.

📍 제주시 애월읍 하가리 1359-11
🕐 월~토요일 08:00~12:00 (일요일 휴무)
📱 0507-1370-7205
📷 instagram.com/jujebooks

제주시 애월읍 납읍리 **보배책방**

우리 함께 읽어요, 인간과 인간의 근원 문제를

*

*

*

*

쓸쓸하고 외로우신가요?
책을 읽고 싶어도 고르지 못하고 계신가요?
산길을 떠올리는 그곳, '보배책방'을 찾아보세요.

#인문학서점 #인문교양서 #큐레이션 #독서모임 #책방모임

제주시 애월읍 납읍리, 내가 어릴 때 부모님께선 '과납'이라고 불렀다. 알려진 바로는, 이곳에 사람이 머물기 시작한 건 1,300년 경(고려 충렬왕)이다. 그런데 문제가 생겼다. 마을을 이루며 원인 모를 화재가 자주 발생한 것이다. 사람들은 그 이유를 건너편 금악봉 때문이라고 여겼다. '납읍', 하면 으레 떠올리게 되는 금산공원. 사람들은 돌무더기뿐인 이곳에 나무를 심었다. 금악봉을 가리고자 한 것이다. 다시 말하면, 액막이로 나무를 심은 것이다. 물론 전해지는 이야기일 뿐이다. 이때 심은 나무들이 울창한 숲을 이루며 사람들의 발길을 잡아당기기 시작했다. 이어서 1993년 8월 19일에는 천연기념물 제375호로 지정되었다.

"정보배입니다."

장전에서 책방지기를 처음 만나던 때가 떠오른다. 인사하는 책방지기의 이름 뒤로 또르랑 또르랑 구르는 목소리와 또랑또랑 빛나는 눈동자가 따랐다. 책방지기의 이름과 목소리, 눈, 3보배를 발견하는 순

● 책방 입구에 있는 세움 간판. ⓒ보배책방

간이다. 주저하며 찾았던 나의 기분이 밝아졌다. 전등을 켜지 않아도 되는 천장은 시야까지 훤히 밝혀 주었다.

여섯째 중 막내인 책방지기는 언니들이 결혼하고 오빠가 입대하면서 비로소 자신의 방이 생겼다. 고등학교 때였다. 처음으로 생긴 방, 경험이 없는 사람은 그 설렘을 모를 것이다. 실없이 히죽히죽 웃게 되고, 자꾸만 책상 앞에 앉고 싶어진다. 잠도 오지 않는다. 책방지기도 그랬다. 설렘을 안고 책상 정리를 하다 보면 10시가 되었다.

그때부터 공부하리라 맘먹고 책상 앞에 앉으면 엄마는 자라고 하신다. 이런저런 핑계로 공부하진 못했다. 그래도 만화는 열심히 읽었다. 나름 좋다는 대학에도 진학했다.

보편적으로 우리는 만화에 대해 부정적인 인식이 강하다. 그러나 책방지기의 견해는 다르다. 책방지기는 만화 평론가가 꿈일 정도로 어릴 때 만화를 많이 읽었다. 중고등학교 때도 용돈을 받으면 무조건 순정만화 잡지를 샀다. 책방지기의 엄마는 지금도 그때 잡지를 모두 다락에 쌓아 두셨다. 엄마한테 책은 다 귀중한 거였다. 그 영향

● 보배책방 외관과 간판.   ⓒ보배책방

이었을까, 정보배 씨는 성인이 되어서도 계속 만화책을 사 모았다.

　책방지기가 말하는 만화의 종류는 미국에서 등장한 그래픽노블
에서부터 다양했다. 한국은 물론 일본엔 문학작품 수준을 뛰어넘는
만화가 많다고도 했다. '만화와 작가의 작품 세계를 알고 소개해 줄
수 있을 정도가 되면 전혀 문제 되지 않는다'는 게 책방지기의 생각
이다. 대부분 만화를 읽지 않고 자란 사람이 '만화는 무조건 나쁘다'
고 한다는 것이다. 내가 어릴 땐, 만화는 읽다 들키면 불량 학생으로
치부 받던 시절이었다. 언제부터인가 학습만화가 대세다.

　이곳으로 오기 전, 책방지기 정보배 씨는 하가리에서 1년 동안 책
방을 했었다. 문제는 계약 기간을 마치면서다. 장소도 장소지만 임대

료가 부담되었기 때문이다. 게다가 코로나19로 아이가 집에 있다 보니 뭘 할 수도 없는 상황이었다. 그저 마음을 비우고 있었다.

이런 책방지기가 안타까웠는지, 티 룸^{Tea room}으로 쓰던 공간을 사용해 보겠느냐는 친구가 있었다. 그렇게 2019년 6월부터 장전에 문을 열었다. 비록 외진 곳이지만 부담 없는 월세에 독립된 공간, 시간도 자유로워서 좋다. 하지만 아이가 문제다. 아직은 어린 데다가 학교와 떨어져 있기 때문이다. 결국 이러저러한 이유로 다시 이사를 하게 되었다. 지금은 납읍리에서 다시 책방을 열었다.

세상을 바라보는 힘을 기르는 법

책방지기는 출판사에서 20년 넘게 인문교양서 편집기획자로 일했다. 자연히 그쪽 책들을 더 많이 읽게 되었고, 이를 중심으로 셀렉하게 되었다. 책방이 작아서 다양한 주제를 갖춰 놓지 못했지만 그래도 장르는 다 있다. 팔리는 책도 갖다 놔야 하지만 오래도록 인문교양서 편집기획자로 일해 와서인지 쉽지 않다. 사람들이 좋은 책을 읽어 줬으면 하는 바람이 더 크기 때문이다. 물론 좋은 책이란 주관적일 수도 있다. 그러나 보편적인 흐름을 무시할 수 없었다.

어느 날 동네책방의 한 대표가 찾아왔다. 그는 책방을 둘러보고, "이렇게 문학책이 없으면 안 된다."라고 했다. 충고도 받아들일 겸, 재오픈하면서 사업자의 마인드로 나가보고자 했다. 그렇게 소위 잘나간다는 책, 즉 '문학동네' 책들을 진열해 놓았다.

● 책방지기는 사람들이 좋은 책을 읽었으면 하는 바람이 크다.　ⓒ보배책방

독자층의 80퍼센트가 문학이고 보면, 없어서는 안 되기도 했다. 요즘 아이들은 실패 경험이 거의 없다. 실패 경험조차도 문학작품에서 등장인물을 통해 얻어야 한다는 뜻이다. 이야기 속에서 고난과 실패를 겪는 인물을 통해 실패하고, 일어서고, 싸우고, 화해하는 등 다양하게 경험한다. 여기서 재미와 감동은 물론 삶에 대한 지혜와 통찰력도 얻는다. 건전한 성장을 위해선 문학이 필수다. 피해갈 수 없다. 그러면서도 '문학동네' 책을 갖다 놔야 하는지 고민되었다.

그런데 2020년 봄,『젊은 작가상 수상작품집』에 실렸던 작품에서 문제가 터졌다. 불쾌했다. 출판사가 독자나 책 파는 사람을 무시하는 일이기 때문이다. 그렇다고 책방지기가 사건과 연관되어 있는 건 아니다. 문제는, 마음이 내키지 않아도 팔아보겠다고 갖다 놨더니 이런 사달이 벌어진 것이다. 물론 그도 읽고 싶은 문학책이 있다. 대중이 좋아하는 책을 팔아야겠다는 생각도 있다. 그런데 이번 사건을 계기로 많이 움츠러들었다. 쉬운 일은 어디에도 없었다.

우리에겐 잘못되어도 잘못인 줄 모르는 것들이 많다. 권력이나 명예 쪽으로 달려야 성공하는 것처럼 여기는 것도 사실이다. 고대사에서부터 현대사까지 장난질 같은 지라시가 얼마나 많았던가. 그러나 거짓 뉴스를 골라낼 수 있는 능력 또한 부족하다. 과거엔 대학생들도 제도의 모순에 대한 변화를 요구하며 시위를 많이 했다. 그들 또한 기득권층이 되면 도로아미타불인 경우가 허다하다. 이런 세상을 비판적으로 바라볼 수 있도록 힘을 주는 책, 바로 인문학 교양서가 아닐까.

이상과 현실 사이, 책이라는 매개체

　정보배 씨는 이미 출판사에 근무할 때부터 큐레이션을 위주로 하는 책방을 생각했다. 그러나 지인들은 아서라, 손사래 쳤다. 책을 팔았을 때 마진이 얼만지 잘 알기 때문이다. 동네책방이나 큐레이션을 하는 책방에 대해서 보편적일 수가 없던 때였다. 반대하는 게 당연했다. 제주에 올 때도 책만 파는 일을 하겠다는 생각은 없었다. 그 공간엔 하고 싶은 일이 있어야 했다. 어떤 일을 해도 책이 필요하기 때문이다. 책방 겸 일하는 공간이어야 했다.

　종일 노동하고도 운영비를 건질 수 있는 책방이 얼마나 될까. 온종일 책방을 지키고 있어도 최저 임금을 벌기는 힘들다. 그야말로 동네책방이 지속할 수 있는지 의문이다. 아니, 위험하다. 자본이 있고 취향을 즐기는 거라면 상관없다. 그러나 생업과 함께 가치적인 일을 공유한다는 이유로 뛰어들었다면 문제는 달라진다. 유통 구조상 책만 팔며 살아가기란 무리란 뜻이다. 물론 대형서점이라면 희망은 있다. 규모의 경제학으로 가면 어느 정도 벌 수 있다. 카페가 유명하고, 구색 맞추기로 책을 갖다 놔도 가능성은 있다. 그런데 동네책방으로 돈을 번다? 이는 힘들다. 책만 팔아서는 세를 낼 수 없기 때문이다. 그런데 어쩌다 보니 그는 책방만을 하게 되었다. 세를 내야 하는 상황이었다면 시도조차 못 했다. 다행히도 처음 하가리 '주제넘은서점' 자리에서 시작할 땐 세가 없었다.

　책방지기의 바람은, 공공성을 인정하고 운영비라도 지원받을 수 있었으면 하는 것이다. 고객들이 왔을 때 큐레이션 해 줄 수 있는 이들은 나름의 전문성을 갖추고 있다. 따라서 더 나아가면 우리 삶을 큐레이션 해 줄 수도 있다. 책방지기는 이상과 현실 사이에서 고민한다. 한편으로는 자신이 '잘못 생각하고 있었나?' 하는 의문들이 진행 중인 것이다.

책 만드는 입장에서 보면, 책을 기획하는 데 필요한 조건은 서울이 훨씬 많다. 그러나 서울이 썩 좋은 건 아니다. 즐기기는 좋지만, 늘 떠돌아다니는 느낌을 지울 수 없다. 고향이 아닌 까닭이다. 제주로 왔지만, 이곳은 서울도 고향도 아니다.

서른일곱에 처음 만난 제주, 외국에서 본 어느 곳보다 좋았다. 그때 이미 책방지기는 제주에서 살고 싶다는 생각을 굳혔다. 프리랜서로 일할 수도 있다는 밑그림도 있었다. 그보다는 도시적인, 소비하기 위해 되풀이되는 스트레스에서 벗어나고 싶었다. 모든 건 생각뿐이었다.

그 후 10년, 남편이 제주에 직장을 마련하며 내려왔다. 외벌이로 살자고 했지만, 녹록지는 않을 거라 여겼다. 해마다 제주에 왔었고, 현지인들로부터 많은 이야기를 들었기 때문이다. 그래도 상처는 없을 거라 믿었다. 그러나 실제로 부딪치는 건 달랐다. 어느 순간 제주는 돈벌이, 기회의 장소로 변했다. 녹록지 않았을 거라는 사실, 충분히 짐작이 간다. 그래도 언젠가는 그가 꿈꾸는 세상이 올 것을 믿는다.

다행인 건 독서 모임이나 책방 모임 구성원 절반이 도민이라는 사

실이다. 이주민만 모였으면 공허했을 것이다. 모임에선 '맞다, 틀리다'를 이야기하기 전에 서로 다른 목소리를 듣는다. 책을 계기로 소통하는 것이다. 책을 읽다 보면 지난날이 부끄럽기도 하고, 위안을 받기도 한다. 때론 새로운 길을 찾기도 한다. 책이란 매개체를 두고 그는 낯선 곳에서 살아가는 방법을 익혀가고 있다.

　고향이 마산인 책방지기는 대학생이 되면서 서울살이를 시작했다. 그러나 그때 서울이 낯설었던 만큼 제주는 낯설지 않다. 살 만큼 살았고, 사람도 만날 만큼 만났기 때문이다. 어디를 가도 대처하며 살 수 있다고 믿었다. 하지만 아니었다. 좀 더 귀 기울여 듣고 배우는 자세가 필요했다. 접촉하지 않으면 갈등도 문제도 생기지 않는다. 그런데도 시간을 들이며 장소를 마련하고 연락하는 이유, 접촉의 기회를 늘리고 싶어서다. 좋은 바이러스를 주고받고 싶은 것이다.

책방을 나와 건나물 연못으로 갔다. 여름이 떠나가는 자리, 백련으로 가득했던 연못에도 가을이 흐른다. 인간과 인간의 근원적인 문제를 파헤칠 수 있는 인문학, 잘 팔린다는 책보다는 '너무 안 읽히니까, 좋은 책을 많이 읽었으면 하는 바람이 더 크다'는 책방지기의 말이 이명처럼 귓가에 맴돈다.

📍 제주시 애월읍 납읍리 1581
🕐 월,목~일요일 11:00~18:00 (화, 수요일 휴무)
📱 010-4205-6672
📷 instagram.com/bobae_books

제주시 한림읍 금능리 **북스토어 아베끼** Avec

*

가장 제주스러운 것을 추구하다

*

*

*

지금 행복하신가요? '북스토어 아베끄'로 가 보세요.
쪽빛 바다 금능해수욕장을 낀 책방에서 '당신의 헌책장' 코너에
담긴 이들의 고운 마음과 함께 행복을 느낄 수 있습니다.
책방에는 하룻밤 묵을 수 있는 북스테이 '오! 사랑'이 있어
여유로이 책을 읽고 즐기는 행복도 맛볼 수 있습니다.
무엇보다도 너무 좋은 고기를 일찍 먹어 행복으로 가득한
책방지기에게서 행복의 기운을 얻을 수 있습니다.

#헌책방 #북스테이 #연애소설 #연애에세이

　　　　　　　　　장마를 불러들이며 앞다퉈 피어나는 수
국과 치자꽃, 6월은 땡볕에서 여름꽃을 밀어 올리느라 연일 바쁘다.
훤칠한 키를 자랑하며 전성기를 누리던 접시꽃도 슬슬 그 빛을 잃
어간다. 오로지 내비게이션 안내에 따라 책방을 찾아가는 중산간
길이 낯설다. 아직 산중에 있는가 싶었는데 웬걸, 난 이미 금능해수
욕장에 도착해 있었다. 쪽빛을 노래하는 금능해수욕장 옆에서 '북
스토어 아베끄'를 운영하는 책방지기이자 방송작가 강수희 씨를 만
났다.

　책방지기 강수희 씨 고향은 서울이라지만 제주라고 해야 옳을 듯
도 싶다. 이곳엔 할머니, 고모, 삼촌, 사촌 등이 모두 있기 때문이다.
서울에서 태어나고 자란 강수희 씨는 대학 졸업 후 방송작가로 일
했다. 일하던 중 오가던 제주를 동경했고, 급기야는 금능에 정착하
였다.

　책방으로 들어가는 골목은 꽤 길다. 긴 만큼 또 운치도 있다. 누

● 북스토어 아베끄 가는 길. 금능1길로 접어들면 바로 북스토어 아베끄로 들어가는
골목을 만날 수 있다.

구라도 이 골목을 따라서 걷다 보면 고향에 다다를 것 같은 기분이
들 것이다. 금방이라도 머릿수건 두르고 호미를 쥔 어머니께서 굽은
허리로 달려와 반겨줄 것만 같다. 아니다, 막 물질에서 돌아온 해녀
복 차림으로 달려온다고 해야 맞을 것 같다. 마당에 들어서면 고향
의 품인 듯 어머니 대신 아담한 책방이 두 팔 벌려 반긴다. 거기 그
곳, 북스토어 아베끄에서 어깨동무한 책들이 독서 문화를 퍼뜨리고
있다.

머묾의 시작

떡잎부터 알아본다고 했던가. 그는 고등학생 때부터 라디오 사연을 즐겨 썼고, 사연이 채택되어 선물도 종종 받았다. 체질이었을까? 방송일이 재미있을 것 같았다. 대학 진학은 언론정보 쪽으로 결정한 뒤 2학년이 되고 나서 비로소 방송작가가 되기로 마음을 먹었고, 졸업하면서 SBS 예능 프로그램을 시작으로 방송작가로 활동하게 되

● 책방임을 알리는 간판과 함께 몇 개의 화분이 놓여 있다.　　　ⓒ북스토어 아베끄

었다.

MBC 라디오 프로그램 〈별이 빛나는 밤에〉, 〈두 시의 데이트〉, 심야방송 청소년 프로그램인 신동·김신영의 〈심심타파〉, 〈원더풀 라디오〉 등에서 메인 작가로 활동하던 강수희 씨는 아침 드라마에서 보조작가로 활동하기도 했다.

예능에서 드라마 보조작가로 이어가던 시기, 잠시 살아 본 제주는 힐링의 장소였다. 도심과는 전혀 다른 제주, 그리고 금능 바닷가 마을의 풍경들은 아침 드라마 보조작가를 마지막으로 자신의 작품을 쓰라고 속삭이는 듯했다. 2014년에 잠시 머무르고자 온 제주, 그때만 해도 제주로 이주할 생각은 없었다. 재택에서 작업하던 작가는 아파트가 밀집한 도심이 창살 없는 감옥에 갇혀 있는 듯 숨이 막혔다. 자연이 그리웠다. 드라마가 끝날 때까지 좋아하는 장소에서 일해야겠다고 생각했다. 장대비가 쏟아지던 여름날 새벽, 노트북과 캐리어를 끌고 제주로 내려가 게스트하우스에 머무르기 시작했다. 그 머묾의 시작은 한 달 살이로 이어지고, 다시 석 달 살이가 되었다. 드디어 제주에서 드라마 작업을 마쳤다. 그런데 떠나기 싫었다. 결국 눌러앉았다.

금능이 너무 좋아서, 금능 마을과 한바탕 누리는 시간이 필요했는지도 모른다. 그래서인지 정작 작품은 써지지 않았다. 그러는 중에도 일이 들어오면 서울을 오가며 일했다. 초집중해도 나올까 말까 한 드라마, 도저히 안 되겠다 싶어서 공모전을 넣었다. 경쟁률이 만만치 않은 공모전, 떨어졌다. 집중도 되지 않았다. 방송이고 드라마

● 북스토어 아베끄에는 사랑을 소재로 한 연애 에세이, 연애 소설은 물론 그 밖에도
다양한 장르의 책들이 있다. ⓒ북스토어 아베끄

고 안 하겠다며 방송 제의도 거절했다.

　그러나 제주에서 계속 머물려면 직업이 있어야 했다. 지역 도서관
에 출근하기로 했다. 오후 2시에 출근하고 11시 퇴근, 의외로 힘들었
다. 퇴근할 땐 무섭기도 했다. 무엇보다도 저녁 없는 삶이 싫었다. 방
송 제의는 계속 들어왔지만, 대책이 필요했다.

　안채와 바깥채가 공존하는 제주 전통의 공간을 활용할 수 없을
까? 때마침 작가 선후배들이 책을 내고 있었다. 20~30대 중후반인
선후배들은 특히 연애 에세이를 많이 냈다. 그 신간을 도서관에 입
고하고, 읽다가 번득이는 게 있었다. '연애 소설, 연애 에세이 등 연
애 관련 책을 판매하는 서점은 어떨까?' 하는 생각이 든 것이다. 젊

● 북스토어 아베끄 내부 중 일부.

은이는 많고, 본인은 이런 분야의 책을 쓴 이들의 세계를 알고 있다. 서점을 내면 제주로 초대해 북토크도 할 수 있다. 충분한 인프라가 있을 것 같았다. 서울에선 작은 책방이 스멀스멀 유행처럼 올라오고 있을 때다. 그 유행의 물결은 머잖아 제주까지 흘러들 것이다. 아직 제주에 동네책방이 많지 않았을 때였다.

작가는 북스토어 아베끄의 행사 공지용으로 인스타그램을 이용한다. 날마다 그날 오픈 여부와 영업시간 등 피드를 올린다. 기본적인 영업시간이 있지만 1인 책방이라는 특성상 부득불 일이 생기는 경우가 있기 때문이다. 많은 손님이 인스타그램의 공지를 보며 찾아온다. 그렇다고 모든 사람이 인스타그램을 보고 오는 건 아니다. 이용하지 않는 사람도 많기 때문이다. 가끔은 소개를 받고 왔다는 손님도 있다. 마을 안쪽에 있는 이름난 카페에 왔다가 검색으로 오는 손님도 있다. 이리 보면 모든 손님이 관광객인 것 같다. 하지만 그럴지도 않다. 비율상으로 따지면 6 대 4 정도로 지역주민도 꽤 있는 편이다.

음료를 판매하는 곳은 아니지만, 북스토어 아베끄를 관광지 카페처럼 생각하고 오는 사람도 있다. 주변 게스트하우스에는 사색이나 독서를 즐기는 친구들이 종종 내려온다. 한 달 살이, 혹은 몇 달 살이로 오는 사람들, 게스트하우스 스태프들, 작가의 경우처럼 제주가 좋아서 잠시 내려왔다가 정착하게 된 과정에 있는 사람들도 있다. 모두 아베끄를 즐겨 찾는 이다.

한 명의 손님은 한 권의 책이다

제주에서 책방을 하겠다고 생각했던 이유 중 하나는 선·후배들이 책을 내면서 인프라 이용의 필요성 때문이다. 둘째는 시내권에 서점이 있지만 그 외 지역에선 책을 구매할 수 있는 공간이 거의 없기 때문이다. 시내권을 벗어난 지역에서는 책을 둘러보고 펼쳐보고 구매하는 등의 행위를 누릴 수 없다. 서점이 가까이 있다면 어떨까? 그리되면 일부러 시내까지 나가지 않아도 된다. 아이도 어른도 시간과 공간의 제약을 받지 않고 맘껏 책방 문화를 누릴 수 있다.

뭍에서 온 사람들도 마찬가지다. 이들 대부분은 어느 정도 문화를 누리던 사람들이다. 당연히 그들만의 독서량이 있다. 그들이 제주에 오면 책방에서 책 고르는 행위를 누릴 수 없다. 이런 면에서 볼 때 꼭 필요한 게 동네책방이 아닐까. 수요가 될 거란 생각도 들었다.

작가 역시 서울에선 교보나 영풍문고에서 책을 한 보따리씩 사고 스트레스를 푸는 게 낙이었던 사람이다. 뭍에서 내려온 사람 중엔 자신의 처지와 같은 사람도 있을 것이다. 그 생각이 옳다는 걸 증명이라도 하듯, 제주에서 온라인으로만 책을 주문하다가 아베끄에서 종이책을 만지며 읽을 수 있으니 좋다는 분들도 계시다. 그런 분들을 만날 때 작가는 보람이 크다.

아베끄는 젊은이들이 많이 오는 편이다. 그런데 어느 날, 중년 부인 한 분이 찾아왔다. 책방 옆에는 책을 좋아하고 책방에서 하룻밤 머무르는 걸 로망으로 생각하는 사람들을 위한 북스테이 '오! 사랑'이 있다. 이 사실을 알고 온 중년 부인이었다.

부인은 '오! 사랑'에 묵으면서 책을 고르기도 하고 말을 붙이기도 했다. 부인의 말과 행동은 물론 전체적인 분위기에서 품격이 느껴졌다. 경제력도 충분히 있어 보이는 중년의 부인은 에코백을 메고 있었다. 귀부인처럼 보이면서도 명품으로 치장한 게 아니라 젊은 감각을 갖고 있었다. 파스텔톤, 그 느낌이었다. 고왔고, 왠지 글을 쓰는 분일 것만 같았다. 부쩍 궁금증이 일었다. 직업을 묻는 게 실례가 된다는 걸 알면서도 궁금증을 이길 수 없었던 작가는 혹시 문인이냐고 여쭤보았다.

부인은 글 쓰는 사람은 아니지만 그쪽 일을 하고 있다고 했다. 알고 봤더니 서울의 한 고등학교 교장 선생님이셨다. 그 뒤로도 방학이면 다시 왔다. 세 번째에는 남편과 함께였다. 부부는 1주일을 묵으며 아침저녁으로 금능 주변을 산책하는 등 여유를 즐겼다.

부인이 인상 깊은 이유는 따로 있다. 처음 왔을 때 몇 박 묵은 후 떠나는 날 새벽이었다. 공항으로 가기 위해 책방을 나선 부인은 무거운 캐리어를 끌고 가는 게 아니라 들고 갔다. 골목은 흙먼지가 이는 곳이 아니다. 그러므로 질퍽거릴 일은 없었다. 시멘트로 포장되어 있어서 돌돌돌 끌고 갈 수도 있었다. 그런데 이상하다. 잔디 위에서는 끌고 가다가 넘어서면 다시 들고 갔다. 알고 봤더니 새벽에 주민들이 깰까 봐 걱정되어서였다. 충분한 위치의 소셜 포지션에 계신 분이 새벽에 주민들을 깨울까 저어하는 모습은 작가를 뭉클하게 했다. 작가가 아베끄 손님을 이야기할 때 그 부인을 제일 먼저 떠올리는 이유다.

도내 손님 중에는 서로 존대하는 단골 친구가 있다. 북스토어 아베끄는 2017년 7월에 오픈했다. 오픈하기 전인 3~4월에 작가는 이미 인스타 계정을 만들고 홍보를 시작했다. 이때 '당신의 헌책장' 코너를 만들면서 인스타그램에 올렸다. '당신의 헌책장'은 헌책을 기증받아서 팔고, 판매금액은 동물보호단체에 기부하는 기획 섹션이다. 단, 기증받는 책은 마냥 헌책, 안 팔리는 책이 아니라 기증자의 큐레이션이 담긴 책이어야 한다. 책장에는 칸마다 누구누구의 책이라고 기증자의 이름을 써서 붙여 놓았다.

● 기증한 책들이 꽂혀 있는 '당신의 헌책장'이다. 여기서 판매된 금액은 동물보호단
체에 기부한다.

  '당신의 헌책장'에 들어갈 책을 기부받는다고 올렸을 때, 그 친구
는 에코백 두 개 가득 책을 담고 왔다. 단순히 기증받는 책을 처음
가지고 왔고 지금까지 단골이라는 이유로 떠오르는 건 아니다. 다독
가이자 애독가인 그 친구는 진정으로 책을 사랑할 줄 아는 사람이
기 때문이다.

  처음엔 아들이 읽었던 동화책과 그림책, 본인이 읽은 책까지 갖고
왔었다. 갖고 온 책마다 내지엔 '이 책은 뭐가 좋으며 또 누구한테 받
은 책'이라는 메모가 일일이 쓰여 있었다. 책의 서사와도 같은 메모,
그 책을 읽는 사람은 잠시나마 행복의 나라에 다녀올 수 있잖을까?
잠시 아름다운 풍경이 눈 앞에 펼쳐지는 듯했다.

책방을 오픈하던 당시엔 모든 것이 특히 감사하고 더 기쁠 때였다. 삐뚤빼뚤한 글씨로 '3학년 때 좋아했던 책인데 너도 좋아했으면 좋겠다'라는 등 애정이 담긴 어린 아들의 메모, 그 메모들을 보는 순간 작가는 울컥했다. 눈물을 뽑아내기 충분한 감동이었다. 작가는 책방을 시작하기 전부터 지금까지 그 손님과 안부를 묻고 전하며 지내고 있다.

가장 '아베끄다운' 것

북스토어 아베끄는 규모가 작다. 규모가 크건 작건 책방으로만 살아가기는 사실상 힘들다. 그나마 작가는 방송일을 하고 있으니 조금 나은 셈이라고 할까. 그러나 이제 자신이 원하는 방송도 예전처럼 잡히지 않는다. 제주도에만 있기 때문이다. 서울에만 있을 수도 없고, 제주도에만 있을 수도 없다. 왔다 갔다 하기도 하고, 원고만 보낼 때도 있다. 방송 수입도 워낙 프리랜서이기 때문에 이 또한 비정기적이다. 다른 묘안을 찾아야만 하는 이유다.

작년 이맘때쯤엔 생각지도 않았던 초당옥수수 공구(공동구매)를 진행했다. 2019년, 아베끄에서 초당옥수수를 맛있게 먹었던 작가가 자신의 에피소드를 담은 책을 출판하면서 초당옥수수와 세트로 묶어 판매한 것이 시작이었다.

한번은 부녀회장님께서 '뿔소라를 팔아볼 수 있느냐'는 연락을 주셨다. 뿔소라의 단점은 만만찮은 껍데기다. 삶는 것도 일이고 껍데기를 버리는 것도 일이다. 이 단점을 보완하고 삶아서 진공 포장한 뿔소라를 생각해냈다. 공구가 진행되자 무난하게 팔렸다. 이런 일들이 이어지면서 본의 아니게 아베끄는 제주도 먹거리인 고기도 팔고, 귤도 팔고, 옥수수도 파는 책방이 되었다.

명색이 책방인데, 주객이 전도되는 건 아닐까? 책방에서 1년 살이를 하던 친구로부터 이와 같은 공구 진행이 아베끄의 색깔과 잘 맞지 않는 것 아니냐는 우려 섞인 말도 들었다. 아베끄의 정신이랄 것까지야 없지만, 그 역시 아베끄의 이미지가 훼손될까 염려되었다. 아이템은 좋은데, 어떻게 아베끄와 엮어 버무릴까? 그것이 강숙희 씨의 숙제였다.

봉준호 감독이 영화 〈기생충〉으로 상을 받았을 때였다. 그때 아카데미 시상식에서 봉준호 감독은 자신이 롤모델로 생각하고 존경하는 마틴 스코세이지 감독 앞에서 그가 했던 말을 인용해 "가장 개인적인 것이 가장 창의적인 것이다."라고 말했다.

작가는 이 말을 토대로 "가장 제주스러운 것이 가장 아베끄스러운 것이다."라는 말로 바꿔 아베끄와 버무리기로 했다. 책방 수입만으로는 인건비는커녕 본전치기만 해도 잘 되는 구조다. 이를 고려하면 제주특산물 공구 진행과 같은 수익 모델을 통해 아베끄를 채울 수 있을 것이다.

다행히 유행의 흐름이 있어서인지 원활했다. 이 부분을 채워 줄 공구 진행은 필요로 하는 이들과 지역주민 모두에게 도움을 줄 수 있다. 가장 아베끄스러운, 아베끄만이 가질 수 있는 색깔이다.

행복은 마음 안쪽에서부터 자라난다

쪽빛 바다인 해수욕장을 낀 곳에 있는 책방의 장점은 무엇일까? 매출로 따지면 9~10월이 더 낫다. 책을 좋아하는 사람은 여름을 넘기고 혼자 여행 오는 경우가 많다. 공간의 장점은 바다가 있는 위치라서 매출에 영향을 미치는 게 아니라 작가가 좋아하는 것이다. 워낙 금능이 좋아서, 발붙이고 살 수 있는 곳이어서 좋은 것이다. 금능이 아니면 제주에 살 이유가 없다는 작가는 산보다 물이 좋은 사람이다. 육지에서도 여의도나 일산 등 항상 물가 근처에 살았다. 북스토어 아베끄가 있는 금능은 작가에게 장점이지 가게의 장점이 아니라는 말이다. 금능에서 8년이 넘는 동안 다른 데서 살아보겠다는 생각은 추호도 없었다. 처음부터 이곳이 좋았다.

행복에 대한 정의를 내리기는 힘들지만, 작가는 제주에 와서 행복하다는 생각을 자주 한다. 40대 초반, 20대가 보면 늦은 나이일 수도 있다. 하지만 누가 뭐래도 아직은 젊다. 귀농이나 귀촌하는 사람들은 대부분 정년퇴직에 이른 분들이다. 그런데 작가는 정년퇴직 후에나 누릴 법한 일들을 지금 누리고 있다. 제주에 와서 '너무 좋은 고기를 일찍 먹었나?' 하는 생각도 든다. 자신이 누릴 수 있는 행복은 지금 다 누리고 있다는 사실이다.

결론을 내리자면 '행복은 파랑새'다. 청담동이든 어딘든 좋다는 곳에 지인들이 있다. 거기 가서 며칠 살아보면 빨리 제주로 가고 싶어 엉덩이가 들썩인다. 작가에겐 그곳에 행복이 있기 때문이다. '뒤에 행

● 마당 한쪽 공간 데크 위에 놓인 탁자와 의자가 풍경과 어우러져 한 폭의 그림 같다.

복이 없는 건 아닐까?' 하는 생각이 들 정도다. 진정한 행복의 근원은 마음에 닿는 풍경 그리고 자연이다. 파랑새는 항상 옆에 있다.

📍 제주시 한림읍 금능리 1398
🕐 하절기 13:00~19:00, 동절기 12:00~18:00
　 (수요일 휴무)
📱 010-3299-1609
📷 instagram.com/bookstay_avec

2부

서귀포시:

산방산 품에 안긴 책방들

북부편

서귀포시 안덕면 서광리 그림책방&카페 노란우산 1호점

그림책 속 등장인물이 그림 동화를 재현한다

어린 자녀, 혹은 손주의 재롱이 그립지 않으신가요?

'그림책카페노란우산 1호점'을 찾아가 보세요.

벽마다 전면배치한 그림책이 조잘대는 소리 들리는 듯합니다.

천장에 걸린 소품들이

그림동화를 읽어 주는 듯한 착각에도 빠집니다.

무엇보다도 밝고 화사한 분위기에서 쾌적함을 느낄 수 있습니다.

자신도 그림책 속의 등장인물이 되는 기분을 느낄 수 있습니다.

#그림책 #동화 #아지트 #문화협동조합 #힐링스테이

구름의 그림자와 달리기를 한다. 초등학교 시절 100미터를 24초에 달리던 나는 운전도 느리다. 하늘을 보면 구름은 뒷짐 지고 딴청부리는 것 같으면서도 바삐 움직인다. 땅 위를 스치는 그림자는 더 빠르다. 난 차를 몰면서도 구름을 이기지 못한다. 그래도 상관없다. 메밀꽃이 즐비한 마을, 어디선가 막 부화한 꿩병아리 소리가 들려오는 것만 같은 들판이다. 내가 만난 사람 그림책카페노란우산 1호점의 책방지기 김종원 씨, 제주에 내려와서 오늘에 이르기까지의 일들을 자분자분 풀어놓는 그는 작은 거인이었다.

나만의 방을 소유한다는 것, 어려서부터 자신의 방을 가진 사람은 모를 것이다, 자기만의 방이 생겼을 때 그 설렘을! 좋아하는 연예인의 사진을 붙여놓기도 하고, 그 안에서 뭔가 비밀스러운 일기도 써 본다. 나만의 아지트를 가질 수 있다는 건 행복 그 자체다. 그림책방&카페노란우산 1호점에선 책들도 자기만의 방을 소유한 듯 각각

● 그림책방&카페노란우산 1호점을 찾아가는 길, 메밀꽃이 흐드러지게 핀 그 위로 구름의 그림자가 달리기한다.

의 칸을 차지하고 표지를 내보이며 환하게 웃고 있었다. 거기다가 천장을 꾸며놓은 장식물이나 진열대에 놓인 소품들은 그림책 속의 등장인물들이 세상으로 나와 책 속의 이야기들을 재현시키는 듯했다.

동분서주 끝에 찾은 책방

책방지기 김종원 씨가 살던 곳은 대전의 연구단지가 있는 곳이었다. 그래서 그런지 학교에서는 공부도 너무 학습적으로 하는 것 같았다. 주변의 얘기를 들어보면 운동장에 나가서 놀지도 못하게 하고, 오로지 학교와 집만 오갔다. 심지어는 아이들이 닭장에 갇혀 있는 것 같더라는 이야기도 들렸다.

내 아이만은 마음껏 자연을 누리며 자라도록 하고 싶은데…. 곧 초등학교에 입학하게 될 아들, 거주지를 옮겨 볼까? 생각의 갈림길에 섰다. 시골이면서도 카페를 운영할 수 있는 곳을 찾았다. 그러나 대전 근교에서는 찾을 수 없었다. 운영하던 카페도 자리 잡고 있던 터라 거주지를 옮긴다는 건 쉽지 않았다. 때마침 매체에서는 제주도의 이야기가 심심찮게 흘러나왔다. 특히 학교 살리기 운동으로 집도 무료 혹은 저렴하게 임대한다고 했다.

제주라면 시골이어도 괜찮겠다는 생각이 들었다. 관광지라는 특성이 있기 때문이다. 다행히 동복리에 집을 구하게 되었다. 운 좋게도 곧 오픈하게 될 근처 카페에서 로스팅 담당을 찾는 중이었다. 로스팅 전문가인 김종원 씨는 그곳 대표와 이야기를 나눴다. 카페 대표는 마인드가 잘 통한다면서 빨리 왔으면 좋겠다고 얘기했다. 뭔가 불안할 정도로 타이밍이 잘 맞았다. 2월 말, 입학식에 맞춰 무작정 제주로 왔다.

대전의 카페는 정리할 여유도 없었다. 마침 단골이었던 젊은 커플이 1년 정도 위탁 경영하다가 인수하겠다고 했다. 급하기도 했고, 이미 자리 잡은 곳이라 염려는 없었다. 구두계약 후 카페는 그들에게 맡겨놓았다. 제주에서는 로스터 담당으로 빨리 오라고 재촉했다.

그렇게 제주로 왔지만 당장 일할 수 있는 상황이 아니었다. 차라리 적응하는 시간을 갖기로 했다. 그런데 3개월이 지나면서 상황이 달라졌다. 카페 사장은 여건상 도저히 사람을 채용할 상황이 안 된다고 했다. 엎친 데 덮친 격으로 위탁을 맡겼던 대전의 젊은 커플도 인수를 못 하겠다고 했다. 대전의 카페를 정상화해서 양도하는 게 급했다. 맏이를 여기서 초등학교에 입학시키고, 그는 대전으로 올라갔다.

 카페 정상화를 위해 동분서주하면서도 제주에서 정착할 그 무엇인가를 찾아야 했다. 정보를 찾던 중 우연히 임대 광고를 보았다. 살집도 있고, 마당도 있는 카페였다. 김종원 씨는 아내에게 가서 보도록 했다. 두 아들을 데리고 이진 씨가 찾은 곳은 자신들이 찾던 구조였지만 너무 비쌌다. 권리금 때문이었다. 다행히 연세는 조금 저렴

● 기역(ㄱ) 자로 되어 있는 그림책방&카페노란우산. 오른쪽은 커피전문점 '카페올림', 정면으로 보이는 건 책방이다.

했다. 부부는 '연세 몇 년 치를 한꺼번에 준다'라고 생각하며 계약했다. 그렇게 가진 돈을 다 털고 부부는 이곳으로 왔다.

책 읽어 주는 아빠

김종원 씨 가족은 원칙상 9시가 되면 아이들을 재운다. 특별한 일이 없는 한 이 원칙은 현재까지도 지키고 있다. 맏이는 아침잠이 없지만, 막내는 반대다. 일찍 자고 일찍 일어나는 습관이 깃든 맏이는 9시가 되면 스스로 잔다. 그리고 6시에서 7시가 되면 깨우지 않아도 일어나서 책을 읽는다. 상황에 따라서 조금씩 달라지기는 해도 원칙은 습관이 되었다.

2020년까지만 해도 김종원 씨는 잠자기 전에 항상 두 아들에게 책을 읽어 주었다. 맏이는 아기 때부터 초등학교 4학년 때까지 책을 읽어 줬다. 그런데 막내는 카페를 막 시작할 때 태어나면서 겹쳐 많이 읽어 주지 못했다. 일하는 시간과 겹치기 때문이다. 비로소 제주에 와서야 읽어 주기 시작했다. 다섯 살부터 초등학교 3학년까지 읽어 주었다.

막내에게 그림책을 읽어 줄 때 맏이는 자기 책을 읽거나 잔다. 그런데 6학년 때는 달랐다. 4학년인 막내가 『초원의 집』 시리즈를 읽고 싶다고 했다. 『초원의 집』은 맏이가 관심도 없던 책이다. 그런데 막내는 그림도 없는 그 두꺼운 책을 읽고 싶다는 것이다. 스스로 읽기도 했지만, 그가 한 챕터씩 읽어 주기 시작했다. 맏이도 옆에서 들곤 하면서 아이들은 아빠가 책 읽어 주는 시간을 손꼽아 기다렸다.

가끔은 막내가 의외의 책을 골라서 당황스러울 때도 있다. 어느 날은 헤르만 헤세의 명언을 모아 놓은 책을 보면서 너무 좋다고 했다. 뭐가 좋으냐고 물었더니 "이 책은 삶을 얘기한 글이잖아요. 그래서 좋아요."라고 대답했다. 이처럼 막내와 맏이는 성향이 전혀 다르다. 막내는 어려도 인생을 다룬 책을 좋아하고, 이제 중학생이 된 맏이는 논리적인 성향이다. 그래서 그런지 맏이에겐 책에도 기승전결이 있어야 한다,

맏이는 어려서부터 스스로 책을 읽었고 또 좋아했다. 한마디로 책에 익숙해져 있는 아이다. 그런데 막내는 달랐다. 글을 깨우치는 게 늦었기 때문에 읽어 줘야 했다. 그래도 책을 가지고 노는 걸 좋아했다. 막내는 책을 골라 놓고 항상 아빠가 책 읽어 줄 시간을 기다렸다. 때로는 그림책 10권씩 골라 놓을 때도 있었다. 그래도 아빠는 2권만 읽어 준다. 한계선이 무너지면 피곤할 뿐만 아니라 잠자는 시간도 늦어진다. 무엇보다도 많이 읽어 준다고 해서 좋은 건 아니라는 걸 알기 때문이다. 오히려 아쉬울 때 멈춰야 다음을 기대하고 기다린다. 김종원 씨는 아이들이 자기 전 읽어 주는 책도 항상 2권이라는 원칙을 정해 놓았다.

한글을 모르던 막내가 책을 고르는 기준은 재밌고 웃긴 거다. 예를 들면 '까까 똥꼬'라든지 약간은 개구진 내용이다. 맏이는 푸른색 계열을 좋아하지만 막내는 그림도 색깔이 화려하고 붉거나 노란색 계열을 좋아한다. 읽었던 책을 또 읽어 달라고 가져오는 경우도 많다. 대부분 의성어나 의태어 등 흉내 내는 표현이 많은 책이다. 또 순

간순간 재미있거나 인상 깊은 게 있으면 좋아한다. 그러면서도 의외로 심리적 안정을 주는 잔잔한 느낌의 책, 시적이면서도 서정적인 표현을 좋아한다. 스스로 글을 읽기 시작하면서부터는 일상을 적어 놓은 글을 좋아한다.

'노란우산'만의 색깔을 찾다

그림책방&카페노란우산 2호점을 오픈하면서 작가와의 만남이나 북콘서트 공연 등 행사의 90퍼센트는 2호점으로 몰았다. 2019년 1월부터 영업을 시작한 2호점은 한 해 동안 한 달에 2~3개씩 행사를 진행했다. 운영 시간도 더 길었다. 손님은 2호점으로 옮겨갈 수밖에 없었다.

책방에 들어서는 첫 느낌은 쾌적함이었다. 울적했던 사람도 단박에 기분이 풀릴 것 같이 환한 분위기는 사람을 쾌적하게 만드는 힘이 있었다. 그 밝고 화사한 분위기 속에서 깔깔거리고 조잘대는 소리도 들리는 듯했다. 책 밖으로 나온 등장인물들이 그림동화를 쓰는 것 같기도 했다.

2호점을 내기 전, 한 청년이 왔었다. 청년은 이곳에서 커피 한 잔을 마시고는 캘리그래피를 써 주고 갔다. 그리고 다음에 와서는 또 하나 써 주고 갔다. 세 번째에는 연인과 함께 왔다. 그리고 또 다시 캘리그래피를 써 주고 갔다.

자전거 하이킹 중 커피를 마시러 들어왔던 여자 손님도 있었다. 그

분은 인도출판사 타라북스에서 수제작하고 보림출판사에서 번역본
으로 출판한 『물속 생물들』과 『트리』라는 책에 관심을 보였다. 고
가이기도 하지만, 딱 봤을 때 펼쳐 보일 수 있도록 한 이 책은 다른
데서 찾아보기 힘든 책이다. 게다가 제주에선 노란우산이 아니면 없
었다. 그 책이 마음에 들었나 보다. 책을 손에 쥐고 한참을 고민하다
가 떠났다. 그리고 약 한 달 뒤에 다시 왔다. 그 책을 사기 위해 온 것
이었다. 그림책을 전면 배치해 놓은 책방은 당시 전국적으로도 별로
없었다. 제주에선 노란우산이 처음이었고, 그림책으로만 전시하다
시피 한 책방도 노란우산이 처음이었다. 100퍼센트 수작업인 이 책
은 펼치면 잉크향이 나며 질감까지 고스란히 느껴진다. 매력을 느낄
수밖에 없었다.

　시작은 카페였다. 그때 단골처럼 오시던 분이 동네책방을 같이 하
면 좋을 것 같다고 했다. 사실 카페만 하기엔 당시 이곳은 너무 외진
곳이었다. 동네 아저씨들은 장사가 되겠냐면서 라면 팔아라, 김밥
팔아라, 심지어 맥주나 막걸리도 팔아야 장사 되지 않겠냐는 둥 걱
정 아닌 걱정을 하기도 했다. 지역 주민으로 온 이들에게 보이는 관
심이었다.
　판단을 내릴 때 우리는 대부분 습관을 앞세우고 기존하던 것을
따른다. 그러므로 최초를 시도하기란 쉬운 게 아니다. 그런데 부부
는 어떻게 최초를 시도할 수 있었을까?
　부부는 카페를 시작하면서 커피 맛만 좋으면 소문이 날 거라고 믿
었다. 그런데 아니었다. 뭔가 특색 있는 카페를 만들어야겠다고 생

● 책이 진열되어 있는 나무 진열장은 책방지기 김종원 씨가 직접 짠 것이다.

각하던 차에 '동네책방을 같이 해도 좋을 것 같다'라는 단골손님의
한마디는 부부가 책방을 하자고 의견을 모으는 데 쐐기를 박았다.
그런데 책방에 대한 정보가 전혀 없었다. 생각나는 사람은 계룡문고
대표였다.

　대전의 북 스타트 프로그램에서 강사와 수강생으로 계룡문고 대
표를 만난 이진 씨는 카톡을 지금까지도 주고받으며 인연을 이어 오
고 있었다. 책 읽어 주기 운동도 하고 특히 그림책을 많이 읽어 주는
계룡문고 대표는 책 읽어 주는 학교로도 유명했다. 책방지기 부부에
게 처음 『왜요?』라는 책을 읽어 주면서 부부는 그를 '왜요 아저씨'라
고 불렀다.

부부가 기대한 건 책을 공급받는 데 대한 정보였다. 그런데 계룡문고 대표는 부부더러 일단 대전으로 오라고 했다. 계룡문고는 바닥이 넓고 벽 전체가 낮은 책장으로 되어 있어 아이들이 뒹굴뒹굴하면서 책을 마음껏 꺼내 볼 수 있다. 부부의 롤모델인 공간이었다. 그런데 계룡문고 대표는 이게 다 빚이라면서 지금도 그 빚을 갚고 산다고 했다. 그러면서도 부부에게 책방은 했으면 좋겠다고 했다. 특히 작은 마을은 책방이 꼭 있어야 한다면서 허순영 관장님을 소개해 주셨다.

순천 기적의 도서관을 구상하고 만든 허순영 관장은 현재 착한여행사 대표다. 허순영 관장을 만난 부부는 '제주도서관친구들'에서 활동하며 어떤 책방을 할까 구상했다.

허순영 관장은 어떤 책을 좋아하느냐고 묻자 이진 씨는 그림만 들어가면 무조건 좋다고 했다. 허순영 관장 역시 그림책 운동을 할 정도로 그림책을 좋아하고 또 그림책도 읽어 주는 분이셨다. 관장은 부부에게 일본에 그림책 박물관 도서관과 그림책 마을을 주제로 하는 여행 코스가 있으니 같이 가자고 제안했다. 당시 일본어 그림책 번역 작가인 황진희 선생님이 그림책 일본 투어를 하던 때였다. 도쿄를 중심으로 그림책 서점 크레용 하우스, 그리고 치히로 미술관과 치히로가 운영하는 도쿄 외곽의 마을을 둘러보았다.

이 한 번의 여행에서 이진 씨는 시골의 그림책방과 카페를 어떻게 접목하면 될지 밑그림을 그리고 왔다. 기다랗고 좁은 책을 넣을 수 있는 공간, 길게 누울 수 있는 책들의 공간 등 규격과 거기에 넣을 책을 구상하면서 나무 형태의 책장도 짰다.

허순영 관장은 부부에게 그림책 작가 과정을 진행하는 박연철 작가도 소개해 주셨다. 작가는 2주에 한 번씩 토요일이면 제주에 와서 온종일 수업했다. 2기로 들어간 이진 씨는 16개월 과정의 수업을 받았다. 그리고 그림책 작가의 반열에 오르게 되었다.

이제 그림책을 볼 수 있는 안목이 생겼다. 그림책을 만들 수 있는 역량도 어느 정도 갖추게 되었다. 하지만 여전히 그림책방을 어떻게 경영해야 할지는 캄캄했다. 책방 이름도 지어야 했다. 때맞춰 허순영 관장이 보림출판사 대표를 소개해 주셨다.

기꺼이 보림출판 대표께서 보자고 했다. 부부는 파주 출판 단지로 가서 책방카페 노란우산과 주변 책방들을 둘러봤다. 모던하고도 갤러리 같은 카페였다. 내부는 하얀 바탕에 갤러리 전시관처럼 꾸민 책방이자 카페였다. 마음에 쏙 들었다.

2016년 5월쯤, 서울 홍대 앞에 그림책방&카페노란우산을 연 보림책방 대표는 전국에 그림책방이 많이 생겼으면 좋겠다고 했다. 그림책방이 전국 곳곳에 생기면 그림책 문화가 보급되지 않겠느냐는 것이다. 여러 가지 얘기를 나누다가 그림책방&카페노란우산이라는 이름을 쓸 수 있도록 허락해 주셨다. 책을 공급할 방법도 연결해 주겠다고 했다. 그렇게 그림책방&카페노란우산이 시작되었다.

삶과 문화의 구심점이 되는 곳

김종원·이진 부부는 노란우산 2호점 탄생과 함께 삶의 근거지를 광령으로 옮겼다. 그리고 1호점에서는 문화협동조합을 준비하고 있다. 애초엔 북스테이로 꾸미려고 했지만, 자가소유가 아니면 농어촌민박으로 신규 허가를 낼 수 없다고 했다. 어쩔 수 없었다.

문화협동조합이 앞으로 나아갈 방향은 거창하게 말하자면 전인적 힐링스테이다. 숙소도 제공하면서 몸과 마음을 힐링하고 나아가 내면 전체 즉 전인적으로 회복하고 쉬어갈 수 있는 공간으로 꾸미는 것이다. 문화협동조합을 생각하게 된 건 2호점을 오픈하고 서광점을 제대로 활용할 수 없는 부분이 생기면서다.

문화협동조합에서 진행하게 될 프로그램은 다양하다. 우선 쑥찜 체험실 겸 교육실이 있다. 몸이 아픈 사람은 족욕 하듯 쑥찜 체험도 하고, 관심 있는 사람은 배워서 교육도 할 수 있는 팀을 둘 예정이다. 다크투어리즘의 상품과 연결해서 농장체험도 접목할 계획이다. 이는 제주도의 환경, 역사, 유기농법 등을 접목해서 소개하는 여행사 친구가 있어서 가능하다. 사진 전문 작가도 같이할 예정이다. 전문 작가와 함께 사진 수업이나 사진 전시는 물론 마을이나 주변을 아카이빙해서 동네 사진 찍기, 어르신들 영정사진 찍어 주기 등 봉사할 수 있는 프로그램을 만들 생각이다.

천연염색 공방을 하는 분도 모실 예정이다. 천연염색 체험 겸 제품을 만들어 판매하거나 안 입는 옷들을 염색해서 다시 입게 하는 등 리사이클하는 것이다. 음악 관련 부분에선 피아노 전공자도 함께할 예정이다. 잠만 자는 숙소의 개념이 아니라 머무는 장소, 또는 신체를 힐링한다던가 주변 유기농 농산물이나 건강한 커피를 추구하는 이곳에서 건강한 음료도 마실 수 있다. 책을 통한 작가와의 만남이나 그림책 모임 등을 하면서 마음을 회복할 수도 있다. 기존의 흔한 여행이 아니라 정말 제주스러운 여행을 하고 싶은 사람은 친환경 농사를 짓는 친구의 여행 코스를 따라 별밤 보기 캠핑이라든지 감귤 따기 체험을 하면서 힐링할 수 있다. 이렇듯 정서적·신체적으로는 물론 나아가 더 깊이 있는 영적인 부분까지 회복할 수 있는 공간을 준비 중이다. 이처럼 힐링스테이 문화협동조합은 삶의 전반적인 부분에서 같이 살기 위한 운동이지만 노란우산은 구심점 역할을 할 뿐이다. 각자의 삶이 어우러지면서 끼를 펼치고 나누기도 하는 그런 공간으로 활용하려는 것이다.

낭만이 죽어가고 있다. 문화협동조합은 죽어가는 낭만 혹은 이미

● 그림책 속 등장인물이 나와서 그림 동화를 들려 줄 것만 같은 소품들.

땅에 묻힌 낭만을 파내어 우리에게 정서와 힐링을 안겨줄 수 있는
일종의 낭만 부흥운동이다.

📍 서귀포시 안덕면 서광리 1856-4
🕐 월~토요일 10:00~17:00 (일요일 휴무)
📱 064-794-7271
📷 instagram.com/bookshopnoranusan

서귀포시 안덕면 사계리 **어떤바람**

산방산 자락에서 들리는 제주의 소리와 풍경

풍경을 찾아가지 않아도 때로는 풍경이 우릴 부를 때가 있습니다.
가만히 귀 기울여 들어 보세요. 안덕면 사계리 산방산 품에 안긴
풍경이 부르는 소리가 들릴 겁니다. 들리거든 그곳으로
찾아가 보세요. 담쟁이가 지붕과 외벽을 덮은 풍경, 그 안에
제주의 소리가 있습니다. 돋을볕*처럼 환하게 웃는 책방지기와
둘도 없이 순둥이인 반려견 산방이도 있습니다.
한 잔의 차와 한 권의 책, 그리고 스피커에서 흐르는 '제주의
소리'를 모두 누릴 수 있습니다.

#산방산 #자연 #북토크 #그림전시

바람은 보이지 않지만

나무에 불면

녹색 바람이 되고

꽃에 불면

꽃바람이 된다

방금

나를 지나간 그 바람은

어떤 바람이 됐을까

- 호시노 도미히로, 「어떤 바람」 전문

*   아침에 해가 솟아오를 때의 햇볕.

5월 초입의 소리가 어떤 바람을 타고 맴돈다. 맴돌다가 어느 집 문 앞에서 멈춘다. 잠시 숨을 가다듬고는 치렁치렁 늘어진 담쟁이를 흔든다. 그리고 슬며시 문을 민다. 안에서는 돋을볕처럼 화사하게 웃으며 한 송이 꽃인 양 반기는 사람이 있다. 책방지기 김세희·이용관 부부다.

「어떤 바람」은 일본 작가 '호시노 도미히로'의 시 제목으로 아티스트 홍순관이 번안하고 곡을 붙인 노랫말이기도 하다. 바람. 이 어휘에는 여러 의미가 있다. 그중에서도 특히 첫 번째 의미인 '어떤 일이 이루어지기를 바라는 마음', 그리고 두 번째로 '공기의 흐름'. 이는 우리에게 꼭 필요한 바람이다. 노래에서 의미하는 바람이 'wind'의 의미로 쓰였다면, 안덕면 사계리 산방산 품에 안긴 책방 '어떤바람'은 이 두 가지 의미를 모두 담고 있다. 책방지기 부부와 이야기를 나누는 동안 훈풍에 휩싸이는 듯한 아늑함이 나를 감쌌다.

부부는 이곳을 다녀간 이들에게 책방 '어떤바람'은 과연 어떤 바람이 되어 줄 수 있을까를 고민했다. 첫 번째 의미의 바람이다. 한편 책방 어떤바람이 또 다른 사람들에게 따스하거나 선선한 바람이 되어 줄 수 있기를 바라는 마음도 담았다.

공간으로 기억하는 제주

어디선가 말갛게 지저귀는 새소리가 들려왔다. 집에서 키우는 새

소리가 아니다. 고개를 갸웃거리면서도 새장을 찾았다. 아, 스피커에서 흐르는 소리였다. 제주의 소리를 모은 스피커다.

책방 어떤바람은 제주의 소리를 채집하기 위해 주로 사진과 영상을 작업하는 김도태 작가와 함께 사람들을 모았다. 그리고 워크숍을 열어 스피커를 제작했다. 제주의 소리는 귀로 듣는 소리 외에도 눈으로 보는 소리, 피부로 느끼는 소리 등 공간에 있는 물질도 채집한다. 곶자왈의 나무와 돌, 이끼, 바닷가 모래밭의 조개 등 각자 주워온 것들을 스피커에 붙여 제작하는 것이다. 언뜻 '자연을 훼손하는 게 아닐까?'라고 생각할 수도 있다. 아니다. 돌이나 이끼라고 해도 새끼손톱만큼 작은 것이며 조개껍데기가 대부분이다. 곶자왈에서 채집한 제주의 소리는 맑았다. 마치 내가 숲에 든 것 같다. 손님들도 새 소리를 들으면 숲속에 있는 것 같다며 좋아한다. 이처럼 소리를 채집하면 언제 어디서나 누구든지 자연의 소리를 누릴 수 있다.

자신에게 의미 있는 책으로 낭독한 소리도 있다. 팬들이 김순이 시인을 모시고

● '어떤바람'은 안덕면 사계리 산방산 품에 안긴 동네 작은 책방이다.

ⓒ어떤바람

책방에서 시낭독 시간을 가지기도 했다. 시인의 시집 『제주야행』에서 각자가 좋아하는 시 낭독과 함께 이유를 설명했다. 부부는 한 시간 반 분량의 낭독을 녹음하고 시집에 붙였다. 시집에서 흘러나오는 제주의 소리, 생각만 해도 신선하다. 듣고 싶었지만, 아쉽게도 김순이 선생님께 기념으로 드려서 없다고 했다. 이처럼 제주의 소리 스피커엔 제주의 풍경만을 담는 게 아니다. 제주에 머무는 혹은 머물렀던 사람들이 그 공간에 있는 소리를 가지고 또 기억할 수 있도록 한다.

일일 책방지기가 된 작가들

코로나19로 책방은 군집 행사를 멈춰야 했다. 그렇다고 행사를 안할 수는 없다. 부부는 방향을 달리하고 작가들의 일일 책방지기, 북토크 등의 행사를 열었다.

일일 책방지기엔 다양한 형태로 제주에서 삶을 표현해 내고 있는 김홍모 작가가 다녀갔다. 글보다는 제주의 신화나 제주의 4·3, 제주에 있는 세월호 생존자들을 위해서 만화를 그리고 널리 알리는 작가다. 본업이 작가이면서 해녀들처럼 아무 기구도 없이 물속에 들어가는, 즉 프리다이버로 활동하는 정우열 작가도 다녀갔다. 그는 '올드독'이라는 작가명으로 늙은 개와 함께 제주에서 살아가는 이야기를 네이버에 연재하고 있다. 웹툰 연재를 『노견일기』라는 책으로 내기도 했다.

예멘 난민들의 이야기를 다룬 그림책 『암란의 버스 야스민의 나라』작가들도 다녀갔다. 이들은 작업을 소개하는 북토크와 함께 어린이들을 대상으로 '익숙한 것과 낯선 것'을 그리고, 자신과 타인을 이해하는 '드로잉 워크숍'을 열기도 했다. 환경운동단체인 '핫핑크돌핀스'도 『바다, 우리가 사는 곳』에 대하여 북토크를 했다. 돌고래 보호 단체인 핫핑크돌핀스는 북토크를 통해 2011년 수족관에서 바다로 돌아간 돌고래 제돌이부터 현재까지 만난 해양동물들의 삶을 보여 주고 있다. 이 활동은 바다와 인접해서 사는 우리 삶의 태도에 대해 생각해 보는 시간이 되었다. 1년간의 바당구조대 작업 『풍덩, 바당구조대』도 전시했다. 『풍덩, 바당구조대』는 해양정화 활동 자원봉사자 '핫핑크돌핀스 바당구조대'의 전시회다.

　작가는 대부분 책을 생산할 뿐 유통하지는 않는다. 그러므로 이들의 활동은 또 다른 의미가 있다. 책방엔 작가의 팬들도 오지만 작가를 몰랐던 고객들도 온다. 이들은 작가의 책이나 추천하는 작품 등을 소개받기도 한다. 작가는 단지 책방지기 역할만으로 끝나는 게 아니라 독자들을 직접 만나고 소통하면서 책의 흐름인 한 과정을 담당하게 된다.

　행사에 참여한 일일 책방지기는 대부분 그림과 만화를 직접 그리는 작가들이다. 이들은 일일 책방지기로 참여하면서 자신들의 원화도 전시했다. 강연이 아니어도 작가와 독자가 직접 만나고 소통하는 기회다. 손님도 일일 책방지기도 원화를 감상하면서 서로 새로운 발견의 계기가 된다. 코로나19 이후 책방에서 일일 책방지기 행사를 하는 이유다.

● 책방 내부. 창가에 앉아 밖을 바라보며 차도 마실 수 있고 책도 읽을 수 있다.
ⓒ어떤바람

책방의 색깔

2012년 여름방학 때, 김세희 씨는 한 달 살기로 제주에 왔었다. 노형동에서 원룸을 얻어 지내는 동안 자녀들과 함께 제주를 돌아다녔다. 아무리 여름이라지만 바닷가에서만 보낼 수는 없다. 자녀들 역시 책을 좋아했기에 종종 도서관에 갔다. 서점에서 원하는 책을 사는 게 즐거운 행사인 아이들은 도서관보다 서점이 더 익숙했기 때문이다. 그런데 마땅한 서점이 없었다. 서점이라고 해서 가보면 어른들의 베스트셀러 혹은 문제집과 참고서를 중심으로 판매하고 있었다. 아이들이 마음 놓고 책을 살필 수 있는 서점이 아니었다. 제주로 이주해야겠다고 결심했을 때 이러한 서점이 없다는 사실이 가장 아쉬웠다. 서점이 있는 마을에서 살고 싶었던 부부는 고민 끝에 직접 서점을 하기로 했다.

자기만의 색깔이란 어떤 것일까. 서점을 하겠다고 하자 주위에선 '색깔을 분명히 해라, 특징 있는 걸 해라' 등 조언이 많았다. 조언은 조언일 뿐, 책방이 되든 안 되든 조언하는 사람에겐 책임이 부과되지 않는다. 결정도 책임도 본인의 몫이다. 부부는 다양한 사람들이 그저 편안하게 드나들 수 있는 책방이면 좋겠다고 생각했다.

사람들은 가끔 어떤 식으로 책을 선정하냐고 묻기도 한다. 부인 김세희 씨는 자신이 읽고 싶거나 읽었던 책 중에서 선정한다. 그러다 보니 상황에 따라서 책방지기의 편견이 담긴 책들이라고 할 수 있다. 그런데도 서점을 하면서 가장 듣기 좋은 말이 있다. "책 컬렉션이 좋다. 자신들과 너무 잘 맞는다.", 혹은 "여기 책이 잘 선정되어 있다고 해서 왔다."라는 말을 들을 때다. 자신의 책 선정이 편견이 아님을 확인하는 순간이다.

책방 어떤바람에는 책을 읽고 싶게 만드는 풍경이 깔려 있다. 여름을 앞두고 지붕과 외벽은 담쟁이로 싱그러웠다. 하지만 겨울이 되면 황량할 것이다. 그러면 또 어떤가, 황량해서 겨울이다. 가을이면 울긋불긋 단풍은 또 얼마나 고울까. 바깥은 바깥대로 계산대까지 돌담으로 디자인한 책방 안은 더 제주답고, 더 머무르고 싶고, 다시 찾아오고 싶은 공간이다. 굳이 말이 필요 없다. 누구라도 이곳에 오면 절로 책을 읽고 싶고, 차를 마시고 싶어질 것이다. 책방 풍경과 분위기가 그렇게 말한다.

연고라고는 단 한 명도 없는 제주, 이곳으로 이주하겠다는 생각은 이용관 씨가 더 강했다. 두 아이를 낳고 육아에 전념해야 했던 김세희 씨는 외출이 자유롭지 않았다. 그런 딸이 안타까웠던 어머니는 아이들을 봐 줄 테니 1박 2일 동안 어디 좀 다녀오라고 했다. 서울에서 제주도로 1박 2일, 생각하기 나름이지만 작은 일이 아니다. 부부는 올레길을 걷기로 했다. 어디를 걸을까, 10코스를 선택했다. 화순에서 모슬포까지다.

이용관 씨는 1년에 두 번씩 해마다 제주도에 왔었다. 그러나 걷는 여행은 처음이다. 동네를 지나고, 밭 사이를 지나고, 바다도 지났다. 차로 다닐 때와는 사뭇 달랐다. 걸으면서 보는 풍경은 아름다웠고, 모든 시름을 잊게 했다. 세상이 달라 보였다. 직장생활이 힘들었던 탓도 있었겠지만 마주하는 제주 바다, 공기가 좋았다. 특히 밭에서 자라는 감자, 브로콜리 등을 볼 땐 이루 말할 수 없는 편안함을 느꼈다. 스치는 돌담이 마치 이야기를 건네는 것 같았다. 절로 입꼬리가 올라갔다. 동네라고 부를 수 있는, 그냥 동네라고 부르는 그런 데서 살아야겠다는 생각이 밀물처럼 밀려왔다.

힘든 것도 있지만, 부부는 언제나 자연을 벗하며 살고자 했다. 서울에서는 자녀들도 대안학교에 보냈다. 그런데 이제 기존의 공교육으로 돌아가야 한다. '과연 이 선택이 맞나?' 하는 생각도 들었다. 그래도 바다가 가깝고 산도 가까운, 도시 생활이 아닌 시골 생활을 하고 싶다는 바람이 더 컸다.

2017년, 이미 제주도엔 책방 바람이 불고 있을 때다. 부부는 제주에 내려오면서 바로 서점을 등록했다. 그런데 집을 고치는 등 본의 아니게 공사가 늦어졌다. 오픈이 1년 늦어졌다. 그 사이 제주에는 많은 책방이 생겨났다. 책방을 하면서 가장 좋은 건 자녀들에게 책이 있는 집, 책이 있는 마을을 만들어 준 것이다.

간혹 제주는 왜 이렇게 작은 책방이 많냐고 말하는 사람이 있다. 그러나 책방지기가 보는 제주는 아직 책방이 부족하다. 책방 없는 동네가 더 많다. 부부는 마을마다 책방이 있어야 한다고 생각한다. 그러나 안타깝게도 현대 사회에서 책방은 살아남기 어려운 업종이다.

예전엔 동네서점에도 사람이 득시글거렸다. 특히 시집은 누구나 즐겨 찾는 장르였다. 그런데 지금은 어떤가. 그 많던 동네서점은 사라지고, 시를 쓰는 사람은 늘었으나 시를 읽는 사람은 드물다. 그런데 부부는 여행객들이 시집을 많이 찾는 편이라고 말한다. 어째서일까? 여행지에서는 가장 읽기 무난한 게 시집이라는 것이다. 그도 그렇지만, 아마도 여행객의 감성과 서정시는 불가분의 관계여서가 아닐까.

자연이 나를 어루만질 때

살면서 누구에게나 힘든 일은 있게 마련이다. 문제는 그 힘든 일을 어떻게 이겨내느냐는 것이다. 부부에게 가장 큰 위안은 노을이다. 힘이 든다고 여겨질 때 노을을 마주하고 앉으면 노을은 말없이 부부를 안아 준다.

노을이 무척이나 예쁠 것 같은 느낌이 밀려오는 날이 있다. 그런 날 부부는 서둘러 책방 문을 닫고 노을을 보러 간다. 이때 자녀들은 노을에 관한 음악을 찾아서 틀어주기도 한다. '쿵'과 '짝'이 잘 맞는 가족이다. 한낮이 무더운 날은 노을이 더 곱다. 인생에 비유하면 젊을 때 열심히 일한 사람이 노년도 아름답다는 이치다. 노을은 말없이 다가와 부부의 힘든 삶을 쓰다듬는다.

노을이 유난히도 고운 날, 빠알간 해를 보면서 가끔은 군침을 흘릴 때가 있다. 잘 익은 과일처럼 달콤함이 묻어나기 때문이다. '참 잘 익었다. 하루를 어떻게 살았기에 저렇게 잘 익었을까. 어떻게 살면 저리도 잘 익을 수 있을까?' 김세희 씨도 마찬가지인가 보다. 김세희 씨는 노을을 보면서 소리 없이 울 때도 많다고 한다. 노을을 바라보고 있노라면 토닥여 주는 느낌을 받으면서 저도 모르게 눈물이 흐른다는 것이다. 부부는 노을에서 힘든 삶을 위로받는다.

부부가 제주에서 가장 좋은 건 노을을 맘껏 볼 수 있고, 바다가 가깝다는 사실이다. 바다와 노을, 환상의 궁합이다. 도시의 경우 좋

● 해 질 녘 서점 내부 풍경.   ⓒ어떤바람

은 풍경은 가진 자들의 독점 소유나 다름없다. 그런데 노을은 주인이 없다. 우리 모두의 것이다. 물론 이곳도 조금씩 개발되면서 있는 자들의 것이 되어가고 있다. 그래도 눈과 가슴만 있으면 아직은 누구나 누릴 수 있는 곳이다. 하늘이 넓은 제주에서 펼쳐지는 노을, 매일매일 다른 바다가 가슴을 설레게 하는 제주다.

사계 바다뿐만 아니라 제주 바다는 항상 아름답다. 그런데 눈살을 찌푸리게 할 때도 있다. 태풍이 불고 난 뒤, 혹은 계절풍의 영향을 받아 국적 불명의 쓰레기들이 밀려올 때다. 이때 쓰레기는 주울 수 있는 정도가 아니다. 사람을 압도할 만큼 어마어마하다. 평상시 사계 바다는 쓰레기가 거의 없다. 그런데 이때는 기다란 사계 해변이 처음부터 끝까지 모두 쓰레기다. 우리나라 쓰레기보다는 외국에서 온 쓰레기가 더 많다. 그 쓰레기들을 보면서 '우리나라 삼다수 병은 또 어느 나라 해변에서 뒹굴고 있을까?' 하는 생각과 함께 부부에게 공포가 밀려온다. 문제는 눈에 보이는 쓰레기가 아니다. 저 바다 밑 심연에는 또 얼마나 많은 쓰레기가 있을까?

자원봉사로 해양정화 활동을 하는 프리다이버들과 돌고래 보호 단체인 핫핑크돌핀스가 본 바닷속은 그야말로 쓰레기 천국이다. 죽은 채로 발견된 고래의 배엔 쓰레기로 가득 차 있다. 비닐봉지를 해파리인 줄 알고 먹는 거북도 마찬가지다. 쓰레기로 비롯된 해양생물의 수난, 충격이다. 이들은 1년 동안 활동하면서 느낀 점을 각자의 방식으로 표현하고 전시했다. 사진으로 표현하기도 하고, 모은 쓰레기로 무엇인가를 만들기도 했다. 고래와 거북의 배에 든 쓰레기를 묘사하기도 했다. 이들의 활동이 알려지면서 해양 환경에 더 많은 관심이 쏠리고 있다. 이들이 바로 해양 환경에 정화의 씨앗을 뿌리는 셈이다.

아이들은 어른 책을 좋아하지 않는다. 그림이 없기 때문이다. 아이들은 그림책이 있는 곳에 머무르고 싶다. 어른 책이 대부분이었던 책방, 부부는 아이들을 데리고 오는 엄마와 아빠들에게 신경이 쓰였다.

사람들이 책방에 오는 이유, 힘을 얻기 위한 책을 찾아서다. 그런데 아이들의 부대낌으로 책방에 온 목적을 달성하기 힘들다. 이 사실이 안타까웠던 부부는 대책을 마련해야 했다. 생각 끝에 부부는 창가 옆에 아이들이 누릴 수 있는 서가를 마련했다. 아이들이 유독 이곳 창가를 좋아하기 때문이다. 부부는 굳이 구매하지 않아도 읽을 수 있는 그림책을 서가에 채워 넣었다. 내가 아이였어도 쿠션을 등에 대고 책을 펼치고 싶은 창가다. 아이들은 창가에 올라가서 책을 읽고, 엄마와 아빠는 본인의 책을 고르면서 홀가분한 시간을 누린다. 부부도 손님도 모두 흐뭇하다. 이 또한 책방지기의 경험에서 비롯되었다. 부모가 아니었다면 생각하지 못했을 일이다.

산방산에 안긴 책방

내가 방문했을 당시에는 산방산 그림 전시 중이었다. 책방에 전시된 그림들은 2019~2020년 사계리 마을 분들의 모임에서 탄생한 것이다. 그림과 함께 산방산 관련 책도 전시하고 있었다.

이따금 부부에게 왜 제주에 내려왔느냐고 묻는 사람들이 있다. 그때마다 김세희 씨는 서슴없이 예쁘기 때문이라고 대답한다. 그러면 또 뭐가 예쁘냐고 다시 묻는다. 그렇다. 우리는 익숙함에 젖어 있다. 익숙함에 젖어 있다 보니 소중해도 소중한 줄 모르고, 예뻐도 예쁘다고 느끼지 못한다. 특별한 것도 익숙해지면 특별하게 느껴지지 않을 수 있다. 때때로 부부는 이런 사실이 두렵다. 그럴 때마다 제주로 오던 첫 마음을 되새기면서 제주를 제대로 알고자 노력한다. 제주에 관련된 책을 책방에 많이 갖다 놓는 이유다. 제주에 처음 왔다는 마음으로 자신을 살피는 것이다.

● 사계리 주변 사람들의 모임에서 산방산을 소재로 하는 그림을 모은 산방전.

산방전을 하는 이유도 마찬가지다. 사계리 사람들은 언제나 산방산을 보고 산다. 산방산은 언제나 변함없이 그 자리에 있는 존재이며 랜드마크이기도 하다. 오랜 시간을 함께하며 익숙해지다 보니 때로는 감탄의 대상이 아니라 그냥 있는 거다. 그러나 처음 보는 사람들에겐 다르다. 그들에게 산방산은 아라비안나이트에나 나올 법한, 갑자기 솟아 있는 거대한 풍경이다. 그야말로 어마어마한, 임팩트 있는 풍경이다. 부부가 처음 여행 왔을 때도 마찬가지였다. 처음 본 산방산은 주저앉을 정도로 놀라웠다. 그런데 때로는 느껴지지 않을 때가 있다. 이들에게도 서서히 산방산이 익숙해지고 있음이다. 부부는 이제 제주에 속해 있다. 책방도 산방산의 품에 안겨 있다. 익숙한 것

어떤바람

을 낯설게 봐야 할 필요가 있었다. 책방에서 산방전을 하는 이유다. 이런 행사들은 이전에도 했었고, 앞으로도 계속 이어갈 예정이다. 이런 일을 하면서 김세희 씨는 지금 제주 신화에 푹 빠져 있다. 남편 이용관 씨가 보기엔 마치 학위를 따려는 것처럼 보일 정도다.

'어떤바람'에서 시작되는 변화의 바람

책방 문을 열고 며칠 안 됐을 때다. 책방 맞은편에서 무언가를 유심히 살피듯 목을 빼며 바라보는 할아버지가 계셨다. 70대 정도의 그 할아버지는 휘적휘적 길을 건너더니 책방 앞에 다다랐다. 그리고는 드르륵 문을 열었다. 할아버지는 여기가 뭐 하는 데냐고, 책을 파는 데냐고 물었다. 마을에 책방이 생겼다는 사실이 믿기지 않았던 모양이다.

김세희 씨가 서점이라고 대답하자 "서점? 책을 파는 곳?"이라고 되물었다. 그렇다고 하자 "이야, 우리 사계리에 서점이 생기다니! 이런 역사적인 일이 있을 수 있나." 하시면서 할아버지는 껄껄껄 웃으셨다. 교사 생활하다가 은퇴하여 고향으로 돌아오셨다는 할아버지, 할아버지는 마을에 책방이 생겼다는 사실을 무척이나 기뻐했다. 부부에게 오래오래 있으라는 당부도 잊지 않았다. 할아버지는 기념으로 추사 김정희 선생님 관련 책을 한 권 사 가셨다. 가까이 추사관이 있다는 이유다. 부부는 책방을 시작할 때 힘이 되어 준 그 할아버지를 잊지 못한다.

서점을 시작했지만, 간판도 없을 때였다. 마을에서는 서점을 좋아하는지 어떤지도 잘 모르겠다. 간혹 '저들은 뭐 먹고살려고 저기서 서점을 하냐'는 얘기도 들릴 때다. 그런데 할아버지는 달랐다. 사계리 역사라면서 서점이 생긴 걸 기뻐했다. 게다가 응원의 말씀까지 해 주셨다. 고향으로 돌아오신 할아버지, 건강하기를 빌 뿐이다. 더불어 책방 어떤바람에서 휘몰아치는 바람이 우리 모두의 삶을 보다 풍요롭게 만들 수 있기를 빈다.

📍 서귀포시 안덕면 사계리 2830-1
🕐 화~토요일 12:00~18:00 (월, 일요일 휴무)
📱 064-792-2830
📷 instagram.com/jeju.windybooks

서귀포시 대정읍 하모리 어나더페이지 Another Page

지구 시민을 위한 안내소

*

*

*

*

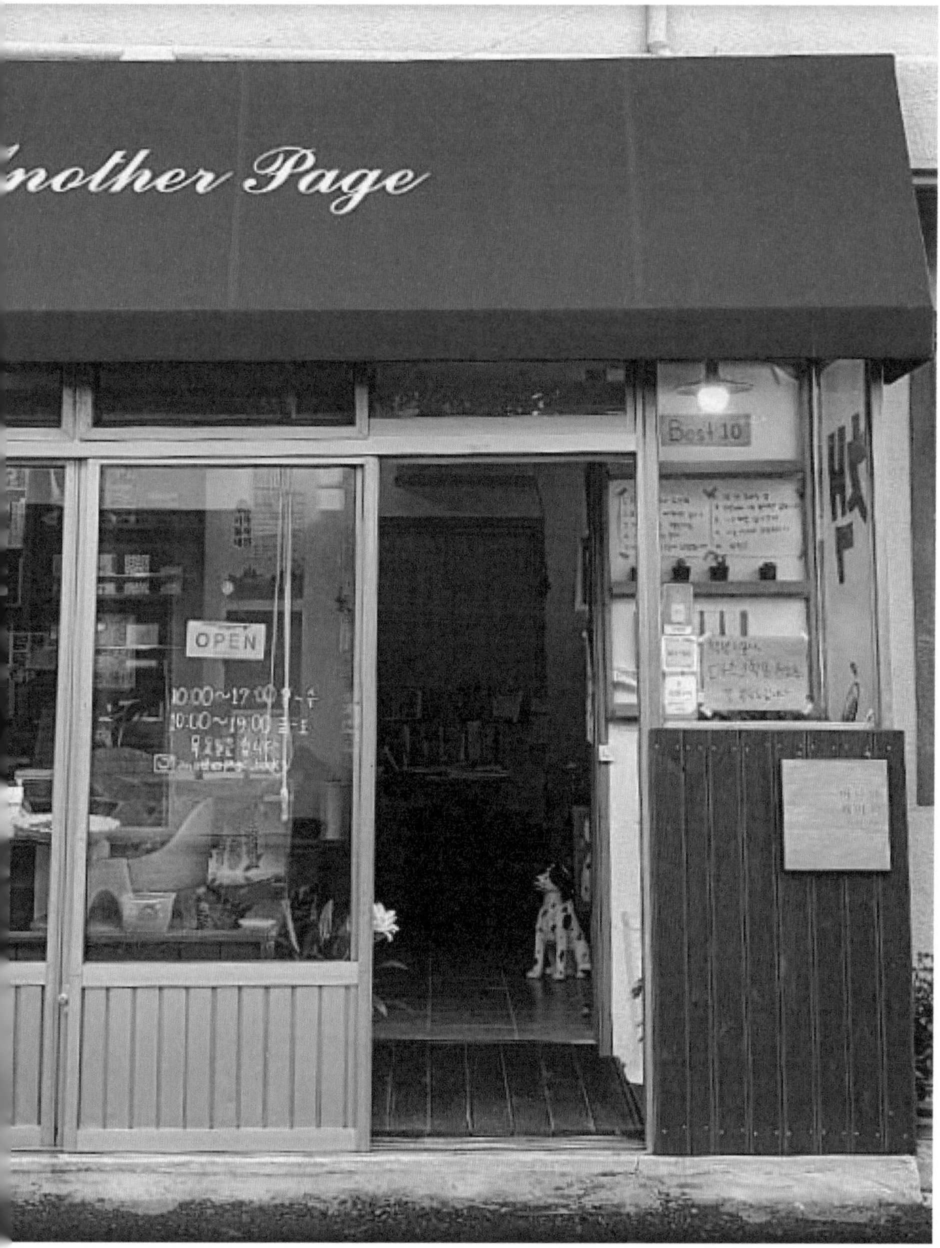
nother Page
OPEN
Best 10

책방 '어나더페이지'에서 공정무역 커피를 사이에 두고
책방지기와 두런두런 이야기를 나눠 보면 어떨까요.
소수의 인권을 위해서, 환경을 위해서, 해외에서 활동하다가
고향으로 돌아온 사람이 여기 있습니다.
자신이 직접 체험한 지구촌 사회의 문제점을 널리 알리고
해결 방법을 모색하고자 책방을 연 사람,
문턱을 한껏 낮추고 여러분을 기다립니다.
책을 구매해야 한다는 부담은 접으셔도 됩니다.
책방을 둘러보면서 '이런 책도 있고 저런 책도 있구나,
이렇게 사는 사람도 있고 저렇게 사는 사람도 있구나' 하는
사실만 알아도 수확입니다.

#제로웨이스트샵 #환경 #공정무역커피 #제로플라스틱

작은 책방으로 스며드는 한줄기 햇볕, 이
는 어쩌면 소외된 자들의 삶을 향한 가능성인지도 모른다. 모슬포
대정초등학교 옆 지구시민책방 '어나더페이지'는 약소국의 인권을
위한 책과 공정무역 커피를 판매하고, 후세대를 위해 제로 플라스틱
을 지향한다. 나 역시 이번을 계기로 공정무역 커피를 맛보았다. 기
분 탓이었을까, 커피라면 그저 '커피인가 보다' 하고 마시는 나로서
도 확실히 다른 맛이었다.

책방의 문턱을 낮추다

미모의 책방지기 신의주 씨는 내 아들과 똑같은 나이로 30대 초반을 넘어서고 있다. 자식 세대인지라 어리다고도 볼 수 있다. 그러나 아니다. 생각과 행동, 실천은 나보다 훨씬 더 큰 어른이었다. 신의주 씨는 국제개발협력의 일원으로 지금까지 몽골, 스리랑카 등에서 인권을 위하여 일했다. 이를 증명이라도 하듯 책방엔 환경&로컬, 다양성, 문학&인문학 등 우리가 자각해 봐야 할 책들이 서가별로 진열되어 있었다.

해외에서 활동하다가 고향으로 온 지는 3~4년 정도, 이제 환경 분

● 책방 내부 풍경.

야에서도 움직여야 할 때다. 그래서 돌고래 보호 단체인 '핫핑크돌핀스'와 함께 해양 활동을 하기로 했다. 그리고 2021년 4월부터 7월까지 이어지는 심야책방도 시작했다. 심야책방의 4월 주제는 환경, 5월은 동물권과 환경, 건강한 몸을 연결한 채식이었다. 6월은 이주민과 난민, 7월은 여성에 대해서 진행하였다. 의도하는 바를 달성하기 위해 여러 방면으로 신의주 씨는 노력하고 있다.

이곳과 개도국에서의 삶, 그곳에서 만났던 이들의 삶은 전혀 다르다. 개도국에서 활동했던 신의주 씨에겐 이런 게 현실로 와닿지만, 여전히 남의 이야기일 뿐인 사람이 많다. 이런 사실이 안타깝다. 그래서 신의주 씨는 누구나 쉽게 접하고 편하게 읽을 수 있도록 가능한 책방의 문턱을 낮추고 있다.

우리가 모르는 커피의 진실

공정무역이란 생산자의 노동에 정당한 대가를 지불하면서 소비자에게는 좀 더 좋은 제품을 공급하는 윤리적인 무역을 말한다. 보통 선진국과 개도국 간의 거래는 부의 편중, 환경파괴, 노동력 착취, 인권침해 등 다양한 사회적 문제를 야기하기도 한다. 이러한 문제를 해결하기 위해 대두된 무역 형태이자 개도국의 경제발전을 위한 사회운동이 곧 공정무역이다.

공정무역 커피는 르완다나 콜롬비아 등 대부분 저개발도상국에서 생산된다. 커피를 소비하는 대상은 대부분 선진국이지만, 생산하는 이들의 삶 역시 소비와 맞닿아 있다. 그런데 커피를 생산하기까지 여성들에게는 성폭행이나 성 착취 등 말도 안 되는 일들이 비일비재하게 일어난다. 아이들 역시 마찬가지다. 학교가 아니라 일터로 가는 게 당연한 삶이 그들에게는 현재다. 그런데 커피를 소비하는 우리는 이런 사실을 잘 모른다. 아니, 안다고 해도 크게 신경 쓰지 않는다. 눈에 보이지도 않거니와 나의 일이 아니기 때문이다. 책방지기는 이처럼 불합리한 사실과 넓은 세계를 조금 더 친밀하게 연관시켜주고자 한다. 어려운 이야기가 아니라 조금 더 쉬운 이야기이며 현재 일어나는 일들이기 때문이다. 책방을 하게 된 이유다.

어린이의 인격을 존중하고 행복을 도모하고자 방정환 선생님은 1922년 천도교 서울지부 소년회에서 '어린이날'을 선포했다. 그리고 이듬해 5월 1일을 '어린이날'로 정했다. 일제강점기 말에 중단되기도 했지만, 해방 후 1946년 다시 기념일이 거행되면서 어린이날은 5월 5일로 변경되었다. 어린이날이 있기에 어린이가 존중의 대상임을 우리는 한 번 더 인지한다. 하지만 개도국의 경우는 다르다. 아동노동이 심각하다.

세계화와 자유 무역 현상으로 가난한 나라에선 자원과 노동을 착취당하고 있다. 싼 인건비로 이윤을 남기려는 이들의 비윤리적인 태도는 아이들을 노동의 현장으로 내몬다. 가혹한 형태의 노동은 아이들의 정신적·신체적 성장을 방해하고, 생명까지도 위협한다. 아이들은 교육받을 수 있는 권리까지 박탈당하며 성인이 되었을 때 할 수 있는 일에 제약받기도 한다.

아동노동은 주로 방글라데시, 코트디부아르, 인도네시아와 같은 약소국이나 우즈베키스탄과 같은 독재 국가에서 이루어진다. 아동노동의 책임은 싼 인건비로 이윤을 얻으려는 기업과 이를 묵인하는 정부에게 책임이 있다. 다양한 물건을 저렴한 가격에 사려는 소비자 역시 마찬가지다. 어느 나라에서 태어났든, 국적이 있든 없든, 인종과 종교에 상관없이 아동이라면 마땅히 보호받아야 한다.

아동노동이 일어나는 국가의 경우 대부분 권력이 부패되어 있다. 이런 사실들은 세계에 알려져야 한다. 그런데 이 글을 쓰는 나는 어떤가? 과연 전혀 몰랐던 이야기인가? 아니다, 이론으로는 이미 알고 있다. 그런데 실천이 문제다. 책방지기와 마주 앉아 이야기를 나누는 동안 얼굴이 화끈거렸다.

성장의 이면

우리 어머니 세대는 그야말로 희생자였다. 할머니 세대는 더 심했을 것이다. 그러나 이제 갈수록 살기 좋은 세상이 되어가고 있다. 그렇다면 가장 행복한 세대는 누구일까? 관점에 따라 해석은 다를 것이다. 물질이 행복의 대명사는 아니기 때문이다. 설령 그렇다 해도 풍요로움의 반대편에는 더 궁핍해지는 사람들이 반드시 존재한다. 승자의 득점과 패자의 실점 합계가 '0'이 되는 제로섬 게임이나 마찬가지다. 경제적·문화적·사회적으로 성장했다지만 우리는 그 이면의 것들을 볼 수 있어야 한다. 전체적으로 봤을 때 과연 성장이라고 할 수 있을지 질문을 던져봐야 한다.

어머니 세대에선 잘못된 것에 대해 저항하기보다는 복종하고 따랐다. 우리 세대로 접어들면서 잘못된 것에 대하여 저항하는 이들이 늘기 시작했다. 하지만 대부분 그 저항이 옳지 않다고 여겼다. 그저 기존하는 것들이 답이라고 여기며 살아왔다. 그러나 후세대는 다르다. 이들은 자기 의사를 가감 없이 표현한다. 인터넷까지 합세하며 조성되는 여론의 여파는 크다.

환경에는 국경이 없다. 2018년 8월 20일, 10대 소녀 그레타 툰베리는 '기후 위기가 심각함에도 적극적으로 대응하지 않는 정치인들에게 책임을 물어야 한다'며 학교 대신 국회 앞으로 갔다. 금요일마다 등교 거부 운동을 하면서 트위터에 '#미래를 위한 금요일'이란 해시태그를 붙이고 이를 알리기도 했다. 이는 진보 성향 청소년층에게 큰 파장이었다. 특히, "당신들은 자녀를 가장 사랑한다고 말하지만, 기후 변화에 적극적으로 대처하지 않

● '다양성' 서가. 이 서가에 꽂힌 책들은 서가의 이름에 걸맞게 여성, 난민, 이주민, 장애, 차별과 관련한 이야기들을 들려 준다.

는 모습으로 자녀들의 미래를 훔치고 있다"라는 발언은 환경 보호 단체의 호응을 얻으면서도 트럼프 대통령과 대결 구도를 만들었다. 미래는 어찌 될까? 그레타 툰베리와 함께 기후 행동에 나선 전 세계 청소년들은 기성세대를 향해 기후 위기에 적극적으로 대응하라고 외친다. 잘못된 것에 대한 외침엔 두려움이 없다.

인류 역사상 가장 행복한 세대는 기성세대인지도 모른다. 희생만 강요당하며 살아온 어머니 세대와 달리 기성세대에선 여성에 대한 인권도 적잖이 개선되었다. 물질도 어느 정도 누렸다. 문제는 환경이다. 온실가스로 기후 변화가 초래한 위기 앞에서 과연 후세대는, 기성세대가 저질러 놓은 재앙을 어떻게 감당할 것이냐이다. 지금의 패턴을 바꾸지 않으면 지구가 열 개라도 멸망한다는 말이 있다. 기후 위기에 대한 화두는 오래전부터 던져지고 있지만 변하지 않고 있다. 그래서 그레타 툰베리가 더 위대해 보이기도 한다. 책방지기 신의주 씨가 제로 플라스틱을 지향하며 환경 책방을 시작한 이유이기도 하다.

'공정무역'을 처음 알게 된 날

상상이란 참으로 맹랑한 녀석이다. 『해저 2만 리』를 보면 과학적 상상력은 창조를 이루는 힘이다. 전기를 이용한 잠수함이 등장하고, 86년이 지난 후 1954년 미국에서는 세계 최초의 원자력 잠수함을 만들었다. 기존의 잠수함으로는 생각할 수 없는 엄청난 동력을 갖춘

● 책을 읽고 커피를 마시면서 휴식을 취할 수 있는 공간.

이 잠수함의 이름은 '노틸러스호'다.

나도 가끔 터무니없는 상상을 한다. 90년대 초반엔 하늘을 날아다니는 자동차를 상상한 적이 있다. 그런데 이제 실현 단계에 이르렀다. 이쯤 되면 내 상상이 터무니없는 것만은 아닌가 보다. 요즘은 쓰레기를 처리하는 기계 상상에 빠졌다. 나의 상상에선 쓰레기를 분리할 필요도 없다. 세탁기처럼 생긴 기계에 모든 쓰레기를 집어넣고 버튼만 누르면 단계별로 분해되어 나온다. 예를 들어서 나뭇가지 등 식물 조직들은 흙으로, 플라스틱은 원재료인 원유로, 쇠는 쇳가루로, 콘크리트는 시멘트 가루로 분해돼서 나온다. 이런 기계를 만들수 없을까. 너무 맹랑한가? 개연성은 전혀 없는 것일까? 어쨌든 상상은 자유다. 그래도 누군가는 제발 이런 기계를 만들어줬으면 좋겠다. 환경 걱정을 확 줄일 수 있을 테니까 말이다.

우리나라엔 공정무역이 잘 알려지지 않던, 구글링에서도 고작해야 불쌍한 시선으로 바라봐 주는 사진 몇 컷이 전부일 때였다. 사회학과에 다니던 신의주 씨는 2학년 때 '사회운동론'이라는 수업에서 공정무역을 처음 알게 되었다. 자신이 좋아하는 초콜릿과 커피의 이면에 숨겨진 사실은 충격이었다. 이해 불가였다. 이를 계기로 신의주 씨는 본격적으로 공정무역을 공부하기 시작했다. 그때 한국에서는 공정무역의 효시라고 할 수 있는 『공정무역, 세상을 바꾸는 아름다운 거래』가 많은 도움이 되었다. 그러던 중 KB국민은행과 YMCA가 함께하는 대학생 해외봉사단 '라온아띠'를 알게 되었고, 대학생 중장기 봉사단으로 필리핀에 가면서 개도국 사람들을 직접 만나는 계기가 되었다. 불쌍하다고 여길 수도 있다. 하지만 그들은 동정의 대상이 아니다. 마땅히 가져야 하는 인권을 갖지 못하고 있을 뿐 우리와 똑같은 인간이다. 졸업 후 신의주 씨는 아예 몽골에 가서 국제개발협력의 일원으로 활동하기 시작했다.

세상은 다수를 우선한다. 다수에 밀리면 소수는 옳아도 잘못이라는 인식이 팽배하다. 그러므로 소수의 인권을 위한다는 건 때에 따라서 사회에, 권력에 반하는 행동이 되기도 한다.

몽골에 있을 때 신의주 씨는 울란바토르의 게르촌에서 지냈다. 몽골이 자본주의로 전환하면서 유목민들이 대거 수도로 몰려들었다. 가늠이 안 될 정도다. 문제는 이들이 살 공간이 없다는 것이다. 땅값이 비싸기 때문이다. 그나마 다행이라면 이들에겐 게르가 있다. 이들은 울란바토르의 외곽에 슬럼가 혹은 빈민촌이라고도 하는 게르촌을 형성했다. 학교는 물론 수도와 전기의 혜택도 제대로 누릴 수 없다. 우리나라가 일제강점기 때 농촌에서 도시로 몰려든 사람들이 빈민촌가를 형성했던 때나 다름없다.

몽골은 정치인과 공직자의 부정부패도 심각하다. 어딘들 부정부패가 있는 곳은 마찬가지이겠지만, 이들은 자신의 이익을 위해 부정부패도 모르쇠로 일관한다.

울란바토르의 게르촌에서 신의주 씨는 떠듬떠듬 몽골어를 배우며 통역 선생님과 마을에 가장 필요한 게 무엇인지를 수요 조사했다. 학교는 바라지도 않았고, 유치원이 있으면 좋겠다는 의견이 가장 많았다. 일터에 갈 때 아이를 맡길 곳이 없었기 때문이다. 수요 조사대로 신의주 씨는 그 일을 추진하게 되었다. 예산이 부족했지만, 십시일반 어머니들은 돈을 모아서 커다란 카펫을 사 줬다. 몽골은 카펫이 필수인 나라이기 때문이다. 이렇게 상부상조하면서 아이들이 편하게 잠도 자고 놀 수 있게 되었다. 교육 지도를 받을 수 있도록 선생님도 고용했다.

어느 날이었다. 행사는 없었다. 그런데 노인의 날이라는 이유로 동장이 신의주 씨에게 돈을 요구했다. 외국인이라서 말만 하면 뭐든 다 해 줄 것으로 생각한 모양이다. 신의주 씨는 완곡하게 거절했다. 행사라면 일손이라도 보탤 수 있지만, 돈이 없었기 때문이다. 며칠 후, 동장은 신의주 씨가 일하는 센터로 공무원 한 명을 보냈다. 지금 운영하는 시스템이 불법이라며 벌금을 내라는 것이다. 계속 운영하려거든 유치원으로 등록하라고도 했다. 등록도 벌금도 엄청난 금액이었다. 누가 봐도 횡포였다. 화가 났지만 법이라는데 어쩔 수 없었다. 그날 밤 신의주 씨는 잠을 이룰 수 없었다. 그리고 이어지는 이해할 수 없는 상황들…. 어쩌면 그곳에서 보낸 치열한 시간들은 신의주 씨를 단단하게 만들어 주었던 순간이었는지도 모른다.

책방지기의 꿈은 무한대다

신의주 씨가 초등학교 다닐 땐 드래곤볼 만화가 한창 유행이었다. 그 탓인지 아이들은 신의주 씨에게 여의주라고 많이 놀렸다. 별명도 별명 나름, 나쁘지는 않았다. 썩 듣기 좋은 별명이기 때문이다. 자신의 이름이 예쁘다는 걸 증명하는 것 같아서 오히려 기분이 좋았다.

신의주 씨의 할아버지는 고향이 이북이다. 이북에도 가족이 있었던 할아버지는 돌아가실 때까지도 언제면 고향 땅을 밟을까, 애타게 그렸다. 어쩔 수 없는 상황이었지만 부모님의 마음은 편치 않았다. 할아버지를 위해서 할 수 있는 게 없었다. 아니, 있었다. 딸의 이름에 의미를 부여하는 것이다. 부모님께서는 통일의 염원을 담아서 딸의 이름을 신의주라고 지어주셨다.

책방지기 신의주 씨의 아버지는 우리에게 잘 알려진 시인 신용균 씨다. 시인을 아버지로 둔 딸은 아버지가 더 특별한 사람이었고, 자랑스러웠다. 초등학생 땐 아버지의 직업란에도 꼭 시인이라고 써 놓았다. 선생님께서 놀란 표정으로 아버님이 시인이냐고 물으면 어린 마음은 어깨가 으쓱하기도 했다.

신의주 씨는 무엇보다도 시인이신 아버지를 따라다녔던 일들이 가장 기억에 남는다. 어린 기억이라서 왜곡되었는지 모르지만, 부모님과 함께 시인들의 모임에서 밥도 먹고, 캠핑에서 혹은 송악도서관에서 시낭송도 했다. 이런 경험들은 신의주 씨가 책과 사회에 관심을 가질 수 있도록 커다란 영향을 끼쳤다.

신의주 씨는 할머니의 집에 세 들어 책방을 차렸다. 신의주 씨가 책방을 하겠다고 했을 때 아버지 신용균 씨는 극구 반대하셨다. 돈이 되지 않는다는 이유였다. 세상 모든 부모의 마음은 하나다. 자식이 여유롭게 살았으면 하는 바람이다. 그래도 포기하지 않고 리모델링 공사 업체를 알아보러 다녔다. 자식 이기는 부모 없다고 했던가, 그런 딸이 안타까웠던 아버지는 직접 리모델링에 나섰다. 그렇게 신의주 씨는 아버지와 함께 공사에 돌입했다. 공사가 이어지는 4개월 동안 겨우 1밀리미터를 가지고 싸우는 등 아버지와 딸 사이엔 티격태격하는 일도 많았다. 그러나 이는 부녀만의 특별한 사랑 방식이었다. 자장면을 시켜놓고 후루룩후루룩 소리 내어 먹으면 그게 곧 화해였다. 딸은 아버지 마음을 읽음이고, 아버지 역시 딸의 마음을 읽음이다.

시야라고 해야 할까, 우물 안 개구리라고 해야 할까. 모슬포에서 자란 아이들은 대부분 대정중, 대정여고, 제주대학교로 가는 게 정해진 코스다. 지역에서만 살다 보니 그럴 수밖에 없었는지도 모른다.

지금 이곳에서 자라는 아이들 역시 그렇지 않을까? 신의주 씨는 아이들에게 넓은 시야로 세상을 바라보라는 이야기를 들려 주고 싶다. 마침 책방은 대정초등학교 옆이다. 굳이 책을 팔지 않아도 된다. 신의주 씨는 오며 가며 아이들이 이곳에 들러 주기를 바라고 있다. 들려 줄 이야기들이 많기 때문이다.

현재 신의주 씨는 송악도서관 주최로 학교에서 지역 이야기를 들려 주는 선생님으로도 활동하고 있다. 무릉중학교에 가서 마을 이야기도 들려 주었고, 무릉초등학교 아이들에겐 공정무역과 환경 이야기를 들려 주었다. 최근엔 대학생들에게 직업 이야기를 강의하기도 했다. 이들에게는 개발협력 이야기와 책방 이야기를 들려 주었다. 그의 노력이 모두에게 전달되는 날 환경도 인권도 더 빨리 개선되는 날이 올 것임을 믿는다.

📍 서귀포시 대정읍 모슬포 하모리 1549-1
🕙 일~수요일 10:00~17:00,
　　금~토요일 10:00~19:00 (목요일 휴무)
📱 0507-1334-4276
📷 instagram.com/anotherpage_books

서귀포시 상예동 그건, 그렇고

자아의 신화를 향하여

*

*

*

*

젊음을 느끼고 싶으신가요?

책방 카페 '그건, 그렇고'로 가 보세요.

깔끔하고 산뜻한 분위기와 함께 나의 정서를 파고드는

시와 에세이, 소설책이 있습니다.

그리고 시원한 음료가 있습니다.

분위기에 젖어 잠시나마 젊음을 느낄 수 있습니다.

#시집서점 #에세이 #소설 #문학서점

돌이라도 씹어먹을, 한라산이라도 옮길, 가시낭(나무)에 걸쳐 놔도 잘 때인 젊음, 참으로 좋을 때다. 내가 찾은 책방 카페 '그건, 그렇고'는 젊음이 가득한 책방이었다. 이 봄날, 화사하게 피어나는 꽃들처럼, 초록을 끌어내는 연둣잎처럼 화사했다. 여행에서 만난 제주의 바다와 하늘에 반한 김중범 씨는 2015년 게스트하우스를 시작으로 제주에 정착하고, 이후 돌고 돌아 책방지기가 되었다.

어디엔들 하늘과 바다가 없으랴만, 제주 바다와 하늘은 더 특별했다. 금능해수욕장에서 만난 쪽빛 바다는 탄성을 자아내게 했고, 영영 기억에서 사라지지 않을 바다였다. 결국 서귀포시 상예동에 눌러앉고 말았다.

게스트하우스를 시작하고, 3년이란 시간이 흐르다 보니 정신이 고팠다. 짬이 날 때마다 책을 읽었다. 책이 쌓이는 걸 보며 정신이 고팠던 이유를 알 것 같았다.

어쩌면 우리 삶 자체가 신들의 세계인지도 모른다. 책방을 하겠다

● 책방 입구. 전통이란 말에 특별한 의미가 담긴 건 아니지만, 그래도 책방지기의 마음 한구석엔 예전의 동네책방이 돌아오길 바라는 소망이 깔려 있는지도 모른다.

는 생각은 애초에 없었다. 신들의 세계에 진입한 듯 어느 날 김중범 씨는 게스트하우스의 자궁을 빌려 책방을 품었다. 특별한 이유는 없다. 그저 책이 좋았기 때문이다. 그런데 코로나19가 위협하면서 게스트하우스는 책방을 품을 수 없게 되었다. 대책이 필요했다. 그렇게 게스트하우스의 자궁을 빠져나온 책방은 2021년 3월, 이곳으로 이사했다.

게스트하우스에서 싹튼 책방

늘 시끌벅적한 게스트하우스의 분위기를 바꾸고 싶었던 김중범 씨는 차라리 책방을 하는 게 낫겠다고 여겼다. 그래서 서가를 꾸미고 책도 갖다 놓으면서 손님들도 읽고 판매도 함께했다. 그렇게 게스트하우스의 자궁에 착상한 북스테이는 독립을 꿈꾸며 자랐다.

거머리보다 더 독한 코로나19, 그 공포에 게스트하우스는 비실거렸다. 어쩔 도리가 없나보다. 툼벙! 자궁 밖으로 책방을 밀어내더니 뒤로 물러났다. 자식을 살리고픈 어미의 마음이었는지도 모른다. 김중범 씨는 게스트하우스와 안녕을 고하며 책방을 손잡고 나왔다. 게스트하우스에서 빠져나왔다고는 하나 책방은 아직 유아 단계, 게스트하우스를 대신할 조력자가 필요했다. 홀로 설 수 있을 때까지, 아니면 영원한 동반자로서 누군가는 품어 줘야 했다.

근본적으로 타고나기를 모든 생명은 먹고살아야 한다. 특히 사람은 먹고사는 것 외에도 누릴 수 있어야 한다. 누리기 위해선 경제 또한 뒷받침되어야 한다. 책방 혼자서는 어림도 없다. 물려받은 재산도 없다. 쉬지 않고 움직여야 한다. 산 입에 거미줄 치게 놔둘 수는 없었다.

책방 옆엔 큼지막한 관광 식당이 있었다. 손님이 꽤 있을 것 같아서 내심 믿는 구석도 있었다. 그러나 '아직은'이다. 어쩌면 영원히 '아직은'이 될지도 모른다. 그도 그럴 것이 책방은 쉽사리 눈에 띄지 않았다. 내가 침착하지 못했기 때문일 수도 있지만, 내비게이션의 안내에 따라 책방 앞에 도착하고서도 한참을 헤맸다. 입구에 간판이

- 판매되는 책들은 주로 에세이, 시집, 소설로 80퍼센트가 독립출판물이다. 모두 책
  방지기가 좋아하는 장르이다.

  ⓒ그건, 그렇고

있다지만 잘 보이지 않았다. 책 냄새를 맡지 못하면 지나는 손님이 들르는 경우는 거의 없다. 대부분 SNS 등을 보며 일부러 찾아오는 사람이다.

게스트하우스에선 밤낮은 물론 출퇴근 개념도 없다. 조식까지 공급하기 때문에 종일토록 움직여야 한다. 이것저것 생각할 겨를도 없다. 그저 몽롱한 의식 속에서 습관적으로 하는 일들이다. 시간이 어떻게 흘러가는지도 모른다. 날마다 일이 똑같기 때문이다. 그런데 책방은 그렇지 않다. 책방도 거의 같은 일들이지만, 그래도 미묘하게 다르다. 일단 출퇴근이 있다.

문제는 수입이다. 호황기를 기준으로 했을 때 수입은 게스트하우스가 훨씬 낫다. 그러므로 책방을 수입원으로 삼진 않았다. 되면 좋은 거고, 안 돼도 책을 보는 손님들로 만족할 수 있었다. 그러나 이제 게스트하우스는 떠나갔다. 다른 수단을 동원해야 했다. 그래서 시원한 음료를 취급하는 책방 카페로 방향을 틀었다.

게스트하우스와 달리 책방은 정신적인 노동이 더 크다. 그 노동 뒤엔 누릴 수 있는 정서가 있고, 곁가지를 치며 또 다른 움직임을 만들어냈다. 김중범 씨는 손님을 위해서 기왕이면 더 맛있는 커피, 기왕이면 더 맛있는 미숫가루를 구하기 위해 제주도 구석구석을 찾아다녔다. 게스트하우스를 할 때 생각조차 할 수 없는 일이었다. 예를 들어 미숫가루 하나를 구하기 위해 세화에 간다고 했을 때, 오가는 시간이 길기 때문이다. 그러나 그 시간은 무의미하지 않았다. 곁가지에서 여유가 돋아나고, 또 다른 관심의 폭을 넓혀주는 기회가 따랐다.

그동안 다람쥐 쳇바퀴 돌듯이 날마다 똑같은 일을 했다. 손님도 늘 신사적인 사람만 있는 것은 아니다. 새벽이든 한밤중이든 '춥다, 어느 방이 시끄럽다' 등 컴플레인이 기다린다. 전화조차도 하우스 안에서의 일은 늘 대기해야 했다. 표현은 못 해도 컨디션에 따라 짜증이 날 때도 있었고, 예민한 상태라서 신경이 곤두섰다. 그런데 책방을 하면서 편안해졌다. 심리적으로 훨씬 보드라워졌다.

책이 있는 최적의 쉼터

내가 운명론자는 아니다. 그래도 무시할 수 없는 게 운명임을 느낄 때가 종종 있다. 책방지기가 오늘에 이르기까지 걸어온 길이 운명은 아니었을까. 누구에게나 적성이며 취향, 타고난 재능이 있다. 일찌감치 제 갈 길로 가는 사람이 있는가 하면, 재능조차 발견 못 하고 세상을 떠나는 사람이 있다. 엎치락뒤치락하면서 자신도 모르게 그 길로 가는 사람도 있다. 보이지 않는 손에 이끌리는 삶, 책방지기도 비로소 가지 못한 길을 찾는 계기가 될 수도 있다. 책방지기는 지금 자아의 신화를 이루어가는 중이다.

기회는 언제나 우릴 돕기 위해 찾아온다. 문제는 준비다. 모처럼 찾아온 기회를 잡기 위한 준비가 되어 있지 않으면 놓칠 수밖에 없다. 책방지기가 미숫가루를 찾고 녹차밭을 찾아다니는 경험은 언젠가 다가올 기회를 위한 또 다른 준비가 될 것이다. 게스트하우스가 가야 할 길로 가기 위한 일종의 수련이었다면 이제 한 발 더 앞으로 디딘 셈이다. 게스트하우스가 없었다면 오늘날 책방도 없었을 것이다. 게스트하우스가 있었기에 북스테이를 할 수 있었고, 코로나19가 들이닥칠 때 책방은 살아남았다. 깨닫지 못하고 있었을 뿐, 그가 제주에 눌러앉을 때 이미 책방을 하라는 무언의 암시가 있었는지도 모를 일이다.

게스트하우스는 공용으로 사용하는 공간이 많다. 그러므로 호텔이나 펜션보다 제한되는 게 많다. 행동에 많은 제약을 둔다는 뜻이다. 그런데 어딜 가나 안하무인인 손님이 있다. 그렇다고 일일이 터치할 수도 없다. 서로가 불쾌할 뿐이다. 조금만 배려해 준다면 좋으련만, 이를 어기는 손님이 있을 땐 힘들다.

종종 물음표 손님도 있다. 휴게실에서는 손님들과 자주 마주치게 된다. 마주치는 손님 중에서 무언가 궁금하지만 끝내 물어볼 수 없던 손님이 있었다. 그 손님은 게스트하우스에 자주 오는 분이다. 그런데 업무도 아니고 관광도 아닌 것 같다. 무엇 때문에 왔는지를 모른다. 낮에 어디를 나가는 것 같지도 않다. 며칠씩 묵으면서도 오직 방에만 계신다. 그저 휴게실에 와서 책만 가져간다. 궁금하지만, 분위기상 물어볼 수 없다. 그저 조용히 바라만 보았다. 배려와 존중이 필요한 것 같았다.

며칠씩 있게 되면 친하게까지는 아니어도 말을 풀고 가벼운 인사 정도는 주고받게 된다. 그분은 몇 번 오셨는데도 대화를 해 본 적이 없다. 객실에 계시지만 얼굴도 보기 힘들다. 나의 뇌피셜이지만, 아마도 업무의 스트레스를 해소하기 위해 제주로 오는 게 아닐까. 김중범 씨가 주저앉을 정도로 제주의 자연은 손님을 불러들이기에는 충분한 조건을 갖췄다. 게다가 그가 운영하는 게스트하우스엔 손님이 좋아하는 책까지 있다. 최적의 쉼터다. 모든 시름 다 내려놓고 실컷 책을 읽을 수 있다는 것, 최상의 휴식이 아닐까.

북스테이를 할 때는 거의 게스트하우스 손님이 고객이다. 책방 손님이 관광객이라는 뜻이다. 그런데 요즘은 근처에 사는 도민이 많이 온다. 대부분 육지에서 이주한 젊은이다. 자녀교육을 위해 이주한 분들일 거라 여겼지만 아니란다. 그냥 젊은이들이다. 독서는 습관이다. 유혹의 요소가 너무 많은 요즘, 그 유혹을 마다하고 책을 찾아오는 젊은이들이 부러우면서도 기뻤다.

절실히 원하면 이루어진다

김중범 씨는 지금도 무언가를 하다가 '이게 맞나?' 싶을 땐 『연금술사』를 꺼내서 읽는다. 20대 초반에 처음 읽었다는데, 그때 이 『연금술사』는 김중범 씨를 매우 흔들었다.

목표를 향해 나가다 보면 생각지도 않았던 곳에서 방해 요소가 나타난다. 그때 이 책은 어떻게 해야 하는지 알려주고 결론을 내려준다. 그래서 책방지기는 힘들 때마다 이 책을 읽는다. 수십 번 읽었지만 지금도 손에서 놓지 않는다. 『연금술사』가 그에겐 에너지원인 셈이다. 용기야말로 만물의 언어를 찾으려는 자에게 가장 중요한 덕목이다. 사람이 어느 한 가지 일을 소망할 때, 천지간의 모든 것들은 우리가 꿈을 이룰 수 있도록 뜻을 모은다. 김중범 씨는 이 책에서 용기를 얻는다.

우리는 타인의 시선에 묶여 오도 가도 못할 때가 많다. 늙은 왕의 말처럼 자아의 신화를 이루어 내는 것이 세상 모든 이에게 부과된 의무인지도 모른다. 무언가를 간절히 원할 때, 온 우주는 소망이 실현되도록 도와줄 것이다. 타인의 시선을 의식하기보다는 나를 중심으로 나가야 한다. 절실히 원하면 꿈은 이루어진다는 이치다.

산티아고는 자아를 찾아 사막을 건넜다. 꿈에 가까이 다가가면 갈수록 자아의 신화는 진정한 이유로 다가온다. 우리는 수없이 많은 길을 돌아가지만 언제나 한곳을 향해 가고 있다. 오아시스에서 산티아고는 매의 신호를 통해 사막의 표지를 전하고, 사흘 동안 죽음을 미룰 수 있는 금을 얻게 된다. 사랑은 결코 자아의 신화와 결별하는 것이 아님을 깨닫게 해 준 여인도 만난다.

훌륭한 스승은 말로 가르치지 않는다. 오직 행동을 통해 가르칠 뿐이다. 진정한 연금술사는 자아의 신화를 몸소 살아내려는 자다. 산티아고는 연금술사를 만나 진정한 자아의 신화를 조금씩 찾게 된다. 그러나 그것은 한순간에 이루어진 게 아니다. 때론 죽을 위기를 겪었고, 꿈보다 더 소중할 것 같은 운명의 짝을 만나 포기하고 싶을 때도 있었다. 그래도 산티아고는 자신의 마음에 귀를 기울이며 앞으로 나아갔다. 나는 과연 나의 소리에 얼마나 귀를 기울이고 있을까?

우리는 성공을 찾아 어디로든 떠날 준비에 늘 조급하다. 그 조급한 마음도 원하는 건 한곳에 이르는 거다. 바로 자아의 신화 그곳에. 그렇다고 자신을 질책할 필요는 없다. 조급함 역시 마음이 살아 있다는 증거이기 때문이다. 시련도 꿈의 일부다. 그러고 보면 산티아고가 보물을 찾아가는 동안의 날들은 빛나는 시간이다. 그 과정에서 이전에 꿈꾸지 못했던 것들을 발견했다. 해 보겠다는 용기가 없었다면 꿈도 꿀 수 없었을 것들이다. 피라미드 앞에서 산티아고는 무장한 병사의 꿈 이야기를 듣고 자신의 보물이 어디에 있는지를 온몸으로 느끼게 된다.

가장 어두운 시간은 해 뜨기 직전이다. 꿈을 이루지 못하게 만드는 것은 오직 하나, 실패할지도 모른다는 두려움이다. 가장 밑바닥에 이르렀다면 곧 해가 뜬다는 징조이기도 하다. 책은 '자아의 신화는 우리가 자신의 삶을 살아내길 원한다'고 말하고 있다. 세상을 살아가는데 제일 중요한 것은 나의 근본적인 자아를 깨닫고 찾으며 살아가는 거다.

게스트하우스를 운영하는 동안 김중범 씨는 열심히 살았다. 더나은 내일을 위해 조금은 무리하여 확장도 했다. 그런데 느닷없이 불어온 바람 코로나19가 그를 흔들었다. 결국 게스트하우스는 접어야 했지만 이 또한 자아의 신화를 이뤄가는 과정일 뿐이다.

● 가장 어두운 시간은 해 뜨기 직전이다. 꿈을 이루지 못하게 만드는 것은 오직 하나, 실패할지도 모른다는 두려움이다.　　　　　　　　　　　ⓒ그건, 그렇고

　김중범 씨는 딱히 계획을 세우지 않고 산다. 오직 하루에 최선을 다할 뿐이다. 그렇다고 하루 목표가 없는 건 아니다. 당일 아침이든 전날 밤이든 소박한 계획을 세운다. 예를 들면 오늘은 '녹차밭에 가자' 아니면 '제주시 오일장에 가서 무엇을 사자' 등이다. 이 소박한 계획 중에서 가장 보람찬 건 강아지 산책이다. 특별한 일이 아님에도 보람찬 이유는 자주 산책을 시키지 못하기 때문이다. 날씨 때문에, 혹은 일이 있어서 등 핑계는 무덤만큼이나 많다. 강아지를 산책 시킨 날이 보람찰 수밖에 없다. 부디 책방이 쑥쑥 자라서 하루빨리

자아의 신화를 이루는 그날이 오기를 빈다.

📍 서귀포시 상예동 1757-1
🕐 월·화,금~일요일 12:00~19:00 (수,목요일 휴무)
📱 010-7191-8780
📷 instagram.com/btwjeju

서귀포시 서호동 '깊이 보는 서점' 인터뷰 Interview

기자 때려치우고, 제주의 가치를 책으로 알린다

제주의 문화유산, 지질, 환경 등을 알고 싶지 않으세요?
온종일 앉아 있어도 물리지 않을 것 같은 곳,
책방 '인터뷰'를 찾아가 보세요.
한라산 혹은 바다를 마주하여 이야기를 나누다 보면
제주인으로서의 정체성을 확인하는 기회가 됩니다.
제주의 가치를 알리는 주제도 파헤칠 수 있습니다.
나만의 정서 또한 맘껏 누릴 수 있습니다.

#한라산전망 #제주여행 #제주환경

삐약삐약, 어미 닭의 뒤를 졸졸 따르는 병아리가 금방이라도 눈앞에 나타날 것처럼 봄 햇살이 화창하다. 책방 근처에 차를 세웠을 때, 노란 튤립이 병아리 대신 날 반긴다. 유채밭을 스치며 책방 앞에 도착한 내 마음도 노랗다.

하지만 왜일까? 분명히 책방지기와 이야기를 나눌 땐 유쾌했다. 그런데 집에 와서는 자꾸만 김현식의 〈비처럼 음악처럼〉이란 노래를 읊조리고 있다. 우울해서가 아니다. 일어서고 싶지 않았던 책방 인터뷰의 분위기에 압도당한 것이다. 산뜻한 내부, 한라산과 바다를 한번에 볼 수 있는 전망은 공짜 옵션이다. 맑은 날은 맑은 날대로, 비가 내리는 날은 비가 내리는 대로 다양한 정서를 암암리에 안겨주는, 책방 인터뷰는 그런 곳이었다. 비 오는 날, 책방 창가에 앉아 있으면 마치 영화 속 주인공이 될 것 같은 분위기다.

'어쩌다 보니' 책방

사회부에서 활동하다가 환경 전문기자로 방향을 튼 남편 강시영 씨는 평생 직업이라 여기던 신문기자 생활을 2년 전에 내려놓았다. 천직이라 여겼던 기자를 때려치우고, 인생 2막을 아내와 함께 책방 인터뷰의 책방지기로, 또 농부의 삶을 살기로 했다. 유감스럽게도 강시영 씨는 만날 수 없었다. 4월은 그에게 유독 바쁜 달이기 때문이다.

기자를 그만둔 강시영 씨는 요새 한라봉 농사에 여념이 없다. 비닐하우스 안의 한라봉은 요즘 막 꽃이 피기 시작했다. 몽글몽글 여문 꽃망울을 보며 얼마나 설렐지는 말하지 않아도 알 것 같다. 식물을 키우고 가꾸려면 정성과 노력이 필수다. 하지만 경험치만 갖고 농사짓던 시대는 이제 지났다. 과학의 힘을 무시할 수 없는 때다. 아내인 현순안 씨와 이야기를 나누다 보니 귤꽃 향기가 스멀스멀 내 콧속으로 스며드는 듯했다.

이 또한 운명이었을까. 처음부터 책방을 하겠다고 생각했던 건 아니다. 그야말로 어쩌다가 책방을 하게 되었다. 책의 향과 관엽식물의 정서가 어우러진 책방은 평화로웠다. 알록달록한 꽃보다 관엽식물의 초록이 안겨주는 정서는 컸다.

현재의 책방 이전 자리했던 호근동은 현순안 씨가 태어나 고등학교를 졸업할 때까지 지낸 곳이다. 이후 20년을 제주시에서 살았다. 그리고 50대 중반에 접어든 어느 날, 남편이 갑자기 은퇴를 선언했

● 책과 드라세나류 관엽식물이 어우러진 책방 내부.

다. 쉬어가라는 신호였던지 때마침 현순안 씨도 아팠다. 본의 아니게 부부는 동시에 실업자(?)가 되었다.

　뭔가를 하기는 해야 했다. 그런데 특별히 잘하는 게 없다. 2019년, 고민 끝에 책방을 시작했다. 책을 좋아한다기보다 싫어하지 않았기 때문이다. 아니, 어쩌면 특별히 잘하는 게 책 읽기였는지도 모른다. 부부는 책을 친숙하게 여겼고, 즐길 줄 아는 사람이었다.

　현순안 씨 역시 강시영 씨와 마찬가지로 전직 사회부 기자 출신이다. 하지만 일찍 그만두었다. 육아라는 몫이 있었기 때문이다. 육아하는 동안 현순안 씨는 지인들과 함께 아이들 그림책 읽어 주기, 동화 읽는 어른 모임에서 활동했다.

　책방을 다니다 보면 종종 제주란 곳에 반해서 이주했다는 이들을 본다. 해외 그 어느 곳보다 매력이 넘친다는 것이다. 실제로 그렇다. 제주는 세계 어느 곳과 비교해도 뒤지지 않는 풍광을 가지고 있으며 학술적으로도 가치가 높다. 한라산과 용암동굴, 성산일출봉처럼 수려하고 아름다운 경관은 물론 독특한 지형이 매력적인 제주도다. 지난 2007년, 이처럼 매력적인 제주도의 가치는 유네스코 세계자연유산 등재로 인정받았다. 여기엔 강시영 씨가 관여한 공도 크다.

세계자연유산이라는 용어조차 낯설던 때, 사회부 소속이었던 강시영 기자는 외국에 나간 일이 있었다. 가서 보니 해외는 세계자연유산에 관심이 많았다. 그 어떤 생각이 기자의 두뇌를 강타했다. 제주로 돌아온 후 강시영 씨는 환경 전문기자로 방향을 틀었다. 그리고 은퇴할 때까지 20여 년 동안 환경 전문기자로 활동했다. 게다가 지금은 환경 전문기자 출신답게 (사)제주환경문화원을 출범했다. 물론 책방도 제주도의 환경과 생태를 중심으로 꾸리고 있다.

모두의 손길이 모이고 모여

책방을 시작하면서 어려움은 없었을까. 물론 어디에 기준을 두느냐에 따라 다르다. 그래도 어느 쪽으로든 어려움은 있게 마련이다. 의외다. 정작 어려운 건 보편적으로 생각하는 경제적인 면이나 책 선정, 고객 유치를 위한 홍보가 아니었다. 책방은 혼자 할 수 있는 게 아니었다. 주변의 도움이 절실히 필요했다.

다행히 이곳에 책방이 있어야 한다고 생각하는 분들이 많았다.

그분들은 필요할 때마다 책방에 와서 토크를 해 주셨다. 그분들의 도움이 없었다면 책방은 어림없었다. 처음 1년은 이렇게 주변의 도움으로 버틸 수 있었다.

자영업이란 걸 해 본 적이 없다. 서점 유통이나 출판이라는 개념조차 모르고 시작한 책방이다. 그저 '좋아하는 책을 갖다 놓고 팔면 되겠지'. 딱, 거기까지 생각하고 시작한 책방이다. 공모사업이 있는 줄도 모르고, 모든 건 자비로 했다. 포스터 하나도 제작하려면 헤맸다. 정보 공유가 필수인데, 맹목적으로 시작한 책방이다.

전직 기자인 강시영 씨는 자신이 나고 자란 제주에 관심이 많다. 그래서 환경 전문기자로 방향을 틀었는지도 모른다. 그는 책으로 제주의 자연유산이나 문화유산, 제주의 가치를 알리고 보존하는 일을 하고 싶었다. 그래서 1년 동안은 꾸준히 전문가를 모시고 토크했다.

작가분들도 계시지만 분야별로 제주와 관련된 일을 하는 분들을 모셨다. 예를 들어 제주의 새에 관해서라면 김완병 박사님을 모셨고, 물에 관해서는 제주 지하수연구센터장인 박원배 박사님을 모셨다. 이처럼 전문가를 모시고 분야별로 관련된 이야기를 들려 주는 식의 토크였다. 밭담이나 제주 신화 등도 모두 책방에서 만든 네트워크를 이용했다. 모두 주변에서 발 벗고 책방을 빛나는 공간으로 만들어 주셨다.

이렇게 주변 도움으로 1년을 이끌어 오면서 인터뷰 책방은 사회적 가치 실현을 위한 네트워크에 진입했다. 육성 과정부터 시작하여 2020년 11월 말 사회적기업가 육성사업 창업팀에 최종 선정돼 협

● 제주와 관련이 있는 작가들의 책이 진열된 코너에는 극락조가 함께 하고 있다.

약을 맺고, 첫걸음을 내디딘 것이다. 자연스레 부부에겐 미션이 주어졌다. 이제까지 해오던 제주 자연유산의 가치를 알리는 관련 서적인 대중서大衆書를 만들어내고, 또 그것을 지역민들과 관광객들에게 알리는 프로그램을 운영하는 것이다. 미션은 주어졌고, 부부는 지금 미션 수행 중이다.

글은 그 어떤 것보다 힘이 세다. 헤리엇 비처 스토의 『엉클 톰스 캐빈』은 어떤가? 1862년 링컨은 스토 부인을 만나 "이렇게 자그마한 여인이 그토록 큰 전쟁을 일으킨 책을 썼다는 거요?"라고 말한 것으로 알려져 있다. 글 하나가 남북전쟁을 일으켰고, 노예해방까지 이뤄냈다.

레이첼 카슨의 『침묵의 봄』은 또 어떤가. 살충제의 대명사인 디디

티는 1942년 초에 등장하며 제2차 세계대전 때 열대지방에서 질병을 옮기는 곤충 박멸에 사용되었다. 이 책에서는 디디티가 생태계를 참혹하게 파괴한다는 것과 인류에게 미치는 잠재적 영향을 적나라하게 고발했다. 파장은 컸다. 대부분 국가에서 디디티 사용을 금지한 것이다. 노예해방도 디디티 사용 금지도 모두 글의 힘이었다. 글은 부부가 추구하는 꿈 역시 이룰 수 있도록 도울 것이다.

디어 마이 호근동

전직 기자인 강시영 씨는 눈코 뜰 새 없이 바쁘다. 2020년 2월, (사)제주환경문화원을 출범하며 강시영 씨는 제주의 환경, 문화의 중요성과 가치에 주목하면서 자연·인문자원의 가치 제고를 위한 다양한 프로그램과 도민의 문화 향유, 삶의 질 향상에 기여함을 목적으로 뜻있는 인사들과 법인 설립의 뜻을 모았다. 이제 강시영 씨는 (사)제주환경문화원장으로서 농부로서 책방지기로서 바쁠 수밖에 없다. 책방 운영은 오롯이 현순안 씨 몫이다. 책방에서는 현순안 씨를 도와 지인이 함께 일하고 있다.

2021년, 책방 인터뷰에서는 마을 어르신들의 삶을 그림과 스토리로 엮은 책 『디어 마이 호근동』을 출판했다. 코로나19로 어르신들의 발이 묶였다. 이 사실이 안타까웠던 현순안 씨는 호근동의 어르신들을 모셨다. 할머니 네 분과 할아버지 두 분이 모이셨다. 평생 색연필

● 책방 내부. 책방지기 현순안 씨가 카운터를 지키고 있다.

을 잡아본 적조차 없으신 분들이다. 처음엔 간단하게 그림엽서나 책 갈피 정도를 생각했다. 하지만 어르신들껜 이조차도 막막했다. 10회 정도 진행하면서 길이 보였다. 살아온 이야기가 쏟아지기 시작하며 그림에도 스토리가 들어앉았다. 그러면서 의도하지 않았던 책을 만들게 되었다.

색연필 한 번 잡아보지 못한 어르신들의 그림은 참 신선했다. 대상을 보면서 따라 그린 게 아니라 평생 봐오던 것들을 이미지화시켰기 때문이다. 같은 마을에서 80년 이상을 같이 지낸 분들이지만 그림은 모두 달랐다. 꽃 가꾸는 걸 좋아하는 할머니는 꽃을 그렸다. 삶에 쫓길 땐 좋아하는 꽃조차 볼 여유가 없었다.

구순을 앞둔 어르신들, 코로나19가 위협하면서 경로당으로 가는 발길을 붙잡았다. 그런데 그게 아이러니하게도 이 같은 기회를 주었다. 그렇게 어르신들의 그림에 이야기를 덧붙여 책방지기와 함께 일하는 지인이 스토리를 만들었다. 어르신들의 생활사가 책으로 탄생한 순간이다. 배냇저고리조차 입지 못한 책을 받고 어르신들은 어떤 표정을 지으셨을까. 보지 않아도 알 것 같다. 눈가에 물기 어린 모습이 눈앞에 훤히 그려졌다.

함께 일하는 지인에 따르면, 색연필과 도화지를 드리면서 어르신들께 아무거나 편하게 그리도록 했다고 한다. '편하게', '아무거나'.

● 책방 인터뷰에서는 제주 마을 어르신들의 삶을 그림과 스토리로 엮은 책 『디어 마이 호근동』을 출판했다. 평생을 골갱이만 잡던 어르신들이 손으로 처음 색연필을 잡아 보았다.

이는 참 묘한 어휘다. 차라리 무얼 그리라고 대상을 주는 게 낫지 오히려 더 막막하다. 늘 봐오던 콩잎이나 풀잎, 양하꽃이 어떤 색깔인지는 안다. 그런데도 색깔을 선택하고 고르자니 어르신들껜 어려운 일이었다.

어떻게 하면 날것 그대로를 상하지 않게 꾸밀까? 지도 선생님은 최소한의 방법을 전하며 시범을 보였다. 비로소 '이걸 그릴까, 저걸 그릴까' 고민하기 시작했다. 이야기들이 봇물 터지듯 터졌다. 이 순간을 놓치지 않고 어르신들의 그림에 든 배경을 여쭈었다. 어머니 세대인 어르신들의 삶을 지켜봐 왔기에 충분히 이해할 수 있었다.

조금 더 새로운 시각으로 바라볼 수 없을까. 어르신들의 삶을 손녀 세대가 바라보면 어떨까. 고민 끝에 관점 즉 관찰자를 20대 손녀로 바꿨다. 앞이 환해졌다. 그렇게 20대 손녀가 보는 시각에서 질문하고, 이야기도 나누면서 나온 스토리가 책 속의 이야기다.

강시영·현순안 부부가 고향에 와서 책방을 하지 않았다면 이 책은 태어날 수 있었을까. 이 한 권의 출판만으로도 책방 인터뷰는 존재가치를 알린 셈이다. 삶의 의미를 고향 어르신들께 안겨드린 것이다. 우리에겐 종종 우연이 찾아온다. 하지만 이유 없는 우연은 없다. 고향에 와서 80년 이상을 그곳에 살아온 어르신들의 책을 출판했다는 건 나를 나고 자라게 해 준 고향에 대한 은혜를 갚음이다.

평생 손에서 놓지 않았던 골갱이(호미)질하듯이 색연필을 잡는다면 그야말로 현란한 그림을 그릴 것이다. 글도 일필휘지로 갈겨댈 것이다. 그러나 골갱이와 색연필은 달랐다. 평생을 일만 해 오신 어르신들은 꿈에서도 그려보지 못한 색연필을 잡았다. 그 색연필로 가슴에 묻어두었던 아픔을 치유할 수 있었다. 책방 인터뷰가 출판한 『디어 마이 호근동』이 명의인 셈이다. 책방에서는 어르신들의 원화로 작은 전시회도 열었다. 꿈엔들 당신들의 그림이 전시된다고 생각하셨을까. 이미 세상을 뜨신 나의 어머니가 겹치며 눈물이 났다.

책방 '인터뷰'에서 만나는 진짜 제주

인연이란 참 묘하다. 책방지기를 돕는 지인도 처음엔 손님이었다. 고향이 같다고 할지라도 손님이었던 지인은 책방에 드나들면서 책방 인터뷰만의 가치를 발견했다. 그렇다고 지인이 책방에서 진행하는 모든 프로그램에 참여한 것은 아니다. 비록 몇 번이지만 프로그램에 참여하다 보니 단지 일회성이 아니라 일관성이 있음을 알게 되었다. 그래서 더 눈여겨보게 되었다. 토크를 듣다 보니 제주도의 지형이나 생물, 지질, 생태, 환경 등 모르는 게 너무 많았다. '도민으로서 제주도를 말하라면 무얼 말할 수 있을까.' 자신을 되새기는 시간이 되었다.

사실 이전부터 이런 주제들, 다시 말하면 진짜 제주를 알고 싶었다. 하지만 어디 가야 알 수 있는지 몰랐다. 그런데 가까이에 있었다. 책방 인터뷰에서 지역 전문가를 모시고 자신이 늘 목말라하던 주제에 대해 토크하고 있었다. 밭담 다우는(쌓는) 분이 토크할 때는 입이 절로 벌어졌다. 전문분야에 있는 학자들이 책방 인터뷰와 함께 제주의 가치를 알리고 보존하는데 함께하고 계신다는 것도 알게 되었다. 이런 프로그램이야말로 너무나 소중하고 값진 것이라는 울림이 왔다. 책방 인터뷰에서 특별한 기획을 해서가 아니라 사람과 사람이 만나면서 가치 있는 시간과 공간을 만들고 있었다.

프로그램 외에도 평소 관심 있었던 오름에 관한 책이나 소설도 있었다. 오래전에 읽었지만 이제 기억조차 희미해진 그 책들, 다시 읽고 싶은 책들도 이곳에 다 있었다. 현순안 씨를 돕는 지인이 보는 책방 인터뷰는 존재 자체로 서귀포 지역 사회에서 의미 있는 공간이었다. 그렇게 책방에서 진행되는 일들을 보면서 과정도 결과도 뿌듯함을 알 것 같았다.

오늘도 발 닿은 곳에 뿌리를 내린다

손님은 자신이 원하는 책도 있지만, 추천을 원할 때도 있다. 그렇다면 책방 인터뷰에서는 어떤 책을 추천할까?

이는 상황에 따라 다르다. 본인이 읽을 책이면 취향이 있겠지만 선물이라면 추천에 의존하는 경우가 많다. 취향을 모르는 경우 추천하는 사람도 애매하다. 딱히 취향을 이야기하지 않으면 주로 철학자 김진영의 애도 일기인 『아침의 피아노』를 추천한다. 김진영의 첫 산문집이자 유고집인 『아침의 피아노』는 작가가 투병 생활 중 쓴 글로 아포리즘이 가득하다. 여기엔 작가의 모든 생이 들어 있다. 죽음을 앞둔 시점에서 바라보는 풍경은 진솔하다. 우리가 놓치고 사는 것을 일깨워주기도 한다. 추천할 수밖에 없는 이유다. 좀 더 쉬운 책을 원할 때는 『아몬드』를 추천한다.

하지만 최근에 진짜로 추천하고 싶은 책은 장편소설 『파친코』이다. 한국계 1.5세인 미국 작가 이민진의 장편소설 『파친코』는 내국인이면서 끝내 이방인일 수밖에 없었던 재일동포들의 처절한 생애를 담아낸 작품이다.

1.5세 한국계라면 아무리 작가라 해도 한국의 역사나 정서를 잘 모를 거라고 우리는 예상한다. 그런데 아니다. 책을 펼치면 마치 마법에 걸린 것처럼 빠져드는 한국의 정서가 함께한다. 휙 휙, 숨 가쁘게 전개되는 사건과 생생한 묘사는 내가 마치 책 속의 그 시대를 사는 듯한 착각에 빠진다. 작가는 흐름에 따라 울렸다 웃겼다 제멋대로 독자의 감성을 뒤흔든다. 한국에서 나고 자란 우리보다 더 적나라하게 한국의 정서를 드러낸다. 문득 알렉스 헤일리의 『뿌리』가 생각났다. 그 어떤 상황에서도 굴복하지 않고 발 닿은 곳에 뿌리를 내리는 한국인, 동네책방을 꾸려가는 책방지기들도 마찬가지다.

📍 서귀포시 서호동 392 2층
🕐 월~토요일 12:00~19:00 (일요일 휴무)
📱 010-5758-3874
📷 instagram.com/interviewjeju

서귀포시 호근동 **돈키호테북스**

* 후세대가 걱정이다, 뜨개질도 요리도 책도 돈키호테의 마음으로

*

*

*

기후 변화, 지구온난화, 재난… 지구의 미래가 걱정되세요?
'돈키호테북스'를 찾아가 보세요.
책방지기와 지구의 미래를 이야기 나누면서 좋은 책도 추천받고,
차는 물론 샌드위치&하몽도 즐길 수 있습니다.

#환경도서 #추리소설 #페미니즘도서 #인터뷰집 #샌드위치 #수공예

　　　　　　　　모처럼 방랑 기사 돈키호테를 떠올려본
다. 기사 소설에 미쳐 세상을 떠돌며 악을 처단하고 약자를 구원하
는 스토리에 꽂혀서 그런 걸까. 매번 실패와 좌절로 끝나고 몸은 만
신창이가 되어 가지만 방랑을 멈추지 않았던 돈키호테의 모험이 그
리운 날이다. 그래서인지 돈키호테북스를 찾아가는 길은 즐거웠다.
책방지기 김보경 씨는 휴일이었음에도 기꺼이 시간을 할애해 주셨
다. 어디선가 본 듯 익숙한 표정에선 친근함마저 감돌았다.

　2017년 9월, 오픈했지만 책방은 힘들었다. 지금까지 버틸 수 있었
던 건 웹툰 작가 복희라는 친구가 있었기에 가능했다. 복희 작가는
책방에서 제주문화예술재단 지원사업을 해 보자고 제안했다. 지원
사업 하나를 따내면 끝날 때까지 문을 닫으면 안 된다. 책방을 지속
해야 하는 이유가 생겼다. 책방은 친구, 즉 예술가의 생계와도 직결
된 일이라 계속할 수밖에 없었다.
　다음으로 힘이 된 건 책방을 오픈할 즘 생긴 제주동네책방연합이

다. 동네책방은 각자 개성이 있지만, 운영 상황이나 처지는 비슷했다. 서로 애환을 나누자고 시작한 이 모임은 책방지기에게 크나큰 힘이었다.

서귀포시와 칠십리 도서관 연합으로 개최하는 '베라벨 책축제'도 힘이 되었다. 지금까지 진행된 행사에서 책방지기는 책을 판매하기도 했고 체험 부스도 운영했다. 첫해 체험 부스에서는 나를 인터뷰하고 책으로 써보자면서 예문을 몇 개 주었다. 예를 들면 '나는 제일 좋아하는 게 뭐예요?'라는 식으로 질문을 보여주고, 자신한테 질문도 스스로 만드는 것이다. 나에 대한 인터뷰집을 만드는 것이었다.

책방지기는 지금껏 쉬지 않고 인터넷 언론이며 SNS에 책방 일기 등을 기고하고 있다. 출판전문지인 기획 회의에서는 동네책방 독립서점 특집도 냈다. 책방을 시작한 지 얼마 되지 않았을 때다. 그래서 주로 제주동네책방연합 회원의 책방 이야기를 쓰고, '동네책방으로 물드는 제주'를 기고했다.

인연이 깊어지면 운명이 되는 걸까. 김보경 씨는 서울에서 독서 모임을 함께하던 언니 박경아 씨와 함께 제주로 이주했다. 광활한 미국 중부에서 20~30대를 보낸 50대의 박경아 씨는 제주도의 자연이 마치 미국 같다면서 좋아했다. 하지만 김보경 씨는 수도권에 계시는 부모님이 마음에 걸렸다. 그래도 그 마음을 안다는 듯 감싸 주는 자연이 있어 다행이었다. 같이 이주한 박경아 씨가 음식점을 개업하고, 김보경 씨는 그 안에 샵인샵Shop in Shop 개념으로 세 들었다. 낯선 곳에서 낯선 일, 책방 손님이 없을 땐 보조 주방장으로 일하면서 서로 의지가 되었다. 친자매 이상이었다.

책방지기의 운명, 책의 운명

책방지기 김보경 씨가 나고 자란 곳은 서울이다. 살면서 수도권을 벗어난 적도 없다. 그러므로 광주에 가도 광주를 모르고, 부산에 가도 부산을 모르고, 제주도는 더 몰랐다. 40대가 되면서 처음으로 지방에서 살아봐야겠다고 생각했다. 해외로 가서 살 정도의 의욕이나 호기심은 없었다. 그저 서울이란 우물을 벗어나야겠다는 생각뿐이었다. 2016년 12월, 마침내 김보경 씨는 제주로 왔다. 그리고 책방을 하게 되었다.

휴일인데도 일부러 문을 열어 주셨다는 사실이 한없이 고마웠다. 뭔가 하나라도 팔아드리고 싶었다. 하지만 휴일이라 준비가 안 됐을 것이다. 그래서 손쉬운 것으로 해달라고 주문했다. 박경아 씨는 하몽 샌드위치를 만들어 주셨다. 돼지고기 뒷다리를 말린 하몽은 독특한 향에다 표현할 수 없는 맛이 바게트와 어우러졌다.

책방지기 김보경 씨는 뜨개질로 작품도 만들고 있다. 『장래 희망은 귀여운 할머니』라는 책과 관련하여 만든 모임에서 가방 허니자를 뜨기 시작했다. 그리고 전시도 했다. 허니자 가방은 일차적으로 떠서 올이 보이는 가방을 40도의 온도로 설정한 세탁기에 넣는다. 그리고 30분씩 2번 돌려 펠팅하면 허니자 가방이 완성된다. 북갤러

● 돈키호테북스에서는 식사는 물론 차도 마실 수 있다.

리 '파파사이트'에서 시작된 이 모임은 사계리 책방 '어떤바람'까지
이어졌고, 다시 서울, 원주, 인천으로 퍼졌다.

　마크 로스코의 사망 50주기를 맞이하여 의미를 더한 허니자 가방
전시의 주제는 '디아스포라'였다. 로스코는 러시아 출신으로 디아스
포라다. 최근엔 제주에 예멘 난민이 들어오기도 했다. 일본엔 제주
디아스포라 '이카이노'도 있다. 우리는 누구나 어딘가에서 난민이 되
고 이주하기도 한다. 디아스포라 모두의 삶에는 고통이 있다.

　어딘가로 떠날 때 우리는 가방을 먼저 챙긴다. 그렇게 보면 가방엔
떠남의 의미가 담긴다. 가방 뜨개질이야 누구나 하는 것이지만, 세
분의 책방지기는 이처럼 가방 허니자에 특별한 의미를 부여했다.

　『장래 희망은 귀여운 할머니』의 저자는 성공을 향해 달리기보다

자신의 삶을 추구했다. 그렇게 삶을 추구하는 과정에서 알게 된 줄리로부터 그의 어머니 이야기를 듣게 되었다. 저자는 이 이야기를 책으로 쓰기 위해 한 달간 줄리의 집에 묵으면서 취재했다. 그렇게 탄생한 책이 바로 『장래 희망은 귀여운 할머니』다. 성공이나 출세만을 추구하지 않고, 진정 나다운 삶을 추구하는 젊은 세대들이 등장한다는 면에서 책방지기는 이 책의 가치를 높게 평가한다고 했다.

어릴 적 부모님을 따라 외출했던 김보경 씨는 책방에서 책을 읽고 있었다. 아이와 외출했다는 사실을 잊고 집으로 돌아가던 부모님은 느낌이 이상했다. 아뿔싸! 아이를 두고 왔다. 부모님은 차를 돌리고 부랴, 책방으로 갔다. 아이는 여전히 독서 삼매경에 빠져 있었다. 이처럼 책은 두려움조차 근접할 수 없는 존재다. 책이라면 누가 업어 가도 모를 정도이던 책방지기도 곧 50대를 바라보게 되었다.

삶의 의미를 더해주는 책, 책은 지식만 안겨 주는 존재가 아니다. 책방지기와 이야기를 나누다가 뜬금없이 보편적 상식을 벗어난 책의 역할이 궁금해졌다. 김보경 씨가 자라던 시절만 해도 책은 낭만의 대표주자였다. 책갈피 사이에 낙엽 혹은 꽃잎을 끼워 말리면 이는 낭만의 장식품이 된다. 책은 곧 낭만의 장식품을 생산하는 건조기다. 때로는 라면을 끓여 먹을 때 냄비 받침도 될 수 있다. 그뿐인가, 여름날 선풍기를 틀어 놓고 그 앞에 누울 땐 베개도 될 수 있다. 책방지기는 특히 어릴 때 책을 베개로 많이 썼다고 한다. 때로는 발판이 되기도 한다. 불쏘시개도 된다. 무엇보다 인테리어로는 책을 능가하는 게 없다. 비록 인테리어 역할에 불과할지라도 어느 날 무심

코 집어 든 한 권의 책엔 무언의 속삭임도 있을 것이다. 그 속삭임이 때론 삶을 바꾸기도 한다. 그러고 보면 책도 사람처럼 팔자를 타고 나는 것 같다. 이 많은 역할 중 냄비 받침 몇 번으로 생을 디하는 책도 있는가 하면, 먼지만 뒤집어쓰다가 사라지는 책도 있다.

책방지기는 인터뷰집과 장르 소설을 좋아한다. 그래서 책방도 대부분 추리소설, SF 판타지로 시작했다. 그리고 차츰 페미니즘과 인터뷰집을 더했다. 책방지기의 취향이 반영된 것이다.

어딘들 동네책방이 클까마는, 이곳도 책방이 작다 보니 책방지기는 책을 상자에 넣어두는 경우가 많다. 그래서인지 책이 있음에도 있는 줄 모르는 경우가 종종 있다.

● 아직 서가에 정리 못한 책들이 쌓여 있다.

어느 날 무라카미 하루키의 소설을 찾는 사람이 있었다. 찾는 책이 상자에 있다는 사실을 잊은 책방지기는 하루키의 인터뷰집을 소개했다. 일본에서 사린가스 살인 사건이 일어났을 때 가해자와 피해자를 인터뷰한 책이었다. 상자 속 하루키의 소설을 생각하지 못한 건 아마도 책방지기가 인터뷰집을 좋아했기 때문은 아니었을까.

책방지기는 양자오의 책들도 많이 권하는 편이다. 양자오는 『논어를 읽다』, 『장자를 읽다』, 『슬픈 열대를 읽다』 등 세계적인 고전이지만 독자가 접근하기 어려운 책에 대해서 해설서를 많이 쓴 학자이다. 그가 쓴 해설서 중에서 『추리소설 읽는 법』은 추리소설을 제대로 읽기에 더없이 좋은 책이다. 세계 소설사의 맥락에서 추리소설의 위치라든지 어떤 시대에 어떤 추리소설이 어떻게 탄생했는지, 이를테면 『장미의 이름』과 같은 추리소설은 어떻게 해서 등장하게 되었는지 등 작품에 대한 이해를 돕는다. 장르 소설을 좋아하는 사람에게는 더없이 반가운 책이다. 양자오 역시 추리소설의 독자였다가 이런 책까지 쓰게 되었다고 한다.

수없이 쏟아지는 책 중에서 적절한 책을 고른다는 건 쉬운 일이 아니다. 이런 상황에서 꼭 필요한 책을 책방지기는 추천해 준다. 손님들은 추천해 준 책의 서문이나 목차를 읽어보고 몹시 흐뭇해하면서 기꺼이 구매한다. 동네책방이 없으면 어떻게 이런 책을 읽어볼 수 있을까. 동네책방이 꼭 필요한 이유다. 책방을 하는 보람이기도 하다.

'재난 서가'의 역할

책방지기가 중요하게 여기며 또 좋아하는 서가는 재난에 관한 책들이 진열된 '재난 서가'다. 책방에 들어서면서 바로 오른쪽에 있는 이 서가엔 현재 『힘든 시대를 위한 좋은 경제학』, 『소년이 온다』, 『지연된 정의』, 『너와 나의 5·18』 외에도 체르노빌에 관련된 책들이 진열돼 있다. 처음엔 4·3 관련 책들과 함께 놓여 있었다.

국가폭력과 재난, 재난을 원리에 의해 분류하면 사회적 재난과 자연재난이 있다. 『후쿠시마에 남겨진 동물들』은 원전 지역의 비극을 고스란히 보여주는 책이다. 원전 사고 현장의 기록을 정리한 이 책에는 집을 지키는 충견들과 가족을 기다리는 고양이들, 축사에서 굶어 죽어가는 가축의 생생한 모습을 카메라에 담았다. 이를 통해 동식물은 물론, 땅도, 집도 모두 이전의 일상을 그리워한다는 것을 이야기한다. 원전을 파괴한 건 대지진이다. 하지만 원전을 지어 놓은 건 사람이다. 그러므로 자연재해인 동시에 사회적 재난이라고도 할 수 있다.

● 책방지기가 책방에서 가장 중요하게 여기는 '재난 서가'다.

산업재해도 있다. 1920년대 미국 여공들의 라듐 중독이 직업병으로 인정받는 과정을 담아낸 『라듐 걸스』는 국가폭력과 재난이 만들어낸 하나의 카테고리로 대기업 삼성의 반도체공장에서 암 환자가 생겨나고 있는 경우와 비슷하다. 이는 엄연한 직업병으로 산업재해다. 삼성에서는 이걸 인정하는 데까지 너무 오랜 시간이 걸렸다. 보상 또한 제대로 하지 않고 있다. 보상도 문제지만 중요한 건 그런 재해가 발생하지 않는 일터로 만들어 주는 것이다. 『라듐걸스』도 이와 비슷한 이야기다. 젊은 여자들이 하는 건 시계의 숫자판에 라듐을 칠해 야광판이 있는 시계를 만드는 일이었다. 워낙 섬세한 일이라서 붓끝을 입에 넣어 끝을 뾰족하게 만들어야 했다. 여기에서 미량의 라듐을 꾸준히 섭취하게 되면서 중독에 노출되고 병에 걸렸던 것이다.

책과 삶은 연결된다

돈키호테북스에서는 어떤 책이 가장 많이 팔릴까. 솔직히 말한다면 팔리는 책이 아니라 팔고 있는 책이라고 해야 옳을 것이다. 그건 바로 어느 잡식 가족의 돼지 관찰기 『사랑할까, 먹을까』라는 책이다. 이 책은 집단사육과 친환경 사육 돼지를 비교하며 다큐멘터리를 만든 감독이 그 과정과 관련된 주변 이야기들을 모아서 쓴 책이다.

인류 역사에서 과거에는 한센병, 페스트, 천연두, 발진 티푸스, 스페인 독감, 결핵 등의 감염병이 있었다. 현대에는 에이즈, 에볼라 바이러스, 사스, 조류 인플루엔자, 신종 플루, 메르스, 지카 바이러스,

코로나19로 끊임없이 이어지고 있다.

저자의 아기는 돌도 되기 전 신종 플루에 걸렸다. 그 후로도 감염병은 거르지 않고 매년 발생했다. 게다가 야생동물 수의사인 남편은 조류독감이 발생할 때마다 몇 날 며칠 몇 달 동안 집에 들어오지 못했다. 결론은 동물집단사육이 감염병과 관련이 깊다는 것이다. 공장식 축산, 혹은 사료를 생산하기 위해서 야생동물의 서식지를 파괴하는 무차별 개발이 바이러스 확산에 영향을 미치는 것이다.

서아프리카에서 발생한 에볼라 바이러스로 남반구의 많은 사람이 죽었다. 이때 북반구 사람들은 거의 나 몰라라 식이었다. 그런데 지금은 어떤가. 코로나19는 전 지구를 점령했다. 이런 상황에서 자동차 배기가스보다 더 무서운 건 늘어난 소 사육이다. 책방을 개업하면서 책방지기는 손님들에게 책『사랑할까, 먹을까』를 권하기 시작했다.

이제 지구는 어떻게 될 것인가? 집단사육, 지구온난화, 기후 변화, 이는 모두 하나의 고리로 연결되어 있다. 이를테면 계속되는 장마나 가뭄조차도 기후 변화이다. 책『사랑할까, 먹을까』는 동물 집단사육에서 채식으로 넘어가면서 우리가 정말 이렇게까지 고기를 많이 먹어야 하는지, 지구는 또 어떻게 되는지를 묻고 있다. 적절한 가격을 주고 조금 덜 먹으면 집단사육은 필요치 않다. 동물을 집단사육하는 데 필요한 사료를 생산해 내기 위해서는 삼림을 밀어내야 한다. 정말 소 방귀에 세금을 물려야 할지도 모른다.

● 매장 밖 건물 담벼락에 그려진 돈키호테와 산초 그리고 풍차.　　©돈키호테북스

그럼에도, '돈키호테'의 정신으로

『돈키호테』는 에스파냐 사회를 풍자한 소설인 동시에 모험 소설이기도 하다. 에스파냐는 지중해를 장악하여 막대한 부를 이루었고, 해외의 여러 나라를 식민지로 만들 만큼 막강한 힘을 발휘했다. 그러나 영국과의 해전에서 패하며 쇠퇴하기 시작했고 가난해졌다. 사람들은 과거 기사의 용감하고 정의로운 모습과 에스파냐가 막강한 힘을 발휘하던 시절을 그리워했다. 기사문학은 인기를 끌었던 원인이다. 고난과 패배가 계속됨에도 끝없이 도전하는 돈키호테의 모습을 통해 어려운 현실에서 벗어날 수 있을 것 같은 대리만족을 느낀 것이다.

미겔 데 세르반테스는 중세 봉건 시대를 그리워하는 것은 현실을 극복하려는 의지가 없는 잘못된 삶이라고 말하고 싶었다. 그래서 『돈키호테』를 통해 기사 소설의 인기가 높은 사회 현실을 비판하고자 했다. 그런데 엉뚱하게도 세상을 비웃은 작가의 의도와는 상관없이 『돈키호테』는 인기몰이하게 되었다. 그리고 재평가되면서 오늘날까지 꾸준히 읽히고 있다.

그런데 책방지기는 왜 책방 이름을 돈키호테라고 했을까? 박경아 씨나 김보경 씨는 제주로 와서 음식점과 책방을 하게 되었다. 이는 경력이나 전공과는 전혀 상관없는 일이었다. 한마디로 미친 짓을 시작하고 있다는 생각마저 들었다. 영락없는 돈키호테였다.

이따금 손님들은 책방지기가 스페인과 어떤 인연이 있는지, 혹은 스페인에 살다가 왔는지를 묻는다. 하지만 책방 이름은 스페인과 전혀 상관없다. 장사 경험도 없는 데다가 돈키호테는 누구에게나 익숙한 이름이다. 따라서 기억하기도 좋다. 책방 이름을 '돈키호테'라고 정한 이유다. 물론 책방으로 돈을 벌어서 스페인에 가고 싶다며 책방지기는 활짝 웃는다. 부디 하루빨리 그런 날이 오기를 빈다.

📍 서귀포시 호근동 1331
🕐 화~금요일 14:00~18:00 (토~월요일 휴무)
📱 064-739-3217
📷 instagram.com/don_quixote_sandwich

서귀포시 서홍동 **시옷서점**

승부수를 걸지 않는다, 시에 옷을 입히는 오래비 같은 시인 부부

＊

＊

＊

＊

'시옷서점'은…
봄은 봄대로, 여름은 여름대로, 겨울은 겨울대로,
가을이 아니어도 사색을 즐길 수 있는 곳이 있습니다.
주말엔 그 사색을 찾아 시인 부부가 운영하는
서귀포 시옷서점으로 훌쩍 떠나보는 건 어떨까요?
내가 시에 옷을 입히고,
나는 시옷을 입어보는 기회도 마련할 수 있습니다.

#사색공간 #시인책방 #제주문인 #시집전문서점

　　지구를 턴테이블에 올려놓는다
　　지구는 자전을 하고
　　아득한 우주로 음악이 퍼진다

　　외삼촌이 내게 준 지구 레코드 이제는 지구가 된 외삼촌 나는 지
구 레코드를 듣는다 기억은 지구의 위성이다 깊은 밤, 다리
　　밑으로 떨어진 외삼촌 나의 지구는 오토바이 헛바퀴에서 자전을
하고 있었다 음악은 45RPM에서 33RPM으로 서서히 시들어갔다 병
원에서 마지막 자전을 한 외삼촌 나는 지구 레코드를 쓴다

　　지구를 턴테이블에 올려놓는다
　　지구는 자전을 하고
　　아득한 우주로 음악이 퍼진다

- 현택훈, 『지구 레코드』, 「지구 레코드」 전문

익히 이름은 알고 있었지만 얼굴은 모르던, 시옷서점 책방지기인 현택훈 시인과 이야기를 나누는 시간은 유쾌했다. 내가 만난 시인은 그야말로 '순댕이'를 떠올리게 하는 영락없는 오래비였다. 시옷서점의 책방지기 현택훈·김신숙 씨는 현역에서 활발하게 활동하는 시인 부부다. 이날 서점을 같이 운영하는 김신숙 시인을 함께 만날 수 없음이 안타까웠다.

고교 시절, 내성적이었던 학생을 선생님은 문예부로 이끌었다. 선생님이 시를 쓰는 분은 아니셨다. 하지만 그날의 결정은 한 학생을 시인으로 만들었다. 고교생 현택훈은 문예부에 가입하면서 시에 관심을 가졌다. 비록 늦깎이지만 이를 계기로 대학도 문예창작학과로 갔다. 그렇게 본격적으로 현택훈 씨는 시를 쓰게 되었다.

어린 시절, 시인이 혼자서 조용히 할 수 있는 것은 책 읽기였다. 어린 시인은 잘근잘근 음식을 씹듯 천천히 소화시키며 책을 읽었다. 남의 집에 가면 무슨 책이 있는지 궁금해서 살펴보기도 하고, 책을 읽는 동안은 다른 것을 생각하지 않았다. 읽다가 이해하지 못하는 내용은 어떻게든 해결하려고 했으며 다시 앞으로 되돌아가기도 했다. 이처럼 시인은 일찌감치 제대로 된 책 읽기 방식을 밟아왔다.

번갯불에 콩을 볶으면 겉은 타고 속은 익지 않는다. 책도 마찬가지다. 간혹 유창성流暢性*이 확보되지도 않은 상태에서 속독하는 아

* 막힘없이 자연스러운 성질

이들을 볼 수 있다. 이는 질에 있어서 정독을 따를 수 없다. 생각할 겨를이 없기 때문이다. 다독 또한 마찬가지다. 아무리 책을 많이 읽는다고 해도 생각 없이 읽으면 소용없다. 중요한 건 정독이다. 정독하면서도 시인은 여러 번 읽는 걸 좋아했다. 이처럼 시인은 어릴 때부터 책의 맛을 음미하며 읽었다.

'시옷'의 의미

2016년에 아라동 인다마을에서 시작하고, 서귀포로 와서도 두 번째 이사한 곳이다. 아라동은 주택가였지만 이곳은 약간 외진 곳이다. 그래서 그런지 은근히 혼자 여행 다니는 분들이 많다. 코로나19 영향으로 단정 지을 수는 없지만, 손님은 이곳이 더 많다. 따지고 보면 동네책방은 '지역주민보다는 관광객이 있어야 산다'라는 뜻이기도 하다.

이들이 서점을 하기로 했을 때, 서점 이름은 뭐라고 지을까 고민했다. 현택훈 시인은 '제비꽃 서점'으로 하자고 했다. 작으면서도 낮은 곳에 있어 소외당하는 느낌이 들었기 때문이다. 김신숙 시인은 '시옷 서점'을 내놓았다. 시집 전문서점이라는 걸 바로 알릴 수 있다는 생각에서였다.

시는 여러 뜻을 내포하고 상징하며 은유한다. 게다가 '시옷'이라고 하면 뒤가 열려 있다. 예를 들면 '시옷이 뭐지? 세상? 사랑? 세월인가?' 등 상상을 유도하는 요소가 많다. 시옷 자체가 시의 특징이 되었다. 거듭 생각하니 시옷은 '시의 옷'이 되기도 했다. 이런 생각을 바탕으로 티셔츠에다가 시 문장을 새겨서 전시회를 열기도 하고 판매도 했다.

책방은 1주일에 세 번, 그것도 오후에만 연다. 서점만으로는 먹고살 수 없기 때문이다. 먹고살 수 없는 일, 포기하면 그만이 아닌가. 그러나 이들 부부는 미치도록 책이 좋다. 책을 매개로 한 사람들과의 만남도 좋다. 책에서 만나는 좋은 글을 자꾸만 누군가에게 전해 주고도 싶다. 그래도 먹고살아야 한다. 다른 일을 해야만 하는 이유다.

부부는 왜 하필 잘 팔리지도 않는 시집 전문서점을 하게 되었을까. 2012년에 등단한 김신숙 씨나 현택훈 씨 모두 시를 쓴다. 그런데 집에서는 잘 써지지 않았다. 부부는 제주도 동네 서점의 출발이나 다름없는 탑동 '라이킷서점'과 종달리 '소심한책방'을 즐겨 찾았다. 서점에서 차를 마시며 글을 쓰다 보니, 본인들한테도 이런 공간이 있으면 싶었다. 고민 끝에 서점을 하기로 했다.

제주의 숨겨진 보석을 파는 곳

서점을 하기 전, 시인은 서울에 있는 책방 몇 군데를 갔었다. 마침 시집 전문서점이 있었다. 그런데 유감스럽게도 누구나 다 아는 시인이거나, 대형출판사에서 나온 시집만 있었다. 시인은 지방이나 수도권이라고 해도 알려지지 않은 시인의 시집을 팔고 싶었다. 거기서 보

● 서점 내부엔 제주 시인의 시집뿐만 아니라 제주 관련 책들도 비치되어 있다.

석을 캘 수 있을 것 같았다. 게다가 도내 큰 서점에도 시집은 별로 없었다. 이런 사실이 안타까웠던 부부는 '다른 서점과 차별화된 시집 전문으로 해 보자'고 의견을 모았다.

부부는 도내 시인들의 시집만은 꼭 비치하기로 했다. 의도대로 서점엔 제주 시인들의 시집이 진열된 코너와 제주 시인이 쓴 산문집, 그 외 제주 문인들의 책들이 진열된 코너도 마련했다. 서가에 꽂힌 책들을 보면서 제주도에 문인이 많다는 사실이 실감 났다. 시인은 '라움'이라는 동인으로 활동하면서 서귀포로 옮긴 뒤 막동산 문학회도 만들었다. 서점이라는 공간을 활용할 수 있어서 더없이 좋았다.

시집 전문서점인 만큼 아무래도 손님들은 시집을 많이 찾을 것이다. 그런데 아니다. 시집이 인기 없다는 것을 증명이라도 하듯 손님들은 시집을 찾지 않았다. 그저 작은 서점 자체가 궁금해서 찾아올 뿐이었다. 한술 더 떠서 실수로 주문한 책들, 즉 철학책이나 다른 책들이 의외로 팔렸다. 왜일까. 시인의 말을 빌리자면 시는 소설과 달리 낯선 이미지를 요구한다. 그러므로 끊임없이 새롭게 표현하려는 노력이 필요하다. 그렇게 기존에 없던 표현을 쓰자니 난해해질 수밖에 없다. 이게 시를 찾지 않는 이유 중 하나가 될 수 있다고 시인은 말했다.

처음엔 야심 차게 이달의 시집을 선정하기도 했다. 시집은 베스트셀러로 선정되기 힘들다. 시인은 이곳에서만이라도 시집 베스트셀러를 선정하고 싶었다. 그래서 고작 두세 권이 팔릴지라도 순위를 매겼다. 여기에 다시 매달 철학자도 선정했다. 시에는 철학이 들어 있어야 한다고 생각했기 때문이다. 시인의 이런 노력에도 불구하고 손님들은 철학책만 찾았다.

1970년대에서 80년대, 아니 그 이후에도 꽤 오랫동안 우리 곁엔 늘 시집이 있었다. 다이어리를 들고 다니며 시를 옮겨 적었고 암송했다. 어느 집이나 시집 몇 권쯤은 당연한 것처럼 있었다. 선물도 시집이 으뜸이었다. 그러나 지금은 이런 문화가 사라졌다. 시인은 안타까울 뿐이다.

● 시옷서점 앞. 시인은 가끔 책들을 밖에 진열한다. 이때 책들은 해바라기를 한다.

책에서 싹트는 몰입과 경청의 힘

현택훈 시인은 서귀포시 '퐁낭작은도서관'에서 사서로 일하고 있다. 그가 근무하는 작은 도서관엔 하루 약 20명의 사람이 드나든다. 물론 코로나19 유행 전이다. 도서관에 드나드는 계층은 다양하다. 부모가 아이들 손을 잡고 오는 경우엔 대부분 자녀가 미취학이거나 저학년이다. 한두 살 된 아기를 안고 오는 엄마도 있다. 아기에게 책을 읽어 주기 위함이다. 아이 혼자 오는 경우는 고학년이거나 중학생들이다. 혼자 오는 어른들도 있다.

자녀에게 책 읽어 주는 모습을 볼 때 시인은 저도 모르게 엄마의 마음이 되어 아이를 향한다. 엄마들은 아이에게 소곤소곤 속삭이듯이 책을 읽어 준다. 주변에 피해를 주지 않기 위해서다. 이때 아이는 암암리에 전달되는 엄마의 표정, 제스처 등에서 배려는 물론 경청의 힘을 키운다. 엄마가 읽어 주는 책은 아이에게 상상력의 원천이다.

수업할 때 아이들 목소리가 작으면 내 목소리는 상대적으로 커진다. 아이들이 귀를 기울이도록 해야 하는데, 오히려 난 아이들 귀에 소리를 집어넣으려고 애쓰고 있음을 발견한다. 귀에 넣어야 할 건 소리가 아니라 호기심을 향한 자극이다. 엄마가 소곤소곤 책을 읽어 줄 때 아이는 호기심을 향한 자극, 즉 몰입과 경청의 힘을 서귀포의 한 작은 도서관에서 키운다.

도서관에 드나드는 아이 중 8~9세 정도의 여자아이가 있었다. 아이에겐 글자를 모르는 쌍둥이 여동생이 두 명 있었다. 언니는 책을 읽고 쌍둥이 동생들은 옆에 앉는다. 그리고는 책장을 넘긴다. 누가 봐도 글을 읽는 아인 줄 알겠다. 그런 모습을 볼 때 시인의 얼굴에 흐뭇함이 번지면서 가슴이 따뜻해진다. 쌍둥이 동생들은 언니의 행동을 배웠다.

도서관 단골 중 초등학교 2학년 정도의 아이가 있었다. 아이는 책을 보다가 궁금한 게 있다는 듯 시인에게로 왔다. 그리고는 "이 책들은 다 어디서 오나요? 혹시 저 안에서 나오나요?"라면서 시인이 앉아 있는 뒤쪽 사무실을 가리켰다.

아이의 부모는 빵집을 운영하고 있었다. 매일 주방에서 빵을 만들어 굽고, 매장에 내놓아서 판매한다. 노상 그런 모습을 봐왔던 아이는 책 역시 빵처럼 주방에서 만들고 밖으로 내놓는 건가 생각한 모

● 서점 내부의 모습.　　　　　　　　　　　　　　　　ⓒ시옷서점

양이다. 아, 이 얼마나 아름다운 궁금증인가. 아이의 궁금증은 우리가 알 수 없는 저 먼 곳이라고 할까, 아주 가까운 곳이라고 할까. 참으로 아이다운 아름다운 발상이다. 시인도 출판사를 낸 상태다. 그러므로 아이가 이야기한 것처럼 직접 출판하고 팔 수 있다면 주방에서 빵을 굽고 매장에 내놓아서 파는 것과 다를 바 없는 게 아닐까. 아이의 궁금증이 참 신선하다. 그러던 아이가 한동안 도서관 출입이 뜸했다. 다시 왔을 때, 아이는 학원에 가야 해서 시간이 없다고 했다.

아라동에 있을 때 드나들던 큰손 손님을 시인은 잊지 못한다. 굳이 설명을 듣지 않아도 어떤 손님인지 알 것 같다. 한 달에 한 번 정도 오는 그 손님은 이해가 안 될 정도로 많은 책을 샀다. "이렇게 가끔 오셔서 왜 키다리아저씨처럼 많은 책을 사주시나요?" 하고 시인이 여쭤보았다. 시인의 표현이 이상하다. 책을 '사는' 게 아니라 '사주신다'고 한 것이다. 그도 그럴 것이 시인은 일부러 사주는 듯한 느낌을 지울 수 없었기 때문이다.

50대 초반쯤 되는 그 손님은 20대 초반에 자주 갔던 서점이 있었다. 그런데 경영난으로 서점이 문을 닫았다. 손님은 그 사실이 못내 안타까웠단다. 그런 찰나에 시옷서점을 만났다. '모처럼 생긴 서점이 사라지면 어쩌나….' 염려되었다. 그래서 많은 책을 사는 것이었다. 물론 읽기 위해 사겠지만 시인의 느낌대로 '사준다'는 표현도 틀린 건 아니었다. 이런 손님이 계시는 한 아무리 어려워도 책방은 계속할 수 있을 것 같았다.

책의 역할은 '그 모든 것'이다

2007년 『시와 정신』으로 등단한 시인은 2009년에 첫 시집 『지구 레코드』를 냈다. 제목에서 보다시피 시를 쓰게 된 건 음악의 영향이 컸다. 음악을 좋아했던 막내 외삼촌(이하 외삼촌으로 칭함)은 어린 시인에게 음악, 별자리, 책, 옛날이야기 등을 많이 들려 주셨다. 그렇게 어린 시인의 가슴으로 외삼촌은 젖어 들었다. 그런 외삼촌께서 돌아가셨다. 오토바이 사고였다.

외삼촌 방에서 음반을 만지던 시인의 눈에 '지구레코드'의 로고가 들어왔다. 젖은 가슴을 풀어헤치며 레코드판을 만지던 시인은 '어찌 보면 사람이 죽는다는 건 지구에서 사라지는 것과 같을 텐데… 과연 죽음이 무엇일까?' 하는 고민이 생겼다. 이 고민은 이후 시로 연결되었다. 외삼촌을 잊지 못했던 시인은 첫 시집 제목을 꼭 '지구 레코드'로 하고 싶었다.

어찌 보면 레코드판 돌아가는 게 세상사다. 흘러나오는 노래 속에 우리 삶이 들어 있기 때문이다. 세상사 따라서 시가 흐르고, 시는 레코드판으로 들어가 음악으로 흐른다. 음악이 시고, 시가 곧 음악이다. 삶은 시가 되고 시는 음악이 되어 다시 레코드판을 따라 흐른다. 지금은 아픔도 많이 희석되었지만, 문득 외삼촌이 떠오르는 날이면 그리움은 어느새 눈물이 되어 레코드판을 따라 돈다.

시인의 첫 번째 산문집 『기억에서 들리는 소리는 녹슬지 않는다』 역시 음악의 느낌을 산문으로 쓴 외삼촌에게 바치는 책이다. 아라 동에 있을 때다. 어느 날 손님 한 분이 오셨다. 책을 둘러보던 손님은 시인에게 혹시 시도 쓰느냐고 물었다. 시인이 자신의 산문집을 보여드리자 손님은 책장을 넘기더니 "홍기찬?"이라고 중얼거리며 고개를 갸웃거렸다. 책장 맨 앞에는 '막내 외삼촌 홍기찬에게 바칩니다.'라고 인쇄되어 있었다.

알고 봤더니 손님은 외삼촌과 대학교 동창이자 고향도 시인과 같은 화북2동 거로마을이었다. 그분도 당연히 친구(외삼촌)의 죽음을 알고 있었다. 한림읍 상명리에 살던 외삼촌은 제주교육대학교에 다니면서 시인의 집, 즉 누나의 집에서 자취했다. 그때 시인은 초등학생이었다.

집에는 외삼촌 친구들이 종종 놀러 왔었다. 신기하게도 손님은 그때 놀러 오던 친구 중 한 분이셨다. "맞아! 너희 집에 가면 전축에다 레코드판도 있어서 우리가 춤추러 많이 갔었지. 그때 참 즐겨 놀았는데…."라며 손님은 말끝을 흐렸다. 세상이라는 게 참, 몸에서 털끝이 오소소 일어섰다. 그분은 초등학교 선생님이셨다. 외삼촌도 살아 계셨다면 초등학교 선생님이실 텐데…. 시인의 기분은 형용할 수 없이 묘했다.

음악, 영화, 여행 등 이 모든 게 책의 역할이다. 이 모든 경험을 다 할 수는 없지만 책에서는 무궁무진한 경험이 가능하다. 성 역할은 물론 신분이며 국적도 바꿀 수 있다. 그뿐인가, 악한도 될 수 있고 동식물도 될 수 있다. 그런데 우리는 그러지 못하고 돈의 노예로 사는 경우가 많다. 그렇게 사는 것보다 책은 훨씬 많은 정신적 여유를 안겨 준다.

● 서점 옆 해바라기 벽화. 이 벽화는 시옷서점을 사랑해서 요일을 나눠 책방을 대신 봐주는 돌킹이* 세 분과 자녀들이 함께 그렸다. 사진 속 아이들은 돌킹이 자녀들과 그 친구들이다.

부부는 평일엔 일상으로 나가고 휴일엔 서점으로 돌아와 휴식을 취하며 글을 쓴다. 서점이 부부에겐 원동력이다. 아쉬운 건 야심을 갖고 시작한 책방이 얼마 버티지 못하고 사라지는 경우가 많다는 것이다. 탑동의 '라이킷'도 말은 잠시 접는다고 했지만 비싼 임대료를 감당할 수 없어서였다.

서점을 하겠다고 하자 주위에서 말렸다. 하더라도 책맥을 하라고 했다. 책맥이란 책과 맥주를 같이 취급하는 건데 실제로 제주도에

---

* 표준어는 '부채게'이다. 야무지고 주체성이 강한 사람을 일컫는 제주도 방언.

책맥살롱이 있다는 것이다. 그래도 시인은 시집 전문서점을 고집했다. 그랬더니 오광석 시인이 시세의 1/3로 빈 점포를 내주셨다. 그렇게 시집 전문서점을 시작할 수 있었다. 일을 즐기는 게 우선인 부부를 이해한 사람이 오광석 시인이었다. 오광석 시인 역시 시를 쓰는 사람이서 가능했을 것이다.

코로나19도 한몫했지만, 한때는 서점을 접을까도 생각했었다. 그러면서도 해 보겠다고 블라인드북 등 여러 아이템을 도입해보기도 했다. 그러나 지금은 오로지 시집만 파는, 안 되면 안 되는 대로 유지만 되면 좋겠다는 생각이다. "책방에 승부수를 걸지 않는다."라고 정한 영업 방침을 떠올리며 마음을 다잡았다.

결혼 9년 차의 부부. 김신숙 시인은 생활력이 강한 사람이다. 시인은 문학 동호회에서 김세홍 시인의 소개로 김신숙 시인과 만났고 1년여 교제 끝에 결혼했다. 시인 부부라서 서로의 주장이나 고집도 있지만 소통되는 것도 많다. 시를 쓰면 부부는 서로에게 먼저 보여주고 의견을 듣는다. 부디 부부의 사랑이 위대한 작품으로 승화되기를 빈다.

📍 서귀포시 서홍동 314-21 1층
🕐 영업 시간은 계절과 상황에 따라 자주 바뀌므로
　　인스타그램 확인 필수
📱 010-4521-2592
📷 instagram.com/siotbooks

서귀포시 남원읍 위미리 **북타임**

*

고향서 책방지기 된 '책 팔자', 전직 어린이도서관장

*

*

*

다람쥐 쳇바퀴 돌 듯이 되풀이되는 날들,
아이들을 데리고 남원읍 위미리 '북타임'으로 가 보세요.
안채의 책방에서는 제주 속의 제주를 느낄 수 있고,
인문사회 코너에서는 삶의 근원에 대해 생각해 볼 수도 있습니다.
갤러리 전시공간에서 또 다른 독서를 하며 바깥채에서는
그림책이 주는 감동을 선물 받을 수 있습니다.
종합코너에서는 제페토 할아버지를 그리는 피노키오가 되어
카타르시스를 경험할 수도 있습니다.
때론 아라비안나이트의 신드바드가 되어
모험의 세계로 여행을 떠날 수도 있습니다.

#어린이책 #독립출판물 #인문사회 #헌책방

14호 태풍 찬투가 막 지나갔다. 제주시 애월읍에서 서귀포시 남원읍 위미리로 직접 가는 건 처음이다. 어느 길로 가야 하나, 내비게이션에 맡기기로 했다. 제기랄, 하필이면 남편이 다니지 말라는 5·16도로다. 별수 없다. 그냥 갔다. 그런데 아뿔싸! 안개가 자욱하다. 오금이 저리고 머리카락이 쭈뼛 섰다. 손에는 땀이 흥건하다. 그렇게 겨우겨우 찾아간 곳, 책방 북타임은 평화로웠다.

올해 쉰여덟 살의 임기수 책방지기, 그는 국내에서도 꽤 초창기에 생겨난 설문대어린이도서관 2대 관장이었다. 그곳에서 10여 년 정도 일하다가 본인의 몫을 할 만큼 했다고 여겨지자 물러났다. 그리고

● 책방 북타임의 상징인 얼룩말이 책을 읽고 있다.

2015년, 서귀포에서 책방을 시작하게 되었다.

　본인이 책방을 하리라는 건 추호도 생각해 보지 않았다. 설문대어린이도서관직을 막 물러날 때, 누군가 서귀포 시내 매장에 공간이 있다면서 서점을 해보지 않겠느냐고 했다. 그동안 한 일이라고는 아이들과 놀면서 지내는 것뿐이었다. 더군다나 장사란 해본 적이 없다. 머리가 지끈거릴 정도로 고민했다. 그 후 책과 함께 하는 인생이 시작되었다.

　이때만 해도 제주에 독립서점은 거의 없었다. 대부분 시내에 있던 서점도 어딜 가나 참고서, 소설, 시집 등 양식이나 구조가 비슷했다. 고객을 위한 배려라기보다는 매출 전략 구조였다. 직원들의 행동도 전형적이었다. 그는 도서관에 있을 때부터 이게 늘 불만이었다.

설문대어린이도서관에 있을 때, 그에게 가장 강렬한 기억은 충북 괴산의 '숲속 작은 책방' 책방지기 부부와 함께했던 유럽 여행이다. 유럽에서 세 사람은 전혀 알려지지 않은 책 마을, 동화 마을, 도서관 등을 찾아 한 달 동안 돌아다녔다. 무척이나 고생했다. 유럽의 책 마을이라는 곳은 대부분 산지이자 오지에 있었기 때문이다.

책 마을을 꿈꾸다

영국의 세계적인 책 마을 '헤이온와이hay-on-wye'의 창시자 리처드 부스는 책을 좋아하는 꼬마였다. 단골 책방 주인은 그가 크면 헌책방 주인이 될 거라고 하면서 어린 가슴에 불씨 하나를 선물했다. 헌책은 단지 오래된 책이 아니다. 지식 세계와 함께 무한한 상상을 불러온다. 무한한 상상의 세계, 생각만 해도 신나는 일이다. 그는 헌책방 주인을 꿈꾸었다.

1961년, 대학을 갓 졸업한 리처드 부스는 고향 헤이온와이의 빈 소방서를 사들이고 헌책방을 열었다. 쇠락해가는 마을, 사람들은 그의 책방이 3개월 안에 망할 거라며 비아냥거렸다. 그러나 그는 휘둘리지 않았다. 단순히 책 마을이 아닌, 책 왕국을 건설하겠다는 포부가 있었기 때문이다. 리처드 부스는 허물어져 가는 성의 이미지처럼 쇠락하는 마을에서 기어코 책 왕국을 건설했다.

당시 임기수 씨도 그림책 혹은 제주 관련 책 등을 테마로 하는 책 마을을 꿈꾸고 있었다. 실현 가능성이 희박하다고 해도 상관없다.

● 안채 책방으로 들어가면 오른쪽에 위치한 제주 코너.

● 책방 안채에 위치한 갤러리 공간.

북타임

꿈을 꾸는 덴 돈이 들지 않는다. 그 사실을 상기하면서 갔던 여행이었다. 책 마을, 책 나라…. 파종된 책 마을 씨앗이 발아를 꿈꾸는 북타임은 유럽과 제주를 아우르는 한 권의 그림책이었다.

서귀포에 심은 꿈

2020년, 이곳은 서점을 시작한 후 세 번째 옮겨온 고향 집이다. 일이라는 게 그렇다. 도서관이나 서점을 꾸려가면서 임대료가 엄청난 부담이다. 그래서 옮기다 보면 느는 건 빚뿐이다.

돌이켜보면 언제나 가족들 특히 아내를 고생시켰다. 그게 임기수 씨는 가슴 아프다. 설문대어린이도서관장으로 10년 이상 있으면서도 집에는 생활비 한 푼 주지 못했다. 가장으로서 부끄러운 일이었다. 흔히들 설문대어린이도서관을 관 소속이라고 생각한다. 하지만 아니올시다. 순수하게 민간으로 운영하는 곳이다. 후원인들과 함께 많은 어려움이 있었다. 집에 생활비를 줄 수 있는 상황이 아니었다. 그래도 후회하지 않는다. 아니, 오히려 보람이다. 도서관에서 자란 아이들은 이제 어엿한 성인이 되었다. 그가 또라이, 미친 사람이라고 일컫는 영국의 리처드 부스는 아닐지라도 희비가 교차한다. 책과 함께 지낸 세월이 보람차면서도 가족한테는 한없이 미안하다. 또 그만큼 고맙다.

서귀포에서 책방을 시작할 때 임기수 씨는 미끄럼틀 서가며 책 읽

● 곡선 책장이다. 높이가 달라서 활용할 수 없게 되자 고민 끝에 눕혔더니 전혀 다른 세상이 드러난다. 눕힌 책장은 바다를 표류하는 한 척의 배가 된다.

는 공간까지 확보하는 등 기존 이미지를 완전히 탈피한 새로운 개념의 서점을 만들었다. 기존의 틀을 무너뜨리는 사람에겐 흔히들 미쳤다고 한다. 과연 그럴까? 니체는 세상이 '광인'이라고 불렀던 자들이 습속을 깨뜨리고 사람들을 구원한다고 했다. 아지즈 네신의 『당나귀는 당나귀답게』라는 우화 중 「미친 사람들, 탈출하다」 편에서 저자도 "기득권층이 볼 때 기존의 관습을 깨고 잘못을 지적하는 사람은 '미친 사람'으로 여겨질 수 있지만, 결국 그런 사람들이 있기에 세상은 발전하고 더 나은 곳이 되어가고 있다."라고 메시지를 전한다. 그가 리처드 부스를 또라이라고 했던 것처럼 그 또한 또라이란 말을 듣기 십상이다. 사람들은 "여기가 책 파는 곳이냐, 놀이터냐,

도서관이냐. 뭐 하는 곳이냐." 등등 호기심 반, 궁금증 반인 얼굴로 관심을 보였다. 임기수 씨는 서귀포에 새로운 문화를 심으려고 노력했다. 그렇게 해야 한다고 생각했다.

그로부터 1년 후, 제주에 동네책방 바람이 불기 시작했다. 깜짝 놀랐다. 선견지명이 있었던 것도 아닌데, 어쨌든 그로서는 반가운 일이었다.

책방이라는 것이 그렇다. 임대료를 감당하기 힘들다는 말이다. 마침 고향 집이 비어 있었다. 삼대가 살았고, 부모님이 돌아가신 곳이다. 2~3년 동안 비어 있던 집, 서귀포 서점을 오가며 혼자 하는 작업은 쉽지 않았다. 쓰일 데도 없으면서 차마 버릴 수 없는 짐들, 크게는 장롱에서부터 작게는 자신을 업어 키우던 포대기까지 엄부랑(어마어마)했다. 오만 가지 생각이 교차하면서 눈물이 흘렀다. 그렇다고 그대로 있을 수도 없는 노릇이다. 달팽이든 거북이든 굼벵이든 되어야 한다. 그렇게 시작한 공사, 그는 책방을 자신만의 입체 그림책으로 만들어냈다. 누가 봐도 책방은 건물이 아니라 입체 그림책이다.

임기수 씨는 4남 2녀 중 막내다. 지금은 많이 달라졌지만, 아직도 서귀포 쪽에서 막내는 찬밥 신세다. 고향 집이라고 해도 건물은 자신의 소유가 아니라는 뜻이다. 가족이라도 집세는 내야 한다. 그걸 떠나서 비어 있던 집은 자칫 팔렸을 가능성도 있다. 허물 수도 있다. 책 팔자로 어찌어찌 구르고 돌며 여기까지 온 그는 고향 집을 지켜냈다. 그 사실 하나만으로도 행복하다.

그런데 참 이상하다. 자신은 그다지 열성적으로 책을 좋아하지 않았다. 그런데 어쩌다 책 팔자가 되었는지 모르겠다. 40대와 함께 발디딘 설문대어린이도서관 이후 내내 임기수 씨는 책과 묶여 있다. 도대체 어떤 계기가 그를 책 팔자로 묶어 놓았을까.

책과 묶인 인생, 그 잔잔한 행복

두 아들이 대여섯 살쯤 되었을 때다. 그때 제주에선 아이들에게 좋은 책을 읽히자는 의미로 '어린이도서연구회'라는 자생단체가 만들어졌다. 그 단체에서 1기로 활동하던 아내는 임기수 씨에게 아이들이 잠자기 전 머리맡에서 꼭 그림책을 읽어 달라고 주문했다. 그때 처음으로 그림책을 접했다. 피곤해 죽겠는데, 한마디로 미칠 지경이었다.

"…하고 …했습니다. Zzzz…. "

탁! 아이들과 나란히 눕고, 그림책을 읽어주던 아빠의 얼굴을 그림책이 덮었다. 졸렸기 때문이다. 그러나 아이들은 그냥 있지 않았다. 아빠의 두 팔을 세우며 기어이 그림책을 읽어 주도록 했다. 이런 일이 되풀이되면서 변하기 시작했다. 아이들은 그 시간을 즐겼고 집중했다. 나중에는 아빠가 더 재미있어졌다.

'그림책이 어떤 것일까?' 불현듯 그림책이 궁금해진 임기수 씨는 그림책을 공부하기 시작했다. 급기야는 직장을 때려치우고 서울로 올라갔다. 그리고 한겨레문화센터에서 약 1년 동안 그림책 작가 과정을 밟았다. 그 후 허순영 관장이 '순천기적의도서관'으로 가면서

● 책방지기 임기수 씨가 가장 좋아하는 그림책 서가. 외벽은 고향 친구들이 과수원에
서 가져다준 돌을 직접 쌓아 꾸몄다.

설문대어린이도서관장으로 일하게 되었다. 책과의 인연은 그렇게 시
작되었다.

고등학교를 졸업하고 떠난 고향, 다시 오게 되리라고는 꿈에서조
차 생각하지 못했다. 그런 그에게 책과 묶인 인생이 고향 집에서 다
시 펼쳐지고 있다. 그의 얼굴에는 잔잔한 행복이 피고 있었다.

고향의 필수조건은 어릴 적 친구다. 임기수 씨 역시 고향에 40여
명 정도의 친구들이 있다.

"저거, 저거. 옛날부터 또라이 짓 하더니 지금도 또라이 짓 한다."

고향 친구들은 임기수 씨가 책방을 한답시고 1년여 동안 일을 벌

여놓자 또라이 짓 한다고 놀려댔다. 책 한 권 팔아서 얼마나 벌까, 시설재배를 하는 그들의 판매 단위는 책과 비교할 바가 아니다. 그들이 보기엔 안타까울 수도 있다. 그러나 마음은 그게 아니다. 고향에 온 친구를 반기는 역설적인 표현일 뿐이다. 또라이 짓 한다고 말하는 친구들이 있기에 고향의 정겨움은 더 짙어진다.

그런데 더 웃기는 건, 저녁만 되면 그 친구들이 책방으로 몰려온다. '웬일? 미쳤나?' 하는 표정의 부인과 아이들의 눈길을 피하며 슬금슬금 책방으로 몰려드는 친구들, 책을 사이에 두고 그들과 임기수 씨는 곡차 한 잔을 즐긴다. 그 분위기를 따라 고향의 이야기꽃이 모락모락 피어난다. 그런 이야기를 들려주는 임기수 씨의 표정이 어찌나 맑던지, 이 역시 한 권의 그림책이자 동화였다.

고향에 와서 가장 좋은 건 마음이 편안하다. 책방도 책방이지만 고향에 왔다는 사실이 더 편안하다. 저녁이면 친구들과 한 잔 술을 나눌 수 있는 고향, 책이 아니었으면 가능했을까? 책방은 옛 친구들과의 관계를 맺어 주는 끈이다. 책방을 하는 보람이 하나 더 얹어진다.

바깥채는 원래 쉐막(외양간의 제주어)이었다. 70년대 초, 아버님은 외양간을 개조해서 막내아들에게 독방을 만들어 주셨다. 덕분에 책방지기는 이곳에서 중고등학교 시절을 보냈다. 따라서 이곳은 그의 체온과 숨결이 서린 곳이다. 그런데 책방을 하려니 어쩐지 외벽이 밋밋해 보였다. 그는 블록을 뜯어내고 돌을 쌓기로 했다. 어쩌나, 돌이 없다.

"이보게 친구, 무얼 걱정하는가? 고향 친구들이 있잖은가."

친구들은 대가 없이 과수원에 있는 돌을 실어다 주었다. 그렇게 멋스러운 외벽을 입고 그림책 서가는 탄생했다.

그림책 읽어 주는 책방지기

임기수 씨는 그림책을 가장 좋아한다. 그래서 그림책 서가는 본인이 중고등학교 시절을 함께한 바깥채로 정했다. 책방 마당으로 들어서면서 정면으로 보이는 집이다. 이곳은 예나 지금이나 임기수 씨 추억이 살아 숨 쉬는 공간이다.

부러 홍보하지 않아도 다녀간 이들의 블로그나 인스타를 통해 북타임은 알려졌다. 그렇게 알려지면서 80퍼센트는 여행객이 되었다. 지금은 한가한 편이지만 휴가철엔 나름 바쁘다는 뜻이다. 특히 가족 단위로 많이 오는 편인데, 어린아이가 있으면 임기수 씨는 바깥채로 데리고 가서 그림책을 읽어 준다. 도서관에 있을 때도 아이들에게 그림책을 읽어 주는 게 임무였던 그다. 그렇게 그림책을 읽어 준 뒤 일부러 다시 왔던 가족도 있다. 그림책을 읽어 준 아저씨가 보고 싶다는 아이 때문이다. 아마도 책방지기만의 그림책 읽는 기술이 따로 있는 모양이다.

책방 북타임은 가족 단위로 오면 편안함을 느낄 수 있는 곳이다. 책방지기가 전혀 눈치를 주지 않기 때문이다. 손님이 가든지 오든지 신경 쓰지 않는다. 오직 편안함만 즐기면 된다.

● 아이들이 책방에 오면 임기수 씨는 이곳으로 데리고 와서 그림책을 읽어 준다.

책방은 안채와 바깥채, 그리고 감귤창고로 사용하던 건물까지 한 마당 안에 세 곳이다. 이처럼 외형은 제주 전통가옥의 전형적인 모습이지만 실상은 전혀 전형적이지 않다. 그렇다고 전통이 완전히 무너졌다는 뜻은 아니다. 그만의 개성이 돋보일 뿐이다. 임기수 씨에겐 창의성이 돋보이는 책방 북타임을 시작으로 위미리를 책 마을로 만들고 말겠다는 의지가 숨어 있다.

북타임은 일인 출판물이나 독립서점물보다는 짬뽕이다. 책도 많다. 이 모든 건 선택의 폭을 넓히기 위한 것이다. 가끔은 이게 돈이 되느냐 마느냐 등 염려 아닌 염려를 보내는 사람도 있다. 사람은 누구나 자기만족과 운명으로 산다. 그러므로 이러니저러니 평가도 필요 없다. 열심히 하면 책방도 충분히 돈이 된다.

여기 와서 가장 좋은 건 사람을 많이 만날 수 있다는 것이다. 출근할 때마다 '오늘은 어떤 사람이 올까'를 생각하며 설렌다. 다양한 층의 이들과 만나다 보면 어느 순간 이야기는 본인이 주도하고 있다. 그러지 말아야 한다는 걸 알면서도 그렇게 된다. 그들보다 제주 관련 정보를 더 알기 때문이다. 그런데 이야기의 힘은 묘하다. 어느새 손님들과 부쩍 친해져 있다.

지역 문화와의 연결 고리

위미에는 한 달 살기나 1년 살기 손님이 꽤 많다. 그들에게 이곳은 아지트다. 이들과 이야기를 나누다가 자리물회 얘기가 나오면 잠시 나갔다 오겠다는 메모를 남기고 나간다. 그렇게 한두 시간은 순간이다. 이곳에선 책만 팔지 않는다. 이야기를 나누고 또 책도 읽어주는 공간이다. 이 모든 건 임기수 씨가 좋아서 하는 일이다. 그는 한 포기 들꽃이었다.

그에게 많은 이가 한량이며 자유로운 영혼이라고 말한다. 그럴지언정 방탕하면서 돌아다닌 게 아니다. 그는 지금껏 최선을 다해 살아왔다. 견문을 넓히면서 깨달음을 얻었고, 지금은 고향을 위해 할일을 찾고 있다. 그래서 강연 요청도, 보여주기 사업도 가능한 피하고 있다. 모든 건 자연스럽게 흘러야 한다. 그래야 내가 즐겁고 이웃도 즐겁다. 도서관에 근무할 땐 인터뷰도 많이 했고, 기사도 많이 나갔다. 그러나 이젠 아니다. 지역에 맞는 일을 찾는 중이다.

노인들은 무궁무진한 문화를 지니고 있다. 그걸 채록하여 지역의 문화를 간직해야 한다. 이런 일은 지역 사람만이 가능하다. 물론 외지인이라고 안 되는 건 아니다. 그러나 지역 사람들과는 엄연한 차이가 있다. 노인들은 지역 사람들에겐 하나를 물으면 열을 대답해 준다. 비슷한 환경에서 살아온 이웃이기에 형성할 수 있는 공감대가 다른 것이다. 그런데 기다려 주지 않는다. 엊그제 보이던 노인이 오늘은 보이지 않는다. 서둘러야 하는 이유다. 고향에 와서 보니 이쪽 분야에 관심도 있는 친구들도 꽤 있다. 이들과 힘을 모으면 충분히 가능하다.

그에게 책은 고향이다

바다를 좋아하는 임기수 씨는 특히 바다의 지명 유래와 놀이에 관심이 많다. 설문대어린이도서관에 있을 때도 주말이면 아이들을 데리고 들로 산으로 다녔다. 그때 '악당개미탐험대'는 유명했다. 악당개미탐험대는 설문대어린이도서관에서 운영하던 프로그램 중 하나로, 전반기와 후반기로 나누어서 4학년 이상의 아이들을 7~10명씩 모집했다.

악당개미탐험대는 아침 10시~오후 5시까지 임기수 씨가 어릴 때 했던 놀이를 똑같이 한다. 예를 들면 고망 낚시다. 북촌에서 서우봉 숲으로 가는 조그만 길엔 일본군 진지가 여럿 있다. 아이들에게 그곳에서 고망 낚시를 한다고 했다. 고망 낚시란 우럭이나 보들래기(베도라치)를 낚는 것이다. 아이들의 기분은 방방 떴다. 우선 대나무를 잘라오라고 한다. 기구를 사용하든 손으로 하든 그건 아이들 순발력에 달렸다. 대나무를 잘라서 오면 임기수 씨는 자신이 옛날 하던 그대로 낚싯대를 만들어 준다.

이제 바다로 내려가야 하는데 바닥이 미끄럽다. 위험하다는 뜻이다. 그런데 신기한 일이 벌어진다. 아이들이 저들끼리 똘똘 뭉치는 것이다. 생존본능이다. 잔소리하면 징징거리던 아이들이 그냥 두면 저들끼리 뭉쳐서 이겨내려고 한다. 자연을 이기지는 못해도 적응할 줄은 안다. 어느새 아이들에게 미끄러움 같은 위험은 사라지고 만다. 사고도 없다.

아이들이 낚시하는 동안 임기수 씨는 지들커(땔감)를 주워 온다. 비가 오면 일본군 진지였던 굴속에서 불을 피워 낚은 걸 구워 먹는다. 때론 산에 들어가서 지네도 잡는다. 요즘 아이들은 알 수조차도 없는 그야말로 오리지널 옛날 탐험이다. 성인이 된 아이들은 그때를 그리워하며 행복하다고 한다.

아이들의 일기도 달라진다. 다람쥐 쳇바퀴 돌 듯이 지내는 아이들, 그들에게 특별한 글감은 없다. 그런데 체험에 참여했던 아이들은 두세 장씩 일기를 쓴다. 정리하자면 임기수 씨는 아이들과 놀 때가 가장 행복하다. 도서관에서 일할 때도 그랬고, 앞으로도 지역의 특색문화를 살려내면서 아이들과 놀고 싶다는 뜻이다. 방치와 자유는 다르다. 자유 속에서 아이들은 스스로 놀잇감을 개발하며 더 잘 논다. 이 모든 건 본인의 경험으로 알 수 있다.

고향 집에서 하게 된 책방, 아이들이 오면 그는 "내가 책을 읽어 줄까? 완전 재미없는 책을 읽어줄게."라고 농담하면서 경직을 풀어낸다. 그렇게 마주 앉아 책을 읽으면 아이도 자신도 즐겁다. 사람을 만날 수 있어서, 책이 있어서, 고향의 정취를 느낄 수 있어서 그는 행복하다.

📍 서귀포시 남원읍 위미리 2801-2
🕐 화~일요일 10:00~19:00 (월요일 휴무)
📱 064-763-5511
🔖 blog.naver.com/booktime15

서귀포시 남원읍 신흥리 **키라네책부엌**

귤밭 속에 숨은 책방 찾기

*

*

*

*

아침에 일어나서 새들이 지저귀는 소리를 들을 수 있다는 것은 행복입니다. '키라네책부엌'으로 가 보세요.
사계절의 따뜻한 음식 이야기가 있습니다.
내가 음식이 되고 음식이 내가 되는 경험도 할 수 있습니다.
정해진 시간, 정해진 공간에서, 당신만을 위한 특별함이 있습니다.

#음식책방 #음식큐레이션 #예약제 #부엌소품

파란 바다와 파란 하늘, 하얀 구름과 귤
빛이 어우러진 제주의 11월은 가슴을 설레게 하는 최고의 계절이다.
그 설렘을 안고 샛노란 귤밭에 동그마니 숨어 있는 책방 '키라네책부

● 입구에 세워진 우체통의 화살표를 눈여겨봐야 책방을 찾을 수 있다.

억'을 찾았다. 키라는 책방지기 이금영 씨가 사용하던 영어 이름이다. 통통 튀어 오르는 키라 님의 목소리가 여운으로 남는 날이다. 영영 일어서고 싶지 않은 곳이었다.

키라 씨는 제주를 썩 선호하지 않았다. 진짜 제주다운 걸 못 봤기 때문이다. 관광객으로 왔던 그는 많은 사람이 몰려 있던 그 기억이 싫었다. 나이 들면 동남아에서 살고 싶었다. 발리랑 치앙마이에서 이미 살아도 봤다. 그런데 인연인지 운명인지 한마디로 웃겼다. 그의 책방은 여행에서 만난 언니의 집을 지키려 임시로 머무르던 집이다. 여기엔 기막힌 스토리가 있다.

2014년, 1박 2일 여행 중 현재 책방에 살던 언니를 만났다. 차를 같이 마시는데 이야기가 잘 통했다. 하지만 그뿐, 좋은 사람이라고 생각하며 헤어졌다. 그 후 페이스북을 통해 어떻게 지내는지 알 정도였다. 3년이 지난 어느 날, 그 언니에게서 연락이 왔다.

눈 떠보니 제주

그때 키라 씨는 산티아고 순례길과 모로코 사하라 사막을 다녀온 뒤였다. 그걸 페북에서 본 언니는 유럽에 갈 예정이라며 정보를 달라고 했다. 반려묘도 있는데 3개월이라니, 이해되지 않았다. 언니도 집을 봐주기로 한 사람이 취소했다며 큰일이라고 했다. 내가 갈까? 키라 씨가 툭, 농담을 던졌다. 그렇게 뿌려진 말은 잭의 콩나무보다 더

● 귤 따러 가면 점심시간에도, 밤에도 책만 읽었다. 어느 날 그는 동네책방에 관한 책을 잔뜩 빌려왔다. 그 책을 읽으며 자신이 사는 마을에도 책방이 있으면 좋겠다는 생각이 들었다.

빨리 싹트고 자랐다.

다음 날 키라 씨는 제주로 왔다. 언니는 출타 중, 이웃분이 안내해 줬다. 골목으로 들어서는데 뭔지 모를 형체가 보였다. 설마 했는데, 어떤 사건이 일어나도 모를 집 한 채가 귤밭에 숨어 있다. 열쇠인 양 걸쳐진 나뭇가지를 젖히고 문을 열었다. 고양이가 맞이했다. 무서우면서도 편안했다. 시골집이라서 못 살 수도 있으니, 언니는 1주일을 살아본 뒤 결정하라고 말했다.

다음 날 아침, 쨍! 소리라도 날 것 같은 햇살이 창문으로 스며들었다. 거기에 어우러진 새소리는 이곳이 유토피아라고 속삭이는 듯했다. 텃밭으로 달려가자 상추며 고수 등이 널려 있다. 커피를 내리고

빵을 구웠다. 그리고 텃밭에서 딴 채소로 샐러드도 만들었다. 너무 행복해서 눈물이 났다. 겨우 하룻밤을 잤을 뿐인데, 3개월 동안 이 집을 지켜야겠다고 다짐했다.

1주일이 후딱 지나갔다. 그는 서울로 가서 회사를 정리했다. 다음은 어떻게 될지 모른다. 나중에 생각하기로 했다. 아는 사람이라고는 아무도 없는 곳, 그래도 내려올 땐 행복했다.

알음알음 인연이 생기며 제주에서 살겠다는 생각이 굳혀졌다. 그런데 집주인 할머니는 인사를 해도 쌩, 받아주지 않았다. '육지것'이라는 이유다. 그래도 밭에 올 때마다 시원한 음료와 수박을 갖다 드리며 인사했다. 어느 날부턴가 호박이며 먹을거리를 툭툭 집 앞에 놓고 가셨다. 마음을 여신 것이다. 이제 집주인 할머니는 삼춘이 되었다.

3개월이 지나고, 언니가 돌아왔다. 키라 씨도 살 집을 구했다. 그런데 문제는 언어다. 대한민국인데 외국이나 다름없었다. 뭘 해 먹고 사나, 1년은 겪어야 감이 잡힐 것 같다. 귤 따러 다니는 팀에 들어갔다. 삼춘은 키라 씨를 딸처럼 데리고 다녔다.

귤 따러 가던 첫날 그 느낌이 아직도 생생하다. 새벽 5시, 도시락을 싸고 트럭에 탔다. 그때 할머니들의 눈빛과 턱짓, 육지것인 데다 젊은 그는 할머니들에게 동물원 원숭이었다. 말도 알아들을 수 없다. 이게 외국인 노동자의 심정인가, 그때 처음 이방인의 마음을 경험했다.

더러는 이어폰을 끼고 있으라고 했다. 그러나 그러고 싶지 않았다. 차라리 귀를 기울이기로 했다. 들리는 말이 있으면 틈을 비집고 들었다. "'고라서'가 뭐예요? '영장 났다'는 뭐예요? '생기리'는 뭔데요?" 그러자 기이한 현상이 나타났다. 손녀딸 대하듯 할머니들이 친근하게 다가왔다. 그렇게 그는 사투리를 배웠다. 듣는 게 되면서 이제 통역도 자신 있다. 그러나 스피킹은 아직 어색하다. 관혼상제 때 이웃과의 관계, 친척과 가족의 관계도 차례로 배웠다.

'음식 이야기 책방'이라고?

그러나 평생 귤 따는 일만 하며 살 수는 없었다. 무엇보다도 아직은 젊었다. 경제적인 부분을 해결해야 한다. 그런데 주변은 모두 귤밭, 회사라곤 없었다. 다시 육지로 가야 하나, 암담했다.

가끔 어떻게 이런 책방을 하게 되었느냐고 묻는 손님이 있다. 이건 본인의 능력이 아니다. 돌이켜보면 서울에선 참 이기적이었다. 이웃에 누가 사는지도 몰랐고, 개인적으로 엮일 일도 없었다. 성공조차 본인이 잘나서라고 생각했다.

키라 씨는 대치동과 목동에서 교육 기업에 다니며 화학을 가르치던 특목고 입시 강사였다. 나이 서른에 원장 타이틀을 다는 등 승진도 참 빨랐다. 본인이 잘나서 그리된 줄 알았다. 그런데 아니었다. 모든 건 주변 도움의 연결이었다. 책방을 오픈할 때만 해도 그렇다. 책을 어떻게 가져와야 하는지도 몰랐다. 쿠킹클래스에서 우연히 출판사 대표를 만나며 그분께서 연결해 주셨다. 주변엔 농사짓는 사람뿐, 인테리어는 아는 분께 목수를 소개해 달라고 했다. 번갯불에 콩 볶듯 공사가 시작됐다. 식자재도 마찬가지, 신기할 정도로 모든 건 주변 덕분이었다.

스트레스를 받거나 고민이 있을 때 그는 책을 몰아서 읽는 습관이 있다. 근처 도서관에서 책을 대출하고, 100권의 책을 읽기 시작했다. 굴 따러 가면 점심시간에도, 밤에도 책만 읽었다. 어느 날 그는 동네책방에 관한 책을 잔뜩 빌려왔다. 그 책을 읽으며 자신이 사는 마을에도 책방이 있으면 좋겠다는 생각이 들었다.

사람마다 스트레스를 푸는 방법이 다르다. 그에겐 여행, 영화 감상, 음식 관련 이야기가 힐링 방법이다. 자연스레 그는 음식과 관련된 일을 꿈꾸었다. 그런데 책방이라, 두 생각이 내면에서 다퉜다. 때

● 이곳에 있는 책들은 구매하지 않아도 읽을 수 있다.

맞춰 언니가 이사 갔다. 기막힌 타이밍, 그래도 책방은 생각하지 못했다. 그런 키라 씨가 답답했는지 집이 먼저 손을 내밀었다. 귤 따러 다니던 어느 날, 이 집이 눈에 확 들어왔다. 불현듯 '이 집에서 뭘 해 볼까?' 하고 생각했다. 그렇게 집을 빌렸다.

식당이나 카페만이 음식과 관련된 일이 아니잖은가. 책방일 수도 있잖아. 인터넷을 찾아보았다. 레시피나 요리책방은 있지만 음식 이야기 책방은 없었다. 2018년 12월, 음식 이야기를 큐레이션 하는 책방으로 컨셉을 잡았다. 이제 카테고리를 넣어야 한다. 책으로 먹고 살 수 없다는 건 이미 배웠다. 첫 번째는 음식 관련 소설과 에세이로 정했다. 두 번째는 작은 소품이다. 홋카이도로 한달살이 여행을 갔

● 음식 관련 책들과 식자재들이 진열되어 있다.

던 적이 있다. 거기 가족들과 지내면서 보니, 작으면서도 주방에서 요긴한 게 많았다. 한국에도 이런 것들이 있으면 싶었다. 세 번째는 정직한 생산자가 만든 건강한 식자재다. 포도로 만든 식초인 발사믹 은 스페인이나 이탈리아에서 온다. 제주에도 귤로 만든 발사믹 식초 가 있다. 그런데 모르고 있다. 프랑스 농부가 한국에서 직접 사과 농 사를 짓고 만든 와인도 있다. 그렇게 책 속에서 길을 찾고, 책방도 해 를 거듭하게 되었다.

고사리 철이구나, 호박잎을 먹을 때구나. 키라 씨는 할머니들의 도 시락에서 제주의 사계절을 보았다. 그중에서도 양하는 독특했다. 씹 히지도 않았고, 씹었다고 해도 넘어가지 않았다. 5월엔 양하죽을 꺾어서 된장에 찍어 먹기도 했다. 콩국, 성게미역국, 토란메밀국, 메밀 범벅, 우미, 쉰다리 등 사서 먹을 수 없는 음식을 먹어봤고 또 배웠다. 날된장 베이스가 많은 제주 음식, 된장 지리도 아무 데서나 먹어 볼 수 없는 맛이다. 그는 이미 제주 사람이었다.

가장 잊을 수 없는 건 지름떡이다. 한 할머니가 제사였다며 따끈하게 지진 지름떡에 설탕을 솔솔 뿌려서 가지고 오셨다. 귤 따러 가는 트럭에서 그 떡을 나눠 먹을 때, 오소소 몸이 떨렸다. 감히 누구나 할 수 없는 체험, 그 체험은 키라네책부엌에서 가장 빛나는 책이었다.

사전 예약제, 책방을 더 온전히 누리는 방법

키라네책부엌은 100퍼센트 사전 예약제다. 이곳은 마음먹지 않으면 찾아오기 힘든 외진 곳이다. 할머니들은 밥 먹고 살겠냐고, 차라리 식당을 하라고 했다. 그런데 어쩌랴, 좋아했고 또 하고 싶은 일인 것을!

키라 씨는 뼈를 갈며 목수와 함께 보일러를 깔고 시멘트도 발랐다. 인스타나 블로그도 있지만, 어쩌다가 SBS에서 촬영도 하고 잡지에도 나갔다. 그래서인지 알음알음 손님이 찾아왔다. 그런데 충격이다. 그들은 어떤 책이 있는지조차 보지 않고 사진만 찍고 떠났다. 상처였다. 하루에 단 한 명도 안 올 때도 있다. 이렇듯 효율성이라고는 전혀 없는 책방, 대책이 필요했다.

●   키라네책부엌에서 판매되는 작은 소품들.

　키라 씨는 어디서든 예약하고 다니는 습관이 있다. 예약하고 가면 테이블이 준비되어 있다. 대접받는 느낌이다. 그 느낌을 손님한테도 전달해 주고 싶었다. 사진 한 장 찍고 떠나버리기엔 아까운 이곳, 손님이 하나라도 누릴 수 있기를 바랐다. 그래서 예약제를 떠올리게 되었다.

　예약, 설렜다. 겨울엔 보일러, 여름엔 에어컨도 미리 틀어 놓았다. 로즈마리를 따다가 향도 채웠고, 비 올 땐 수건도 준비했다. 그러나 부질없었다. 1시간 후에야 출발한다는 손님, 연락 두절 등 예상치 못한 노쇼가 나타났다. 선택의 여지가 없었다. 이용료와 함께 네이버로 사전 예약을 받고, 이웃 카페에서 음료를 주문하여 마실 수 있도록 했다. 멍 때리든, 책 읽든, 글을 쓰든, 뒹굴든 키라네책부엌에서만큼은 여유와 함께 책도 읽고, 공간을 누리다 갔으면 좋겠다고 여겨졌다. 그래서 1시간 단위로 예약제를 시스템화했다. 점차 손님들의 만족도는 높아졌고, 사진만 찍고 가는 손님도 걸러졌다.

사전 예약제에 입장료, 가끔 책이 팔리냐고 묻는 사람도 있다. 얼마나 팔릴까마는, 그래도 주문 횟수는 많아졌다. 몇몇 손님으로 책방을 포기할 수는 없다. 좋은 공간에서 좋아하는 일을 오래 하고 싶다. 이기적일 수도 있지만, 이는 나를 지킴이었다. 나를 지켜야 다음도 있다.

제주의 동네책방은 다양한 주제로 책방지기가 큐레이션한 책방이다. 책을 추천받거나 읽고 싶은 책을 고르는 장으로 여기기도 한다. 이런 책방을 대형서점이나 도서관과 동일시하는 손님도 많다. 사고 싶은 책을 보면 사진만 찍고 가기도 한다. 인터넷으로 사기 위해서다. 이는 엄연히 지적 재산권 침해다. 책방지기가 큐레이션하는 것이기 때문이다. 동네책방이 아니면 발견할 수 없는 책, 책방지기들의 아이디어이자 노력이다. 반드시 정립되어야 할 부분이다.

네이버 예약제로 시작할 때 처음 온 손님을 그는 잊을 수 없다. 손님이 올지 안 올지는 그조차 기연가미연가했다. 그런데 오셨다. 책방을 둘러본 손님은 2권의 책을 고르더니 계산해 달라고 했다. 여태까지와는 전혀 다른 상황, 당황한 그는 놀라자빠질 뻔했다. 읽고 싶은 책도 사진을 찍거나 그 자리에서 읽고 가는 손님이 대부분이었기 때문이다. 그런데 이 손님은 책을 구매하여 읽으려고 한다. 지극히 당연한 일이다. 꽤 신선한 충격이었다. 정석을 놓고 감동해야 하는 상황, 잘못되어도 단단히 잘못되었다. 그는 이 웃픈 사연을 블로그에 올렸다.

그도 다른 책방에 가면 정가로 책을 산다. 거래하는 곳에서 더 싸게 살 수 있다. 그런데 소상공인이 되고 보니, 이런 공간을 만들고 유지하는 게 얼마나 힘든지 알게 되었다. 그래서 일부러 동네책방을 이용한다. 책방을 살리는 데 작은 힘을 줄 수 있기 때문이다. 효과는 확실했다. 한 손님은 키라 씨가 블로그에 올린 글을 보고 뜨끔했다고 했다. 책방에 몹쓸 짓을 하고 다녔다는 생각이 들더라는 것이다. 그 손님은 동네책방이 잘되는 줄 알고 항상 구경만 했다고 했다. 이제서야 책방에 가면 꼭 한 권씩은 산다고도 말씀하셨다. 다행이었다.

제주에서 배운 일상의 감사함

간혹 텃세는 안 부리냐고 묻는 사람이 있다. 그도 처음엔 육지것이었다. 당연히 주민들은 그가 어떤 사람인지 궁금하다. 설령 육지것이 아니라 해도 궁금의 눈초리가 섞일 수밖에 없다. 그런데 소통하려는 노력은 않고 텃세를 부린다고만 한다.

키라 씨 이웃엔 대기업에 다니다가 고향에서 귤 농사를 짓는 아저씨가 한 분 계시다. 그분이 유튜브의 한 채널에서 봤다며 말씀하셨다. 귀농했는데 제주도 사람들이 왜 이렇게 텃세를 부리냐고 하더란다. 조회수가 엄청나다고 했다. 아저씨는 서울에서 그들 속으로 스며들기 위해 서울말을 배우고 문화도 익히는 등 노력했다. 그런데 텃세 부린다고 말하는 육지것들은 스며들려는 생각은 않고, 텃세만 부린다고 한다. 심지어 군림하려는 이도 있다. 아저씨의 그 이야기를 들으며 키라 씨는 울컥했다. 공감 백배였기 때문이다.

관광객과 도민이 보는 시선은 다르다. 관광객으로 왔을 때 그는 어느 집 앞에서 '×× 카페 손님 주차 금지'라고 붙여진 글을 보았다. 그때 그는 이렇게까지 할 필요가 있을까 생각했다. 그런데 살아보니 알겠다. 오죽하면, 근처 카페 사장의 태도가 보이더라는 것이다. 책방 근처에도 카페가 있다. 길을 메운 자동차들, 귤 트럭조차 다니기 힘들다. 카페가 유명해지면서 주차 문제로 주민들과의 갈등이 깊어진다. 그 역시 이주민이다 보니 매일 컴플레인이다. 억울하다. 다행히 몇몇 삼춘을 알고 지내며 지금은 괜찮아졌다. 그가 주차에 얼마나 신경 쓰는지는 방문 전부터 알 수 있었다. 방문이 약속되었을 때, 그는 주차할 자리까지 소상하게 표시한 사진을 보내왔다. 손님이 오면 그는 직접 주차를 안내하기도 한다.

30대 후반에 잘나가던 강사 일을 내던지고 제주에 온 키라 씨, 그는 할머니들과 귤을 따러 다니면서 제주의 다방면을 배웠다. 그리고 음식과 관련된 이야기책을 판매하는 책방지기가 되었다. 누군가 '내일 지구가 멸망한다면 뭘 하겠냐'라고 묻는다면, 평상시처럼 햇살과 새소리를 즐기며 이웃과 맛있는 음식을 해 먹겠다고 그는 말한다. 그

는 일상의 감사함을 제주도에서 배웠다. 그 감사함을 담아 자신이
큐레이션한 책들을 보다가 누군가는 '아, 이런 책이 있었어?' 하는
발견의 기쁨으로 소소하게 힐링 되고 다독여지기를 바란다.

📍 서귀포시 남원읍 신흥리 276
🕐 방문 전 사전 예약(네이버 예약)
📱 010-4864-2352
📷 instagram.com/bookkitchen_jeju

3부

제주시:

우도에서 잠시 숨을 고르고
다시 공항으로

동부 **북부편**

*
제주시 우도면 연평리 **밤수지맨드라미**

*
가장 멀고도 가장 가까운 책방

쉬어도 쉬어도 피곤하신가요? 그럴 때 훌쩍 떠나 보세요.
오가는 동안 스트레스도 피곤도 떨쳐낼 수 있을 겁니다.
거리로 보면 가장 먼 곳이지만, 다녀오고 나면 심리적으로는
가장 가까운 책방이라는 사실을 알 수 있을 겁니다.
'밤수지맨드라미'에서 따뜻함을 느껴 보세요.

#휴식 #치유 #우도여행

이밤수지와 맨드라미최로 불리는 이의
선·최영재 씨 부부가 운영하는 책방 '밤수지맨드라미'에 다녀왔다.
어쩌면 가장 먼 곳, 그러나 한번 다녀오고 나면 가장 가까운 곳처럼
여겨지는 밤수지맨드라미는 우도에 있는 책방이다. 이번 우도로 가
는 길은 하귀일초에 다니는 충영, 서윤 남매와 함께했다.

나의 발길을 멈추게 한 그곳, 우도

밤수지맨드라미란 제주 바닷속에 사는 멸종 위기의 분홍색 산호
를 말한다. 부부는 삶에서 멀어져만 가는 책과 밤수지맨드라미가 어
딘지 닮았다고 여겼다. 그래서 더 기억하고, 더 담아두고 더 가까이
에 두고 싶었다. 그렇게 산호와 물고기처럼 조화로운 삶을 꿈꾸며
우도에 책방 문을 열었다. 올해 나이 마흔넷, 고향이 서울이라는 이
밤수지는 수더분하고도 편안한 인상이었다. 빨려 들어갈 듯 유난히

큰 눈동자를 마주하자 어질디어진 사슴의 눈망울이 떠올랐다.

부부는 결혼 전부터 시골에서 살자고 의견을 모았다. 남편은 개조한 봉고차에서 숙식을 해결하며 집을 구하러 다녔다. 마음에 드는 곳이 없었던 건 아니지만 계속 어그러졌다. 그렇게 물색하다가 발길을 멈추게 한 곳이 우도였다. 2013년 겨울이 다가올 무렵이었다.

이밤수지가 우도의 집을 만나던 날, 그날따라 집안이며 텃밭의 햇살이 환장할 정도로 고왔다. 그 따사로운 햇살이 하도 좋아서 한번 살아 보자고 결심했다. 진정한 새 출발이다. 결혼과 함께 새로운 시작을 원했던 부부는 자신들의 손으로 집도 고치고, 기존과는 전혀 다른 일을 해 보자고 했다. 도움의 손길을 뻗칠 수 없는 낯선 곳 우도, 결혼과 함께 시작되었다.

지난 2009년 6월에 봤던 우도와는 전혀 다른 모습이다. 어촌이었던 섬은 어느 순간 농촌이 되고, 이주민이 늘어나면서 이젠 상업 중심이라고 해도 과언이 아니다. 그때 내가 본 우도는 나지막하고도 탁 트인 섬이었다. 부부가 이주하던 때와도 많이 달라졌다. 너무 달라진 우도, 한편으로는 안타깝기도 했다.

숨겨진 너머에서 우선시 되는 것들, 이스터섬과 투발루가 떠올랐다. 풍부한 천연자원에 온화한 기후를 지닌 남태평양의 이스터섬은 거대 석상을 만들 수 있을 정도로 강력한 정치체제와 노동력을 갖춘 나라다. 그러나 이 섬의 문명은 소멸하고 말았다. 주어진 자원을 제대로 활용하지 못했기 때문이다. 남태평양의 작은 섬나라 투발루도 9개의 섬 중 2개의 섬은 이미 잠겼다. 문제는 해수면이 계속 상승하

● 밤수지맨드라미 책방이 있는 우도 검멀레해수욕장.

밤수지맨드라미

● 밤수지맨드라미란 제주 바닷속에 사는 멸종 위기의 분홍색 산호를 말한다. 그렇게 산호와 물고기처럼 조화로운 삶을 꿈꾸며 우도에 책방 문을 열었다.

ⓒ밤수지맨드라미

고 있다는 것이다. 더러는 이민을 떠나고 있지만 이마저 쉽지 않다. 다른 나라에서 무조건 받아주지 않기 때문이다. 투발루 국민은 환경오염 물질을 내버리지 않는다. 이산화탄소도 거의 배출하지 않는다. 그런데 수몰 위기에 놓이며 국가 포기선언을 해야 했다. 모두 환경 때문이다.

　이 작은 우도의 문명 냄새를 걱정한다며 꼴값 떤다고 할지도 모르겠다. 문명을 이루고 사는 한 변화는 자연스러운 것이다. 멈춰 있으면 발전도 없지만 살아남기도 힘들다. 변화는 필요하다. 다만 미래를 위한 방향으로 흘러야 한다.

배에서 내린 우리는 버스를 탔다. 그리고 이밤수지가 일러준 대로 전흘동 해녀탈의장 앞에서 내려달라고 기사님께 부탁했다. 그러나 우리가 탄 버스는 그곳에 가지 않는다고 했다. 검멀레해수욕장에서 내리고, 해안도로 순환 버스가 오면 타라고 했다.

40여 분 정도 남았다. 우린 가까이 있는 가게로 들어갔다. 그리고 테이블에 앉으며 땅콩 아이스크림을 주문했다. 일회용품을 남용하지 않는 것, 가장 가까이에서 실천할 수 있는 일이다. 급격한 변화와 발전 속에서 환경을 생각한다면, 가게에서 먹는 사람에게까지 일회용 용기에 주진 않을 것이다. 그런데 일회용 용기에 주었다. 왜였을까? 편리란 이유 때문일 것이다. 우도의 상가 대부분이 일회용 용기를 이용한다고 한다. 우도를 지켜야 할 사람은 이곳에서 장사하는 사람과 주민이다. 우도는 지금 리조트도 오픈을 앞두고 있는데, 이는 발전과 파괴라는 양면성을 지닌다. 그러나 이제 천진항으로 들어서면 리조트를 먼저 보게 된다. 우도의 풍경이 변하는 것이다. 막을 수 없는 변화, 상가에서 일회용품이라도 줄여야 하는 게 아닐까.

고요히, 천천히 흐르는 시간의 공간

2017년 7월, 부부는 우도에 책방을 열었다. 서울에서 10년 넘게 회사만 다니던 부부가 이곳에서 책방을 열기란 쉽지 않았다. 뼈대만 남기고 다 떨어낸 집, 텐트 생활을 하면서 자그마치 3년이란 시간 동

● 고요히, 천천히 흐르는 시간의 공간.   ⓒ밤수지맨드라미

안 고치고 또 고쳤다. 그러는 동안 자만했던 마음도 돌아보게 되고, 이견 조율 등 많은 깨달음도 있었다. 그렇게 오랜 시간을 공들였기에 더 애착을 갖게 되었다.

"쟤들이 집을 고친대."

"글쎄, 그런가 봐."

"아마 금방 갈 거야."

처음엔 이들을 경계하는 어르신들의 수군거림이 들렸다. 하지만 이도 잠시, 집이 모양새를 갖추기 시작하자 챙기는 쪽으로 바뀌었다.

"그래, 진짜 살려나 보다. 니네 돈이 없을 거니까 와서 톳도 하고 뭐도 해라. 먹고살아야 하지 않겠니? 차라리 가게라도 해라."

동네 주민들은 일거리를 주는 등 진심으로 부부를 걱정해 주었다. 하찮은 것 같지만 의미는 컸다. 주민들의 응원이자 관심이기 때문이다. 여기서 부부는 우도의 정을 느꼈다. 물론 지금은 처음보다는 관심이 줄었다. 그래도 밥은 먹고 사냐는 등 주민들의 관심은 여전하다.

우도에 오는 이주민 대부분은 가게로 자리 잡았다. 그러나 부부는 새로운 출발만 생각했지 가게는 전혀 생각하지 않았다. 그런데 동네 어른들은 당연한 것처럼 무슨 가게를 할 거냐고 물었다. 처음엔 이런 질문조차도 생경했다. 어쨌든 가게를 하게 될 기회가 생겼다. 우도란 작은 섬이 무색할 만큼 이곳엔 가게가 많다. 부부는 그 경쟁에 뛰어들고 싶지 않았다. 무슨 가게를 할까? 굴리고 굴리고 생각을 굴리다 보니 책이 있었다.

부부는 늘 책에 대한 갈증에 시달렸다. 그 갈증을 해결하는 길은 인터넷으로 주문하는 것뿐이다. 한동안 그렇게 책에 대한 갈증을 달랬다. 그러나 해갈되지 않았다. 책을 받고 보면 마음에 들지 않을 때도 있었다. 책을 보면서 만지거나 고르는 등 물성을 느끼고 싶었고, 책방 고유의 분위기도 느끼고 싶었다. 우도엔 그런 공간이 없었다.

우도의 가게는 대부분 여행자의 패턴에 맞춰졌다. 그래서인지 어느 가게엘 가도 사람이 붐볐다. 이런 곳에서는 자꾸만 눈치를 보게 되고 오래 머무를 수도 없었다. 눈치 보지 않고 편안히 머무를 수 있으며, 시간도 천천히 흐르고 저녁에도 이용할 수 있어야 했다. 배 시간에 맞춰 모든 가게가 문을 닫기 때문이다. 궁리에 궁리를 하다 보니 책방이 있었다. 우도에 단 한 번도 없었던 책방, 우리가 책방을 하

● 서점 외관 및 내부 풍경.

©밤수지맨드라미

자. 그렇게 책방을 열게 되었다.

부부는 여행자보다 우도라는 섬과 어울리는, 주민들이 좋아하는 공간을 만들기로 했다. 그래서 최대한 이질감이 느껴지지 않도록 인테리어에 신경 썼다.

"저걸로 먹고살 수 있을까. 요즘 누가 책을 본다고 책방을 하냐. 그냥 다른 걸 하지. 너무 걱정돼서 그런다."

책방을 한다고 하자 주민들은 걱정부터 하셨다. 실제로 어르신들의 염려처럼 책방을 열었지만 손님이 없었다.

"쟤들 큰일 났다."

이렇게 소문나면서 부부는 또 어르신들의 걱정을 샀다. 모든 게 그렇지만 특히나 독서는 환경이다. 환경이 조성되지 않으면 독서는 멀어진다. 숲이 없는 우도엔 밤수지맨드라미가 독서의 숲을 조성하고 문식성을 키워줄 독서 씨앗이다. 우도와 어울리는 책방, 밤수지맨드라미는 여행자보다는 주민을 위한 책방이다.

이제 우도에도 해안도로 쪽은 남아 있는 옛날 집이 몇 없다. 그래도 몇몇 집을 고칠 때면 연락이 오기도 한다. 필요한 게 있으면 가져가라는 것이다. 부부가 보는 옛날 집은 그야말로 보물창고다. 집을 마련해서 고칠 때도 그랬고, 가게를 임대해서 고칠 때도 그랬다. 책방에 놓인 궤짝도 우도의 옛날 집에서 나온 것이다. 보물 같은 옛날 물건들을 가지고 와서 하나하나 모아 놓는 일은 우도에서 누리는 또하나의 즐거움이다.

물건만이 보물은 아니다. 책방을 시작한 후 행복 이미지로 떠오르

● 공사 중 발견한 돌. 그대로 살려 두어서 댓돌 역할을 하고 있다.

는 손님이 있다. 마음이 보물 같은 손님이었다. 지금 입구로 사용하
는 문은 원래 벽이었다. 어느 날 그쪽으로 문을 내기 위해 바닥을 팠
다. 파다 보니 보물 중에서 보물인 제주의 돌 현무암이 나왔다. 차마
그곳을 덮을 수 없어서 댓돌 역할을 하도록 그냥 두었다.

　어느 여름날, 책방 안쪽에서는 차를 마시는 손님이 두 분 계셨다.
그리고 또 한 손님이 오셨다. 손님을 맞이한 뒤 화장실에 갈 때였다.
그의 커다란 눈동자를 휘둥그레지게 하는 풍경이 있었다. 댓돌 위에
신발 세 켤레가 모범생처럼 얌전하게 놓여 있었던 것이다. 갑자기 책
방지기의 가슴에 훈풍이 불었다. 자신도 모르는 새 입도 귀에 가 걸
렸다. 그 풍경을 누가 훔쳐 갈까, 책방지기는 얼른 카메라에 담았다.

책방은 신발을 신고 들어오는 곳이다. 그런데 한 손님이 댓돌을 보고 으레 벗어야 하는 것으로 착각한 모양이다. 아니다, 어쩌면 우리 전통가옥에서 그렇게 살아왔던 분인지도 모른다. 한 손님이 신발을 벗어 놓자 뒤에 오는 손님도 그런 줄 알고 벗어 놓은 것이다.

행복이 가까이 있다는 건 아마 이런 걸 두고 하는 말일 게다. 손님들의 마음이 귀엽고도 아름다웠다. 책방지기는 그 행복을 듬뿍 드러내면서 신발 신고 들어오는 곳이라고 알려드렸다. 우도에 와 살면서 책방지기는 바닥을 드러낼 줄 모르는 보물들을 만난다.

콧등을 시큰하게 만드는 우도의 정

책방을 공사하고 있을 때다. 어떻게 알았는지 MBC 다큐 팀에서 연락이 왔다. 책방 공사에서부터 완공까지 취재하고 싶다는 것이다. 몇 번 거절했다. 그러자 다큐 팀은 직접 찾아왔다. 마주 앉아 이야기를 해 보니 의미 있을 것 같았다. 그때부터 오픈 날까지 촬영이 이어졌다.

드디어 공사를 마치고 오픈 날이 되었다. MBC 다큐 팀에서 촬영까지 하는데 손님은 오지 않았다. 어떡하나, 이 아니면 잇몸이다. 밖으로 나가서 손님을 불러들이기로 했다.

"저희가 책방을 열었는데 한번 들어와서 구경하지 않으시겠어요?"

그렇게 호객 아닌 호객 행위로 첫 손님인 여성분에 이어 남성분까지 오셨다.

● 오픈식을 마치고, 부부는 우도란 섬에서 크나큰 사랑을 받고 있다는 걸 다시금 깨
달았다. 감동이 밀물처럼 밀려오며 주르륵 눈물이 흘렀다. 그야말로 찐한 감동이 우
도의 바닷물과 섞이는 순간이었다.

©밤수지멘드라미

"너무 좋은 공간이다."

비록 호객 행위로 온 손님이지만 그들은 부부에게 용기를 주었다. 책방에 들어와 준 것도 용기를 준 것도 너무나 감시했다.

제주 문화가 그렇지만, 나중엔 동네 분들도 오셨다. 와서는 덕담과 함께 부조도 해 주고, 책도 사 주셨다. 늘 도움을 주시면서도 미안해하는 분들도 계셨다. 하나라도 팔아 주고 싶은데, 책을 몰라서 못 온다며 미안하다는 것이다. 콧등을 시큰하게 울리는 말, 부부는 주민들의 이런 마음이 오히려 감사할 뿐이었다.

"아, 이 우도의 정을 어떡할 거야!"

오픈식을 마치고, 부부는 우도란 섬에서 크나큰 사랑을 받고 있다는 걸 다시금 깨달았다. 감동이 밀물처럼 밀려오며 주르륵 눈물이 흘렀다. 그야말로 찐한 감동이 우도의 바닷물과 섞이는 순간이었다.

'섬 속의 섬'에서만 누릴 수 있는 오감의 힐링

마을책방의 책은 어떻게 다루느냐에 따라 재고가 되기도 한다. 재고에 신경 쓸 수밖에 없다. 마을책방은 대형서점이 아니다. 그런데 대형서점에처럼 책을 다루거나 무례하게 대하는 이들이 있다. 그럴 땐 아프다. 가끔 책을 꺼내서 사진만 찍는다거나 소품처럼 여기는 사람도 있다. 이해 못하는 건 아니다. 그래서 죄송하기도 하다. 그러나 책은 소품으로 활용하라고 진열한 게 아니다. 재고가 될 가능성이 커지는 책들, 한 권 한 권이 소중하다.

그래도 이 모든 불쾌를 덮어버릴 수 있는 고마움은 더 크고 더 많다. 밤수지맨드라미는 알다시피 섬 속의 섬에 있는 책방이다. 제주시를 기준으로 했을 때 가장 먼 곳이라는 얘기다. 비행기에 차, 다시 배를 타야 한다. 그런데 그 거리도 아랑곳없이 찾아오는 손님이 꽤 있다. 이런 사실을 감내하고 부러 온다고 생각하면 감사함의 크기는 더 커진다. 요즘은 제주에도 책방이 많다. 인터넷 서점도 있다. 그런데 다 마다하고 여기까지 와준다는 건 뭉클한 감동이다.

전날만 해도 파도가 꽤 높았다고 한다. 그런데 우리가 오가던 바다는 호수인 양 잔잔했다. 갈매기가 날고 가마우지가 몸을 말리는 바다, 지미봉을 마주하며 들어가고 나오는 길은 아름답고도 평온했다. 책방 취재에 나서지 않았다면, 난 아마 종일 잤을 것이다. 그랬다면 이 아름다운 여행을 즐기지도 못했거니와 오히려 피곤한 휴일이 되었을 것이다. 책방 취재란 구실 삼아 우도를 오가는 동안 난 오감의 힐링을 누릴 수 있었다. 풍경과 함께 섬 속의 섬에서 책을 읽을 수 있다는 행위 자체가 최고의 힐링이다. 우도에서 밤수지맨드라미가 사랑받는 이유다.

📍 제주시 우도면 연평리 860
🕐 매일 10:00~17:00
　 (비정기 휴무, 인스타그램 확인 필수)
📱 010-7405-2324
📷 instagram.com/bamsuzymandramy.bookstore

제주시 구좌읍 종달리
소심한책방

전혀 소심하지 않아요

*

*

*

*

모든 것이 황량하게 느껴지는 계절에도
풍성함이 존재하는 곳이 있습니다.
추리소설을 읽으며 작가의 의도를 찾아가듯 돌고 돌아야
다다를 수 있는 곳, 소심한 것 같지만 전혀 소심하지 않은
책방입니다. 지미봉이 포근하게 감싸는 곳,
때로는 철새의 장관도 구경할 수 있습니다.

#추리소설 #지미봉 #추리소설 #게스트하우스

을씨년스러운 하늘에 쌀쌀한 기운, 제법
겨울 날씨답다. 겨울무 수확 철이라는 걸 알리듯 간혹 휘어진 길엔
트럭에서 쏟아진 무가 뒹굴고 있다. 그런가 하면 노랗게 핀 배추꽃
이 계절을 의심하게도 한다. 책방을 찾아가는 동안 난 잠시 추리소
설 속 인물이 되어 사건의 클라이맥스 한 부분으로 들어서는 것 같
았다. 책방이 있을 거라고는 생각지도 못했던 허허벌판에 덩그러니
서 있는 건물, 그곳으로 안내하는 내비게이션에 '수상한소금밭'이라
고 찍혀 있었기 때문이다. 길을 잘못 들었나 싶었다. 잠시 길가에 차
를 세우고, 다시 내비게이션을 설정했다. 그래도 마찬가지다. 이상하
다고 여기면서 따라갔다. 갈대밭 한가운데 서 있는 건물에 '수상한
소금밭'과 '소심한책방' 간판이 걸려 있다. '수상한소금밭'은 책방지
기 남편이 운영하는 게스트하우스였다.

마을 책방을 찾아다니면서 제일 가보고 싶었던 곳이 소심한책방
이다. 세주도 내 마을 책방을 활성화하는 데 많은 영향을 미친 곳이

● 소심한책방 내부. 책방은 이름과 달리 넓고 정갈하다.　　　ⓒ소심한책방

라고 여겼기 때문이다. 이미 직원과도 통화했었다. 책방 대표로부터 이사해서 정신없으니 인터뷰는 나중에 하자는 문자를 받았다. 왜인 지는 모른다. 문자에서 목소리가 들리는 듯했다. 묻어나는 느낌은 지극히 저음인 중년 남성의 목소리였다.

취재를 완곡한 표현으로 거절하는 것일까? 알 수 없다. 그래도 혹 시나 하는 마음으로 다시 전화했다. 상대는 문자에서 느꼈던 인물 이 아닌 앳된 여학생 같았다. 그 사이 책방을 딸에게 물려주기라도 했나? 고개를 갸웃거리며 찾아갔다. 지미봉이 바닷바람을 막아주 듯 포근하게 감싸고 있는 곳이다.

통화의 주인공은 책방지기 현미라 씨였다. 통화에서 느꼈던 목소 리와 마찬가지로 외모도 청순가련한 여고생 이미지였다. 나이 마흔

● 널찍하고 시원한 책방엔 꽤 많은 손님이 드나들었다.　　　　ⓒ소심한책방

이라는데 전혀 그렇게 보이지 않았다. 고향이 경상도인 그는 서울에
서 직장 생활을 하다가 2012년에 제주로 내려왔다. 그리고 게스트하
우스를 운영하다가 2014년 5월, 서울에 사는 친구와 함께 책방을 오
픈했다.

　처음부터 제주를 생각했던 건 아니다. 현미라 씨는 20대 초반부터
섬진강 근처에서 주막집을 하겠다는 동경이 있었다. 재첩도 잡으면
서 아카시아 술을 담그고, 즉석에서 부침개도 부치며 팔고 싶었다.
그래서 말의 씨앗을 뿌리듯 자신의 심중을 떠벌리다시피 하고 다녔
다. 남편을 만났을 때도 마찬가지였다. 결혼 전 남편은 이런 생활을
동경하는 그에게 너무 재밌겠다면서 호응해 줬다. 그렇게 자기 생각
을 지지해 주는 남편과 결혼했다. 그런데 막상 결혼하고 보니 현실은

달랐다. 꿈은 이상일뿐이었다.

허허벌판에서 시작된 '수상한' 것들

현미라 씨는 서울에서 직장 생활을, 남편은 카페 혹은 맥주펍 자리를 알아보고 있었다. 어딜 가나 권리금이며 임대료 등 모든 게 비쌌다. 정신적인 방황, 차라리 여행이나 가자고 했다. 현미라 씨는 한 달여 동안 네팔과 티베트로 떠났다. 해외에서 들어올 때 남편은 제주도로 여행을 떠나 있었다. 그는 남편을 위한 깜짝 이벤트로 연락도 없이 제주로 갔다.

안나푸르나 트래킹은 1주일이나 열흘이 보통이다. 제주에서 남편을 만난 현미라 씨는 때에 따라서 카페도 식당도 숙소도 되는 롯지를 안나푸르나에서 하고 싶다고 했다. 그런데 남편은 아니라고 했다. 절충점을 찾던 중 제주에서 지내면 어떨까 하는 의견이 오갔다. 부부는 다시 제주 여행을 하다 보니 잘 지낼 수 있을 것 같았다. 그렇게 제주에서 살기로 했다.

그런데 왜 하필 종달리였을까. 제주도 여행을 마치고 서울로 올라간 뒤 현미라 씨는 하던 일을 계속해야 했다. 남편은 제주도에서 정착할 곳을 찾아다녔다. 그러나 가진 돈도 없고, 쉽지 않았다. 어느 날 근무 중, 제주도에 있는 남편으로부터 전화가 왔다.

"종달리란 곳인데 사방이 갈대밭이고 아무것도 없다. 멀리 성산일출봉이 보이는데 땅값은 여기가 제일 싸다."

남편이 고른 곳이다. 계약하고 보자고 했다. 한마디로 종달리로 오게 된 건 다른 곳보다 땅값이 쌌기 때문이다. 현미라 씨는 완전히 이주할 때야 자신들이 정착할 땅을 처음 보았다.

책방 근처는 아닌 게 아니라 온통 갈대밭이다. 그 갈대밭을 보며 허허벌판 우슈토베 지방에 도착했던 까레이스키가 생각났다. 어쨌든 부부는 갈대밭 한가운데에 집을 짓고, '수상한소금밭'이라는 간판을 내걸어 게스트하우스를 오픈했다. 당시 제주엔 이주민이 그다지 많지 않은 때다. 따라서 카페는 물론 아무것도 없었다. 제주에 와서 태어난 아기는 어렸고, 오로지 게스트하우스 안에서만 생활하다 보니 현미라 씨는 숨이 막혔다. 탈출구가 필요했다.

어느 날 문득, 갈대밭 사이를 산책하던 현미라 씨는 자신만의 공간이 있으면 좋겠다고 생각했다. 네이버 블로그에서 글을 쓰며 친해지게 된 친구에게 전화했다. 이 친구는 서울에 있는 언니인데, 한 달에 20~30만 원씩 용돈을 좀 쓸 수 있느냐고 물어봤다. 긍정적인 대답이 돌아왔다. 월세 내고 친구가 서울에서 오가는 항공료 정도는 충분할 것 같았다. 친구에게 작업실을 하나 마련하자고 했다. 흔쾌히 좋다는 대답이 돌아왔다.

● 게스트하우스 '수상한소금밭'과 책방을 함께 운영하고 있다.

이때만 해도 책방은 생각하지 못했다. 이야기가 오간 뒤 곗돈 붓듯이 한 달에 20만 원씩 돈을 모았다. 걸어서 갈 수 있는 곳이어야 한다. 종달리 외 다른 곳은 생각할 수도 없었다. 그렇게 계속 걸으면서 살피다가 드디어 찾았다. 시작이 반이라고 했던가, 둘만의 작업실을 구체화하기 시작했다. 글 쓰는 사람도 아니고 그림 그리는 사람도 아니다. 그러므로 작업이랄 것도 없었다. 그저 둘이 좋아하는 것을 둘 수 있으면 그로 족했다. 둘 사이 좋아하는 것의 공통분모는 책이었다. 아지트에 책이 쌓이면서 자연스럽게 책방으로 연결되었다. 이때가 2014년이었다. 그렇게 책방은 친구와 동업하게 되었다.

아직은 쓰는 것보단 읽는 게 좋지만

2021년 3월, 책방을 비워야 했다. 처음 책방을 하던 곳은 소를 키우던 축사였다. 축사를 살림집으로 고쳤다가 아무도 살지 않는, 오래 방치된 창고 같은 곳이었다. 그런 집을 고쳐서 책방으로 만들었더니 정서적으로는 아늑했다. 옛날 분위기가 깔려 있기 때문이다. 그런데 주인이 그 건물을 허물고 새로 집을 짓게 되었다. 옮길 수밖에 없는 상황이다. 그렇게 3월에 그 집을 비웠다. 그리고 게스트하우스 안에 책방을 꾸미는 동안 근처에 있다가 여름에 들어왔다.

책방은 꽤 넓었다. 약 99.17제곱미터의 공간에 4,000여 권의 책이 있으며 때에 따라서는 음료도 판매한다. 그러나 음료가 중심인 책방카페는 아니다. 소심한책빙은 음료보다 책이 우선시 되는 곳이다. 음료

는 단지 오래 머무르는 사
람이 필요로 하므로 그들
을 위해서 갖춰 놓았을 뿐
판매가 목적은 아니다.

도내에서 책방이 가장 많
은 곳은 구좌읍이었다. 왜
일까? 부부가 선택한 것처
럼 종달리가 땅값이 싸기
때문일까, 아니면 특히 아
름다운 곳이어서 그런 것일
까. 이유는 모르겠다. 어쨌
든 구좌읍에는 다른 지역
보다 책방이 많았다. 덕분

● 소심한책방 내부 풍경.　　ⓒ소심한책방

에 난 책방 핑계로 가보지 않았던 곳을 여러 번 드나들었다.

책방지기도 글을 쓸 것 같은 예감이 밀려왔다. 그러나 그는 쓰는
것보다 읽는 게 더 좋다고 한다. 지금은 분산되는 에너지 중에서 읽
는 데 신경을 더 많이 쏟는다는 것이다. 그래도 언젠가는 읽기에 몰
린 것들을 글쓰기로 수확하는 날이 올 것이다. 책방 동업자인 언니
라는 분도 네이버 블로그에 글을 쓰면서 친해졌다고 했다. 이런 사
실만 보더라도 그는 글쓰기를 좋아하는 사람이다. 꽃씨가 여문다는
건 뜬구름으로 떠돌던 꿈들이 모여드는 것이다. 그가 읽고 생각하
던 것들이 지금은 뜬구름으로 떠돌고 있겠지만, 언젠가는 잘 여문
열매가 될 것이다. 아직 마흔, 늦지 않았다. 50세 넘어서 글 쓰는 사

● 아늑한 다락방.

©소심한책방

람도 있고, 70세 넘어서 그림을 배우는 사람도 있다. 낭중지추囊中之錐라는 말이 있듯이 그의 재능은 숨길 수 없고, 언젠가는 주머니를 뚫고 세상 밖으로 나올 것이다.

📍 제주시 구좌읍 종달리 814-129
🕐 월~금 10:00~19:00, 점심시간 12:00~13:00,
　　토~일 12:00~19:00
📱 070-8147-0848
🏠 sosimbook.com
📷 instagram.com/sosimbook

제주시 구좌읍 하도리 **언제라도북스**

애초의 고향은 제주였더라, 두 여자가 가는 길

*

*

*

*

코로나19로 묶여 있는 날들, 삶은 더 힘들고 지치기만 합니다.
이참에 독립출판물을 만들어보고 싶지 않으신가요?
구좌읍 하도리 '언제라도북스'로 가 보세요.
7월이면 가까이 문주란이 하얗게 피는 토끼섬이 있습니다.
일상에 지친 당신의 삶에 안식을 주는 곳, 코로나 시대로
염려하는 당신을 위해 오직 하루 한 팀만을 받습니다.
함께하신다면 독립출판물도 만들 수 있습니다.

#독립출판물 #휴식 #고요한책방 #북스테이

　　　　　　　오후 2시의 만남을 향하여 동쪽으로 달린다. 덥다. 그래도 눈은 즐겁다. 어느 장인이 틀어 놓은 목화솜처럼 뽀송뽀송한 구름이 하늘 가득 펼쳐져 있기 때문이다. 책방으로 들어가는 골목은 시골의 정서가 가득 담긴 평화로움 그 자체였다. 마당에 들어서자 칠변화 향기가 콧구멍을 톡 때렸다. 우리 앞엔 다양한 길이 있다. 그 많고 많은 길 중에는 원해도 갈 수 없는 길이 있고, 원하지 않아도 가야 하는 길이 있다. 처음엔 안전하고 편한 길이라 여겼는데 낭떠러지가 될 수도 있다. 앞이 탁, 막힌 것 같았는데 오히려 탄탄대로의 길일 수도 있다. 길에도 얼굴이 있다. 지금 우리 앞에 있는 길이 어떤 얼굴로 내게 다가올지는 아무도 모른다. 그 미지의 길을 걷는 두 여자가 있다.

8개월로 시작해 9년을 맞았다

시나리오 작가이자 영화 연출자이면서 책방에서는 행사를 기획하고 운영하는 하명미 씨, 라디오 진행을 하다가 그림책을 그리면서 인쇄 및 디자인 관련을 담당하는 양영희 씨.

하명미 씨 전공은 연출이다. 그런데 시나리오 작가로 먼저 데뷔하면서 오랫동안 상업영화 시나리오를 써왔다. 그리고 이미 20대 중반이던 2001년에 제주에서 자신이 쓴 시나리오로 첫 단편영화를 찍었다. 기획 영화의 시나리오를 계속 쓰다 보니 지쳤다. 남이 기획한 시나리오만 쓰다가 아무것도 못 하는 건 아닐까. 주객이 전도되는 것만 같았다. 연출로 데뷔할 기회도 점점 멀어지는 깃 같았다. 무엇보다도 자신의 글을 쓰고 싶었다. 묶여 있는 글이 싫었다. 회의감과 함께 내적 갈등은 깊어만 갔다.

답답하고 지칠 땐 여행을 떠나는 게 최고다. 그렇다. 2011년, 지친 마음을 달래기 위해 두 작가는 함께 여행을 떠났다. 그때 여행지가 바로 제주도 올레길이다. 태양이 정수리를 쏘아대는 한여름인데도 제주는 애초의 고향이었던 것처럼 편안했다. 자연도 자연이지만 이미 정착한 이주민들의 모습이 한없이 좋았다. 두 작가는 보름 정도 올레길을 걸으며 제주에서 살기로 의기투합했다. 떠나면서 당시 묵었던 게스트하우스 사장님께 집이 나오면 알려달라고 했다.

어느 날, 하도리에 8개월 머물 수 있는 집이 나왔다고 연락이 왔다. 두 작가에겐 여행할 때조차 와 본 적이 없는 전혀 낯선 곳이

● 조그만 텃밭을 낀 책방 마당은 한낮의 고요를 떠올리게 한다.

다. 그래도 제주에서 글을 좀 써야겠다고 생각하며 덥석 계약했다. 2013년이었다. 그것이 그들의 길이었을까? 8개월로 시작한 게 어느새 9년째가 되었다. 두 작가는 그렇게 서로 의지하면서 책방과 북스테이를 운영하고 있다.

책방의 규모는 작았다. 크게 할 수도 있는데 왜 이렇게 작을까? 의아했다. 알고 보니 이곳은 원래 작업실이었다.

책방 바로 이웃에는 현재 공사 중인 집이 있다. 두 작가는 지난 2018년에서 2020년까지 이 집에서 책방을 운영했고, 지금 책방은 당시 전시 공간이었다. 로컬 이주민 작가들의 귀여운 일러스트 작품들 위주로 11개 기획 전시를 했고, 첫 개인전을 여는 사람들의 전시도 했다. 지금은 전시 공간과 합쳐서 책방을 열었다. 예전엔 책방이 좀 컸었다는 말이다.

하고 싶은 일, 다시 말해 즐거워서 하는 일을 하자며 두 작가는 하던 일을 그만두고 내려왔다. 그리고 이곳에 작업실을 꾸민 다음 어린 작가는 그림을 그리고, 루트 작가는 시나리오를 썼다.

작업실로 찾아오는 사람들은 많았다. 찾아온 사람들은 두 작가가 만든 책을 보기도 하고 이런저런 대화도 나누다가 가곤 했다. 책을 만들면서 두 작가는 제주어 배우기, 캘리그래피, 한국화 그리기 등 배우고 싶은 건 모두 워크숍으로 진행했다. 그러다 보니 "이런 책 있나요? 저런 책 있나요?"라며 필요한 책을 찾는 사람이 많았다. 두 작가는 작가를 선정하고 책을 단 몇 권이라도 소개하기로 했다. 그렇게 작가를 컨택하고 책을 갖다 놓았다. 서시히 책방의 모습을 갖추게 되었다. 비록 작지만, 책방이라는 이름도 내걸게 되었다.

2015년 한 해 동안 루트 작가는 영화 연출로 수도 없이 서울을 드나들었다. 서울을 드나들다 보니 고향은 서울이 아니라 제주였다. 불현듯 '언제라도 머물 수 있는 곳'이 제주였으면 좋겠다는 생각이 밀려왔다. '언제라도 갈 수 있는 곳, 언제라도 쉴 수 있는 곳, 언제라도 찾을 수 있는' 등등 뒤에 따르는 내용이 루트 작가를 편안하게 했다. 그렇게 책방 이름은 '언제라도'가 되었다.

그림 그리는 '어린 작가', 시나리오 쓰는 '루트 작가'

언제라도북스는 영화 일과 함께 너무 좋아서 하는 일이다. 독립출판물 중 '스몰진(작은 잡지)'이라는 장르가 있다. 2014년, 언제라도북스에서 16명이 스몰진을 수업하고 16권의 스몰진을 만들었다. 이를 시작으로 청소년들과 함께 만든 것까지 합하면 지금까지 30권 넘게 출판했다.

두 작가는 서로 애칭을 부른다. 이들이 제주에 왔을 때, 이주민들끼리는 대부분 애칭을 부르고 있었다. 하도리에도 라봉, 무지개, 물고기 등으로 불리는 친구들이 있었다. 언니나 오빠라는 지나치게 가까운 관계보다 조금은 느슨한 거리에서 서로 존중하기 위함이었다. 하명미 씨와 양영희 씨도 애칭을 만들게 되었다.

양영희 씨는 어린 작가님으로 불린다. 양영희 씨가 육지에서 활동하던 NGO에서는 애칭 문화가 이미 자리 잡고 있었다. 그러므로 애칭이 낯설지 않았다. 양영희 씨는 '어린이'처럼 항상 맑고 순수하고 싶다고 해서 '어린'이란 애칭을 쓰게 되었다.

하명미 씨는 루트 작가로 불린다. 오가와 요코의 장편소설 『박사가 사랑한 수식』에 등장하는 루트 기호를 딴 이름이다. 노年 수학자 '박사'와 '나', 그리고 '나'의 아들 '루트'는 찬란한 순간들을 숫자로 소통한다. '나'의 아들을 '루트'라 한 이유는 어린아이이기 때문이다. 다시 말해서 수학 기호 루트는 지붕 아래 모든 수를 품고 보호한다는 것이다. 이 사실이 하명미 씨를 확 끌어당겼다. 특별히 수학을 좋아하지 않았어도 루트라는 애칭을 쓰게 된 이유다. 하명미 씨는 책방도 수학 기호 루트처럼 운영하고 있다.

두 작가 모두 고향은 서울이다. 그런데 이미지나 억양은 충분히 제주에 젖어 있었다. 그들은 제주에 온 지 오래되었기 때문일 거라고 말한다. 그래도 벗어날 수 없는 이미지가 있다. 이들의 이미지는 이미 서울을 벗어나 있었다.

루드 작가는 어릴 때부터 영화감독이 꿈이었다. 글쓰기도 좋아했던 그는 초등학교 때부터 극본을 쓰고 자신의 글을 연극으로 만들기도 했다. 고등학교 땐 연극을 연출했으며 대학교 때도 계속 영화 현장에 있었다. 그렇게 어릴 때부터 영화를 좋아했고, 지금도 연출을 준비하면서 영화 일을 계속하고 있다.

루트 작가가 만드는 영화의 주제는 다양하다. 그중에서도 특히 기존 터브를 과감히 깨는 이야기를 좋아한다. 그는 이런 영화를 제작하고 대본을 쓰며 연출하는 데 관심이 많다. 〈빛나는 순간〉처럼 잔잔한 멜로드라마로 만들 때도 있고, 판타지, 호러, 코미디로 만들 때도 있다. 〈위험한 상견례〉, 〈슈퍼맨이었던 사나이〉 등은 코미디 장르의 시나리오다. 그 중에서도 배우 김수미, 송새벽, 이시영이 출연한 〈위험한 상견례〉는 루트 작가가 쓴 시나리오 중에서 가장 잘 알려진 작품이다.

원래 그림책을 그리는 게 꿈이었던 어린 작가 양영희 씨는 루트 작가와 서울에서 라디오 작업을 오랫동안 같이하고 있었다. 함께 서울 마포FM에서 인디음악 방송을 진행했고, 이곳에서는 제주 CBS에서 2년 동안 이주민들의 삶을 소개하는 코너를 담당했다.

정체되지 않은 날것의 짜릿함, 독립출판물의 매력

처음엔 출판사로 시작했다. 그리고 수업하면서 본인들이 만드는 책을 위주로 출판하기 시작했다. 차츰 작은 독립출판물들도 자유롭게 만들고 싶어졌다. 사람들이 오면 책도 좀 있어야 할 것 같았다. 그래서 한두 권씩 놓기 시작했다. 그러자 자기 책을 소개해달라며 작은 독립출판물 작가들이 찾아왔다. 거절하지 않았다. 그렇게 책이 늘어나기 시작하면서 자연스레 책방이 되었다. 2017년이었다.

이제 다른 책방지기들과 네트워크도 쌓게 되었다. 그러면서 서울,

● 대부분의 책방에서 취급하는 책들과 달리 두 작가가 소개하는 독립출판물은 조금 다르다. 그들은 좀 더 자유롭게 직접 출판한 셀프 퍼블리싱 즉 독립출판물을 소개하고 있다.

부산, 순천, 제주 등 책 축제도 많이 다녔다. 탑동에서 도서 대전이 열릴 땐 독립서점들만 모아놓는 섹션으로 나갔다. 해외 출판 대만 아트북페어에도 '제주에서 온 독립책방'으로 2회 정도 참여했다. 그렇게 대만에 있는 작가들과도 네트워크를 쌓고, 이쪽에서도 대만 작가들의 책을 소개했다.

대부분의 책방에서 취급하는 책들과 달리 두 작가가 소개하는 독립출판물은 조금 다르다. 그들은 좀 더 자유롭게 직접 출판한 셀프 퍼블리싱 즉 독립출판물을 소개하고 있다. 희소성도 있지만, 때로는 기존 출판사에서 내놓지 않는 개성 있는 판형으로 만들어진 책들이 있기 때문이다. 두 작가는 새로운 판형의 책들과 아트북, 또 누군가의 생각을 거치지 않고 스스로의 결정 하에 자유롭게 나오는 책들, 자기 목소리를 날것의 느낌으로 내는 그런 글들을 좋아한다.

두 작가는 독립출판물 작가가 찾아왔을 때 초판본은 5권을 받는다. 책방이 작아서 마냥 놓을 수 없기 때문이다. 그렇다고 받을지 말지 선정한다는 건 아니다. 별 무리가 없는 한, 그리고 자리가 허락하는 한 다 받아준다. 그게 끝나면 다시 새로운 작가들의 책을 소개한다. 출판사에서 독립출판물을 개정 증보판 즉 재판하는 경우엔 뿌듯한 마음으로 다시 소개하기도 한다.

루트 작가는 일인출판과 독립출판을 같은 맥락으로 본다. 다만 셀프 퍼블리싱하는 사람들은 원고 집필부터 편집, 인쇄, 홍보 마케팅, 유통까지 모든 일을 스스로 맡아 하면서 자신의 책을 출판한다.

일인 대표가 작가를 섭외하고 자신의 기획력으로 만드는 책들은 또 다르다. 소규모 독립출판사에서 대표가 지닌 기획력 같은 것으로 책들이 출간되는 것이다. 콘셉트에 맞게 편집이나 피드백 등의 과정들이 오가며 완성도 있는 책들이 나온다. 출판 후 유통과정에선 대형 유통사를 끼기도 한다. 언제라도북스 역시 그런 책들이 조금씩 섞여 있다. 하지만 중점적으로 활용하거나 소개하는 책들은 다른 책방에서 좀처럼 만나기 힘든 책들이다. 그야말로 이제 막 나온 인큐베이팅 된 그런 책들이다.

혼자 냈다고 해서 완성도가 없는 건 아니다. 혼자 냈어도 어떤 책들은 독창적이며 개성 있는 데다가 완성도 높은 책도 많다. 그러나 사람의 취향은 다양하다. 책마다 주인이 따로 있다는 뜻이다. 이에 맞춰 두 작가는 다양하게 소개하고 있다.

제주의 자연이 준 선물

루트 작가는 서울에 '웬어버스튜디오'란 영화사도 두고 있다. 주 업무가 영화이기 때문이다. 그러므로 서울과 제주를 오갈 수밖에 없다. 그러던 중 제주살이 9년 차에 루트 작가 하명미 씨는 비로소 자신이 원하던 영화를 제작하게 되었다. 고두심과 지현우가 출연하는 로맨스 영화 〈빛나는 순간〉이 루트 작가 하명미 씨가 직접 프로듀싱한 작품이다.

사회복지과를 나온 어린 작가는 언제나 문화예술 쪽에 관심이 많았다. 당연히 사회복지와 문화예술을 접목하는 활동을 많이 하게 되었다. 시각장애 아이들의 미술품 전시나 기획 활동을 하기도 했고, 성폭력상담소에서 일할 때도 문화 기획, 공연 등 사회적인 이슈를 알리는 활동도 했다. 그러던 그가 제주에 와서 지내며 달라졌다. 창작 공간을 만들고 수업도 하다 보니 작가라는 어릴 적 꿈이 피라미드에서 부활하는 미라처럼 스르륵 일어섰다.

미치도록 책을 좋아하는 어린 작가에게 글감은 대가를 요구하지 않고 모여들었다. 길고양이들도 찾아오고, 텃밭의 생명들도 날마다 다른 얼굴로 찾아와 어린 작가에게 인사를 건넸다. 이런 일상의 기록이 쌓이면서 어린 작가는 고양이나 텃밭 이야기로 그림책과 사진, 글을 모으는 작은 독립출판물을 만들기 시작했다.

어린 작가에겐 말 그대로 그냥, 그냥 좋아하는 것들 안에서 삶의 질을 더 높이고 마음도 따뜻해지는 글을 쓰고 싶다는 생각이 날마다 자란다. 도시에서는 늘 사회문제를 쫓아다녔고 또 해결하기 위해 돌아다녔다. 그러다 지친 마음을 달랠 겸 온 제주란 환경 속에서 상상을 초월할 정도로 더 좋게 살아가는 방법들을 배운다. 제주의 환경이 크나큰 위안을 안겨 주었다. 어린 작가가 제주에서 바뀐 모습이다.

어린 작가가 만든 첫 번째 책은 『텃밭이 좋아』라는 손바닥만 한 사이즈의 책이다. 어린 작가는 제주에 와 처음 텃밭을 가꾸면서 생명이 무척 가깝게 느껴졌다. 이웃 할머니나 부모님들, 농사짓는 친구들 이야기를 통해서 또 배우기도 했다. 그러면서 땅과 삶에 대해서도 더 많이 생각하게 되었다. 『텃밭이 좋아』라는 독립출판물을 계기로 어린 작가는 이제 자신이 좋아하는 주제로 책들을 만들게 되었다. 그렇게 만들다 보니 어느새 10권 정도의 책이 만들어졌다.

● 책방 언제라도북스 내부 풍경.

두 여자가 가는 제주에서의 삶이 행복할 수밖에 없다.

언제라도, 잠시라도

책방 대부분이 그렇지만 언제라도북스 역시 돈벌이 수단은 전혀 아니다. 루트 작가는 오히려 책방에 돈을 쏟아부을 때가 더 많다. 영화 일을 해야 할 때는 책방지기 알바를 고용하고, 또 그에게 인건비를 줘야 한다. 그래서 요즘은 예약제로 운영하고 있다. 예약이 완료되면 어린 작가님이 책방을 열어주며 북스테이와 함께 운영한다.

언제라도북스와 함께 운영하는 북스테이는 '잠시라도'라는 간판을 내걸었다. 루트 작가가 지은 이름이다. '잠시라도 평온하자, 웃자, 쉬자, 하늘을 보자' 등 긍정의 의미가 담긴 이 말은 그래서 참 좋다. 예쁘다.

📍 제주시 구좌읍 하도리 1568
🕐 금~일요일 13:00~16:00
　　(월~목요일 휴무)
📱 070-8639-1087
📷 instagram.com/unjeradobooks

제주시 구좌읍 상도리 **삼춘책방**

제주에서 처음 배운 말, 삼춘

*

*

*

*

하늘이 유난히도 고운 지금, 구좌읍으로 가 보면 어떨까요?
파릇파릇 펼쳐진 당근밭의 돌담길을 따라 걸으며 잃었던 사색을
즐길 수 있습니다. '삼춘책방'에 들러 책도 보고,
해맑은 표정의 삼춘과 이야기를 나누며 탁 트인
주변의 풍경도 감상할 수 있습니다.
여행길에서 품은 한 권의 책으로 더없는
추억을 만들 수 있으실 겁니다.

#어린이책 #모임 #독립출판물 #북스테이 #게스트하우스

구름마다 제각각 개성을 드러내며 마실
나온 10월 중순, 쌀쌀한 기운이 오히려 청량감을 더해준다. 줄다리
기하듯 기다랗게 늘어선 구름이 나랑 함께 달린다. 마을 책방을 핑
계 삼아 나선 길이 즐겁다. 평야라고 해도 좋을 듯싶은 초록 물결이
피울음 삭히며 모래땅에서 뿌리를 살찌운다. 이번엔 당근의 고장 구
좌읍 상도리 삼춘책방을 찾았다. 마주 앉아 이야기를 나누는 책방
지기 권귀현 씨에게선 가을하늘만큼이나 해맑음이 돋보였다.

경상남도 함양이 고향인 책방지기 권귀현 씨, 그는 중학교를 졸업
한 뒤 상급학교를 부산으로 진학하면서 줄곧 그곳에서 살았다. 직
장에 다닐 땐 동료들과 술도 자주 마셨다. 그런데 술자리에서는 진
중하다기보다 하늘을 붕붕 떠다니다가 툭 사라지고 마는 그런 대화
가 많았다. 삶의 한 부분을 단적으로 보여주는 예이기도 하겠지만
그 자리엔 거짓도 허상도 많았다. 슬슬 직장을 그만둬야 할 때가 되

● 삼춘책방 가는 길. 제주시에서 구좌읍에 이르기까지 구름이 나와 함께 달려 주었다.

었나 보다, 종종 회의감이 밀려왔다. 어딘가에 터를 잡고 인생 제2막을 펼쳐야 했다. 어디로 가서 무얼 하며 살아야 하나, 고민이 꼬리에 꼬리를 물었다.

　제주를 무척이나 좋아했던 그의 아내는 기왕이면 좋아하는 곳에서 살자고 했다. 여행도 좋아하겠다, 걸리는 건 없었다. 그는 떠난다는 것에 주저하지 않았다.
　구좌읍 상도리에 땅을 매입하고, 게스트하우스를 준비했다. 처음엔 본인은 직장을 조금 더 다니다가 내려올 생각이었다. 그러나 게스트하우스는 아내 혼자서 운영할 수 있는 게 아니었다. 어쩔 수 없이 그도 직장을 정리하고 내려왔다.

귀현 씨는 책을 읽는다기보다 구매하는 걸 좋아했다. 그렇다고 읽는 걸 싫어한다는 뜻은 아니다. 구매한 책은 책장을 마주할 때마다 꺼내 읽는다. 한마디로 책을 옆에 두고 껴안고 뒹굴며 만지기도 하는 등 가까이하는 걸 즐겼다. 그래서 일찌감치 조식이나 저녁엔 가볍게 맥주도 한 잔 마시며 이야기 나눌 수 있는 이곳에 400~500여 권 정도의 책도 진열해 놓았다. 자신은 물론 손님들도 편하게 읽을 수 있도록 해 놓음이다.

게스트하우스에 책방을 더하게 된 계기는 건강이었다. 신은 극복할 수 있을 만큼의 시련만 준다고 했던가. 게스트하우스를 운영하다가 3년 차가 되던 해, 그는 크게 아팠다. 그가 극복해야 할 시련이었다. 수술 후 치료와 병행하는 검사만 해도 1년여, 이제 이곳에서 사

● 게스트하우스 '두베하우스'.   ⓒ삼춘책방

권 친구들과 술을 마신다거나 그런 것들을 할 수 없게 되었다. 옆에 끼고 할 수 있는 게 뭐가 있을까? 그건 바로 책방이었다.

귀현 씨는 동네마다 책방이 하나씩 있는 게 당연하다고 생각했다. 그도 낮엔 늘 비어 있는 이 공간에서 책방을 하고 싶었다. 그렇게 책방을 시작했더니 몸도 마음도 행복했다. 시련도 슬금슬금 눈치를 보더니 어딘가로 사라졌다.

외부에서 오는 손님도 있지만, 책방은 게스트하우스에 묵는 손님을 위한 것이기도 했다. '여행길에 책 한 권'이라고 책방 지도에 나와 있듯이 여행지에서 가볍게, 혹은 평소 생각하던 책이 눈에 들어 한 권 정도 품에 안고 갈 수 있는 그런 책방이 되었으면 했다. 그런 만큼 귀현 씨는 게스트하우스에 묵는 손님들께 책을 많이 권하는 편이다.

'삼춘'들이 있는 고향

그가 제주에 와서 맨 처음으로 배운 말은 삼춘이다. 이삿짐 정리 중 쓰레기를 버리려고 클린하우스에 갔었다. 거기에서 그는 '삼춘들'이라는 문구를 보았다. '삼촌을 잘못 표기한 거겠지.' 하고 생각 없이 돌아섰다. 그리고 얼마 후, 이웃에 계신 분과 이야기를 나눌 때였다.

그는 이웃을 이모라고 불렀다. 그런데 된통 혼났다.

"내가 왜 네 이모냐? 네가 왜 나한테 이모라고 불러?"

그가 살던 부산에서는 이웃을 이모라고 부르는 게 보편적 현상이었다. 그런데 '왜 이모라고 부르냐?'라며 혼을 내다니 영문을 모르겠다.

"왜요? 왜 이모라고 부르면 안 돼요?"

어리둥절해 있는 그에게 이웃은 친절하게 설명해 주었다.

"이모라고 부르려면 네가 나랑 오랫동안 연을 맺었든지, 아니면 진짜로 내가 너의 이모든지, 그랬을 때만 이모라고 부르는 것이다. 어른들을 부를 때는 남자 여자 구분 없이 삼춘이라고 불러야 한다."

그렇게 그가 제주에서 제일 처음 배운 말은 삼춘이다.

여기에 와 살면서 동네 친구들도 생겼다. 그 친구들의 자녀들도 귀현 씨를 보면 "삼춘, 삼춘!" 하면서 따랐다. 어느새 삼춘이란 말이 방글거리는 아이처럼 따뜻하게 다가왔다. 자연스레 그의 책방은 '삼춘책방'이란 이름을 얻었다. 비록 조그맣지만, 동네 분들이 오면 책을 한 권씩 손에 들고 흐뭇한 얼굴로 돌아가는 것이 그가 바라는 책방이다. 그러나 사실 동네 분들은 잘 오지 않는다. 그래도 종종 주말마다 자녀들을 데리고 와서 책을 한 권씩 사가는 이들도 있어서 삼춘으로서 보람을 느낀다. 여기 와서 친구들이 생기고, 그 친구들의 자녀들이 "삼춘, 삼춘!" 하면서 살가움을 느끼게 한 말 "삼춘", 그에게 이젠 제주가 고향이다.

고향이란 나고 자란 곳이라고 할 수 있지만, 한마디로 정의를 내리기 어려운 단어다. 직장생활이다 뭐다 하면서 거주지가 자주 바뀌는 탓에 그 의미도 많이 퇴색하였다. 나고 자란 곳, 옛 추억, 풍경 등 사람마다 다르겠지만 나는 고향의 필수 조건으로 옛친구를 꼽는다. 그렇다면 이곳을 고향 삼아 사는 권귀현 씨는 어떨까?

이곳은 귀현 씨에게 어릴 적 친구가 없다. 아직은 그렇다 할 추억도 없다. 그래도 이곳에서 사귄 친구들의 자녀를 보며 위안을 얻는다. 어릴 적 친구를 대신해 주기 때문이다. 새로 사귄 친구들과 종종 술 한 잔씩을 나누며 추억도 만들고 있다. 이제 제주는 그만의 의미를 지닌 고향이다.

간혹 그는 육지 친구들에게 "제주는 텃세가 심하지 않으냐?"라는 질문을 받는다. 그럴 때마다 그는 말한다.

"식구들끼리 친구들끼리 잘살고 있는 너희 동네에 외지 사람 한 명이 훅, 들어와서 산다고 했을 때, 아무렇지도 않게 바라볼 사람이 얼마나 있겠느냐? 제주만이 지닌 문화적인 특징은 육지하고 다르다. 이곳 동네 어르신들은 육지 것들이라고 하시더라. 말 그대로 육지 것들이 당신들 생활 속에 들어와 살면서 파괴되는 것들이 늘어가는데, 누가 그걸 좋다고 하겠느냐? '그래, 너 왔으니까 잘 살아.' 이렇게 할 사람이 과연 얼마나 있겠느냐? 이곳 사람들은 지역에 관심이 많다. 외지인이 들어와도 방관하지 않는다. 텃세가 아니라 관심이다. 그 관심을 텃세라고 생각하는 사람이 생각보다 많다."

외지에서 온 그는 제주인의 관심으로 마을 사람이 되었다. 그리고 음식도 나눠 먹게 되었다. 그는 고향의 조건으로 음식을 나눠 먹을 수 있는 것이라고 한다.

이곳으로 이사 오면서 귀현 씨는 이웃 삼춘들과 가능한 많은 이야기를 나누려고 한다. 동네에 녹아들기 위해서다. 길에서 만날 때마다 인사드리는 건 기본이고, 담장을 사이에 두고 "삼춘, 오늘은 뭐 하세요? 오늘은 어디 다녀오셨어요?" 등 정성을 다해 다가선다. 그러면 삼춘들께서는 재밌는 이야기를 들려주신다. 처음엔 못 알아듣는 이야기가 50퍼센트였다. 그래도 분위기로 의미를 파악하면서 "아 그래요? 힘드셨겠네요." 하는 식으로 소통한다.

고향은 존재하지 않는다, 다만 만들어 갈 뿐이다

책방에 한 번씩 오는 어느 선생님께서 제주 문화에 관한 이야기를 들려주셨다. 외지 사람들이 왔을 때 왜 텃세를 부린다고 하는지에서부터 귀현 씨가 마을에 녹아들 수 있도록 도움 주는 이야기였다. 그 이야기의 의미를 실감할 수 있었던 건 이사 와서 한두 달 후였다.

이웃 삼춘들께서 2~3일 간격으로 계속 제사 음식을 갖다주셨다. 뭐지? 그의 관점에서 음식을 나눠 먹는다는 건 굉장히 가깝다는 의미다. 그에게 제주는 아직 낯선 곳이다. 그런데 '제사 음식을 한번 먹어 봐라.' 하면서 여러 집에서 갖다주신다. 그러면서도 '뭔가 일이 있겠구나.' 싶었다. 그 이유는 며칠 뒤 이웃 삼춘을 통해 자연스럽게 알게 되었다.

이웃 삼춘이 들려주시는 이야기는 그랬다. 그즈음, 4·3사건 때 돌아가신 분들을 위한 제사가 몰려 있었다. 당시에도 외지에서 누군가가 이 마을에 들어오면 3년 정도는 별 터치 없이 가만히 지켜보신다고 했다. 그렇게 지켜보다가 '아, 이 사람이 우리 마을 사람이 되겠다.' 하는 생각이 들면 그때부터 이렇게 음식도 나눠주고, 5년 정도 되면 완전히 마을 사람으로 인정하여 함께하는 문화가 있다고 말씀하셨다. 마을마다 차이는 있겠지만 외지 사람이 마을 사람으로 인정될 때까지 최소 3년에서 5년 정도 걸린다는 것이다. 그런데 그는 오지마자 제사 음식을 받았다. 일찌감치 마을 사람으로 인정받았다는 뜻이다. 귀현 씨는 그 사실이 뭉클하면서도 감사했다. 제3의 고향이 됐든 제4의 고향이 됐든 이제 누군가에게 이야기할 때 그는 제주가 고향이라고 할 수 있을 것 같다.

고향은 존재하는 게 아니라 만들어가는 것인지도 모른다. 문득 일제강점기를 배경으로 한 박화성의 단편소설 『고향없는 사람들』이 떠올랐다. 고향이 태어나 자란 곳을 의미한다면 누구에게나 고향은 있다. 그러나 박화성의 작품에 등장하는 사람들은 고향 없는 사람들이다. 아니, 스스로 고향을 만들어 가는 사람들이다.

책방지기 귀현 씨에게 함양은 태어난 곳이며 부모님이 계시다. 누가 봐도 그에겐 고향이다. 그러나 부산에서 오랫동안 살았고, 그곳엔 친구들이 많다. 그 친구들은 제주에 놀러 오기도 하고 귀현 씨가 올라갈 땐 어울려 놀기도 한다. 그러므로 그에겐 부산에서의 추억이 더 많다. 그리고 제주에 와서 7년 차, 이웃은 그를 마을 사람으로 인정하고 제사 음식을 나눠준다. 처음 몇 년은 힘들고 여유조차 없었다. 하지만 마을 사람으로 인정받은 요즘은 다르다. 그의 아내도 이곳에서 살아야겠다는 말을 자주 한다. 점점 제주는 부부에게 친밀하게 다가온다.

직접 펼쳐 보고, 만져 보고, 읽어 보는 기쁨

읽는 재미보다 사는 재미로 책을 구매한다는 귀현 씨에게 책은 인테리어다. 그는 책을 보고만 있어도 기분 좋다. 책장에 빼곡하게 꽂힌 책을 바라보다가 어느 한 권에 손길이 가면 쓰윽 뽑아낸다. 그리고 펼치면 그 속으로 빠져든다. 행복의 세계에 안착한다. 종이책만의 매력이다.

오디오북이 나오자 편하고 좋겠다는 생각이 들었던 그는 무료체험을 시도했다. 그런데 한쪽 귀로 들어와서는 다른 쪽 귀로 나가버렸다. 하루 체험하고 포기했다. 종이책은 펼쳤을 때 오롯이 새겨지는 느낌도 좋다. 또 언제든지 꺼내서 읽을 수 있다. 책장 앞에서 눈길 가는 대로 오늘은 이 책, 내일은 또 다른 책에 꽂혀 읽는다. 물론 눈길이 닿지 않는 책도 있다. 그래도 언젠가는 읽게 되겠지. 계단을 한꺼번에 오를 순 없다. 책도 마찬가지다. 손길이 닿는 책을 읽다 보면 관심 분야가 넓어진다. 차츰 독서의 범위를 넓히게 되고 다른 책에도 손은 가게 되어 있다.

게스트하우스에 들르면 책 한 권쯤 구매하고 방에서 읽어도 좋을 것 같다. 그러나 그건 나만의 착각이었다. 숙박 손님 10명 중 1명 정도만이 책을 구매한다. 근데 참 이상하다. 책방이 좋고 책방이 있어서 왔다고 하는 손님들은 책을 사지 않는다. 책이란 책은 죄다 꺼내서 사진만 찍고 그냥 간다. 가장 가슴 아픈 건 그렇게 책을 꺼내 일

● 서점 내부 풍경.

©삼춘책방

● 가운데 테이블 너머 창가에 놓인 엉또폭포 그림엽서. ©삼춘책방

일이 사진 찍고서는 저들끼리 "야, 인터넷으로 사면 10퍼센트 싸." 하고 속삭이는 사람들이다. 인터넷으로 사면 10퍼센트 싸다는 건 누구나 알고 있다. 그러나 누릴 수 없는 것들이 있다. 자신의 손으로 만져보고 펼쳐서 몇 문장이라도 읽어보는 등 책의 물성을 느끼는 건 가치상 10퍼센트보다 훨씬 크다. 그런 즐거움을 모르는 손님에겐 미련도 없다. 되레 생각지도 않았던 손님이 책을 더 많이 구매한다. 그들은 책을 사는 데 주저하지 않는다.

권귀현 씨는 법정 스님을 좋아한다. 스님의 철학이나 생각이 좋아서 찾아뵙기도 하고 강연에도 몇 번 갔었다. 비록 스님은 돌아가셨지만, 그는 아직도 서울에 가면 길상사에 꼭 들른다. '아무리 무소유를 말해도 스님의 산문집『무소유』만큼은 소유하고 싶다'던 김수환 추기경님의 말씀이 아니어도 소유하고 싶은 순간들이 있다. 삼춘책방의 권귀현 씨와 이야기를 나누는 순간이 그랬다. 그만큼 그의 표정은 아이처럼 해맑았다.

📍 제주시 구좌읍 상도리 444
🕐 매일 10:00~22:00
    (쉬는 날은 인스타에서 따로 공지)
📱 010-3591-6896
📷 instagram.com/dubhehouse_samchunbooks
📖 blog.naver.com/zzibi69

제주시 구좌읍 세화리 **제주풀무질**

* 책은 생각의 똥이다

눈을 뜨고 보면 햇볕이 있고, 고개를 돌려보면 그림자가 있습니다.
햇볕만으로도 그림자만으로도 살아갈 수 없는 게 우리네 삶입니다.
때론 비바람도 있어야 하겠지요.
아마도 이게 평등, 평화를 위한 세상이 아닐까요.
늦가을로 가는 시기, 가슴에 한번 풀무질해 보세요.

#동네책방 #환경서적 #인문사회서적

　　　　　　　　　　'풀무질' 하면 담금질이 먼저 떠오른다.
서울에서 풀무질이란 이름을 내걸고 28세 때부터 54세까지 지금은
구좌읍 세화리에서 '제주풀무질'이란 이름을 내걸고 동네책방을 꾸
려가고 있는 은종복 씨를 만났다. 책방 이름 풀무질에는 1970~80년
대 잘못된 군사정권에 불바람을 일으킨다는 뜻이 숨어 있다.

　'또 책방?'
　약 1억 5,000만 원, 서울풀무질을 그만두면서 남은 건 빚뿐이었
다. 눈물을 머금고 부모님의 도움으로 마련했던 낡은 아파트를 팔아
야 했다. 빚을 갚은 후 그는 겨우 제주시 조천읍 선흘2리에 전세를
얻어 살 집을 마련했다.
　아들도 하지 않겠다는 책방, 세 명의 젊은이에게 3만여 권의 책과
함께 모든 걸 무료로 넘겼다. '아름다운 인수'였다. 청춘을 바친 책
방이 문을 닫지 않아도 되었기 때문이다. 젊은이들은 은종복 씨가
제주에서 풀무질이란 이름을 사용하도록 허락해 주었다.

서울풀무질을 인수하겠다는 사람은 여럿 있었다. 나이 든 몇몇은 빚을 다 갚아줄 테니 몸만 나가라고 했다. 그들은 수익이 없어 장기를 두며 소일거리로 즐기겠다고 했다. 돈이 아쉽지 않은 사람들. 책방을 넘기지 않았다. 책방은 성균관대학교 앞, 고객층은 대학생이다. 나이 든 사람과 젊은이가 어울리는 건 좋은 일이다. 문제는 인문사회과학 책방이라는 것이다. 잘못된 세상을 바꾸겠다는 신념으로 책방을 꾸려왔던 은종복 씨, 그는 돈에 눈먼 세상을 바꾸는 지혜 혹은 슬기를 찾으려고 애썼다.

세 명의 젊은이와 이야기를 나눴다. 더 볼 것도 없었다. 마음의 창이라는 눈빛부터가 맑았고, 영혼의 소리라고 할 수 있는 목소리도 고왔다. 힘든 동네책방, 코로나19로 더 힘들어졌다. 알고 떠난 건 아니지만 미안했다. 그래도 그들을 선택한 건 옳았다. 어머니를 만나러 갈 때면 그들과 세상 이야기도 나누고 고통도 나누다가 돌아온다.

서울에서 하던 책방은 왜 망했을까. 책방 경영을 잘못했기 때문이다. 아들이 스무 살 되었을 때, 그는 아들 이름으로 은행에서 2,000만 원을 대출받았다. 재산을 물려주지 못할망정 빚을 물려주면 되겠냐고, 아내는 책방을 그만두든 이혼을 하든 선택하라고 했다. 그는 아내를 선택했다. 그렇게 서울에서 26년 동안 책방을 하면서 남은 것은 빚, 얻은 건 아내와 아들이었다.

다행히 아내가 허락해서 아파트를 팔아 빚은 모두 갚았다. 더는 도시에서 살고 싶지 않았다. 아니, 숨어서 살고 싶었다. 지리산 근처로 가고자 했지만 아내와 아들이 반대했다. 그에게도 이유는 있었지

● 창밖 풍경.

만, 반영되지 않았다. 책방을 하면서 집까지 팔았으니 그는 죄인이었다. 밤이면 밤마다 눈물로 의논한 끝에 제주도가 결정됐다. 무얼 하며 먹고살아야 하나. 아들이 울먹이며 말했다.

  "아버지는 평생 책방을 하셨으니 제주도에서도 책방을 하셔야죠."
  '또 책방?' 아서라, 손사래 치던 아내도 제주도라면? 귀가 솔깃했다. 큰 책방도 없고, 전자책방도 택배비를 낸다는 생각 때문이었다. 그러나 제주도 역시 전자책방 택배비는 무료였다. 어쨌든 그는 제주에서 책방을 하게 되었다.

책방, 책, 사람 그리고 자연

제주에서 시작한 첫 번째 책 읽기 모임은 '제주풀무질녹색평론읽기'이다. 이 외에도 '선흘녹색평론읽기', '제주주경야독', '고전읽기'를 더하고 있다. 제주에 와서 처음 터를 잡은 조천읍 선흘2리에서 마을 사람들과 꾸린 책 읽기 모임이 '선흘녹색평론읽기'다.

세화리로 출퇴근하기 위해 90만 원 주고 중고차를 샀다. 안개도 안개지만 선흘리는 눈도 비도 많이 내렸다. 안개가 심할 땐 앞이 안 보이고, 뒤에서는 큰 차가 금방이라도 덮칠 것 같았다. 비 올 땐 찻길에 물이 넘쳐 잠길 뻔도 했다. 눈이 쌓일 땐 출근을 못 하기도 했다. 그보다도 출퇴근 때 길에 석유를 뿌리고 있다는 사실이 더 불편했다.

1년 후 세화리로 집을 옮겼다. 책방과는 걸어서 10분 거리에 있는 작은 빌라다. 여기서 농사짓는 사람들과 주경야독 모임을 했다. 책방 가까이 있는 교사, 숙박업자, 동네 상가에서 아르바이트하는 사람들과 고전 읽기 모임도 꾸렸다. 모임을 꾸리는 건 두렵지 않았지만, 한편으론 걱정도 되었다. 아직은 낯선 제주, 게다가 시골이기 때문이다. 그런데 의외였다. 기다렸다는 듯 사람들이 찾아왔다. 서울에서는 모임 구성원이 주로 대학생이다. 이들은 졸업하면 모임도 졸업이다. 그러나 제주에선 다르다. 모두 책방 가까이에 사는 사람들, 마을을 떠나지 않는 한 졸업은 없다. 농사짓는 이들은 땅을 살리고 자연을 보호하기 위해 마음을 모은다. 읽기와 실천이 동시에 이뤄지는 것이다. 그런데 정작 농사 현장을 보면 가슴 아프다. 현실은 이론과 다르기 때문이다.

　그가 사는 세화리는 당근의 고장이다. 당근이 파릇파릇한 구좌읍의 가을 들판은 노랫소리가 들리는 듯하다. 그러나 그 땅에서 지렁이는 보기 힘들다. 땅을 갈아엎어야 하고, 농약을 치지 않으면 농사 짓기 힘들다. 일손은 없고, 가격 경쟁으로 농산물값도 점점 낮아지기 때문이다. 더군다나 첨단 나노 기술과 정보통신 기술의 복합체인 스마트팜이 새로운 농업 방식으로 빠르게 도입되고 있다. 이제 농작물은 거두는 게 아니라 만들어지고 있다. 지금 우리는 질소, 인, 칼륨을 버무려 만든 화학제품을 먹고 있다. 우리나라 식량 자급자족 비율도 30퍼센트가 채 안 된다. 모르는 게 약이라고 했던가, 이런 사실을 알게 해 준 〈녹색평론〉이 고마우면서도 이 현실이 답답하기만 하다. 그래도 구성원들은 농사지으면서 농약 사용을 조금이라도 줄이려고 노력한다.

　제주, 은종복 씨는 15년 만이다. 책방 일을 하느라고 나들이 한번 쉽지 않았다. 오랜만에 왔지만 제주는 여전히 아름다웠다. 그런데 왜일까. 몸은 편한데 마음이 혼란스럽다.

　선흘2리에 터 잡았을 때, 동물원을 만든다고 했다. 그때 그는 반대 대책위원회 활동을 했다. 다행히 지금은 멈췄지만 언제 또 누가 총대를 멜지 모른다. 제2공항도 그렇다. 그는 제2공항 건설 반대 책자 SAVE JEJU를 손님들에게 나누어 주며 제2공항 건설을 막는데 한몫했다. 그러나 안심할 수 없다. 누군가는 어딘가에 제2공항을 만들겠다는 야망을 버리지 않는다.

- 책방의 2,500여 권의 도서 모두 책방지기가 추천하는 책이다.

- 한 손님이 책방에서 구매한 책을 읽고 있다.

선흘과 세화 사이, 송당리엔 태고적 자연이 보전된 비자림로가 있다. 여기엔 수만 그루의 삼나무와 천연보호종 긴꼬리딱새와 팔색조도 산다. 그런데 길을 넓힌다며 삼나무 2,500여 그루를 잘라냈다. 비록 환경영향평가에 걸려 멈추긴 했지만, 천연보호종은 다른 곳으로 옮기고 공사를 계속하자고 한다. 숲이 영화세트장인가. 숲의 동물을 사람이 마음대로 옮길 수는 없다. 서울에선 이런 일도 관련 단체에 돈을 내거나 연대 서명만 하면 되었다. 그러나 제주도민이 된 지금은 다르다. 나 몰라라 할 수 없는데 쉽지 않다. 생업이 문제다. 제주도에서 몸은 편안하지만 파괴되는 자연을 보면 아프다.

이반 일리치는 자전거, 도서관, 시만 있으면 살 수 있다고 했다. 자

● 책방 제주풀무질을 방문한 손님이 책을 살피고 있다.

전거를 타고 도서관에 가서 시를 읽고 쓰면 어려운 일이 닥쳐도 세상은 평화롭다고 했다. 은종복 씨는 여기에 땅을 더럽히지 않고 먹거리를 일구는 일을 더 보탠다. 먹거리, 신성한 일이다. 자연과 더불어 일구면 코로나19 같은 감염병도 없다. 멋, 아름다움, 편한 것만 찾다 보면 숲은 파괴된다. 숲이 없으면 사람도 살 수 없다.

세상을 보는 시선에 힘을 보태 주는 책

여행객이 대부분인 제주풀무질에서는 산문집과 소설이 많이 팔린다. 읽기 편하기 때문이다. 그래도 책방지기는 인문사회과학 책을 많이 갖추려고 애쓴다. 그 결과 다른 책방에 비해 인문사회과학 책이 많은 편이다. 그래서인지 책방 한쪽에는 제주 4·3과 5·18 관련 책들이 진열되어 있었다. 4·3과 5·18 모두 국가 폭력에 의해서 민간인들이 학살당했다는 것, 뒤에는 미국이라는 제국주의가 있다는 공통점이 있다. 반면 5·18은 10여 년 전 광주민주화 보상이 통과되면서 알려지고 성역화되다시피 했고, 4·3은 훨씬 전인데 아직이다. 특별법 개정안이 나오면서 국가보상배상이 이뤄질 거라고 하지만, 아직 정명조차 찾지 못하고 있다.

그의 꿈은 두 가지다. 온 세상 아이들의 얼굴에 웃음꽃이 피는 날을 맞이하는 것, 남북이 평화롭게 하나 되는 것이다. 서울에서도 그랬고, 제주에서도 그 마음으로 책방을 운영한다.

책방지기는 인문사회과학 책이 곧 밥이라고 생각한다. 밥을 먹으려면 반찬이 필요하다. 반찬을 더 많이 먹을 수도 있지만, 밥이 없으면 그건 이미 밥상이 아니다. 인문사회과학 책은 이 땅에서 왜 사는지, 어떻게 살아야 하는지를 생각하게 한다. 우리는 세상을 변화시켜야 할 의무가 있다. 후손들을 위해서다. 세상은 논리와 비논리, 가짜와 진짜 등등 대립적인 것들이 얽힌 그물망이다. 밥심으로 산다는 말이 있다. 세상을 보는 힘과 근육을 길러 주는 것은 인문사회과학 책이다. 그는 세상을 보는 힘을 얻으려면 여행에서도 인문사회과학 책이 필수라고 생각한다. 삶의 중심을 잡아 주기 때문이다.

책방 안의 또 다른 식구

제주풀무질에 가면 소리 없이 다가와 머리를 비벼대는 하얀색 개 한 마리가 있다. 8월 15일에 만나서 광복이라고 불리는 개다. 광복이는 떠돌이 개였다.

은종복 씨가 살았던 선흘2리 집 옆엔 함덕초 선인분교가 있다. 그는 분교 운동장에서 뛰노는 아이들을 즐겨 바라보았다. 2019년 8월 13일, 비쩍 마른 개 한 마리가 어슬렁거렸다. 다음날 그 개는 눈치를 보며 이웃집 개의 밥그릇에 다가갔다. 밥그릇은 비어 있었다. 그의 아내가 탕수육 몇 점을 주자 허겁지겁 먹고 사라졌다. 다음 날, 다시 왔다. 철사를 두 겹으로 한, 목줄 아닌 목줄을 두르고 있었다.

그날 밤, 그 개를 두고 가족회의가 열렸다. 그는 먹이만 챙겨 주자,

아들은 집에 들어온 생명이니 거두자고 했다. 끝까지 책임질 수 있을까? 누군가 잃어버린 개일 수도 있다. 동물보호센터에 전화했다. 놀랐다. 제주도에서 유기되는 개가 하루 50마리가 넘는단다. 3퍼센트만이 잃어버린 개이며 입양되는 개는 7퍼센트 안팎, 나머지는 2주일 동안 공고 후 안락사한다고 했다. 그의 가족은 그 개를 거두기로 하고, 동물보호센터로 가서 신고했다.

광복이가 집에 오고, 목에 둘린 철사를 잘라야 했다. 그런데 철사가 목에 붙어 있어서 펜치가 들어가지 않았다, 물릴 각오로 쇠줄을 잡고 위로 올렸다. 애잔하고도 맑은 눈, 광복이는 목을 들며 도왔다. 두려워서 물었을 법도 한데, 눈시울이 붉어졌다. 광복이가 돕지 않았다면 어림없었을 일이다. 그렇게 광복이의 목을 조이던 철사를 끊었다.

이제 광복이는 그의 집 복덩이다. 은종복 씨를 따라 책방에 가면 한쪽에 가만히 엎드린다. 손님이 와도 살짝 냄새만 맡을 뿐이다. 개를 무서워하는 사람도 5분만 지나면 광복이에게 말을 건넨다. 그래도 손이나 핥을 뿐 시큰둥하다. 광복이는 그의 아내를 가장 좋아한다. 아내만 나타나면 꼬리로 회오리바람을 일으키며 책방 안을 뛰어다닌다. 그러다가 양탄자를 마구 긁는다.
"종복이는 버려도 광복이는 절대 안 버린다."
아내가 하는 말이다. 이제 그가 살길은 광복이를 보살피는 거다. 30년 가까이 살며 애정이 식어가던 차였는데, 아침저녁으로 광복이

● 책방 제주풀무질의 영업부장 광복이.

랑 산책하면서 부부는 늘정도 생겼다. 광복이가 보고 싶다고 오는
사람도 꽤 있다. 그들이 사진을 같이 찍자고 하면 광복이는 귀찮은
척 튕기며 모델이 되어 준다. 책을 많이 구매한 손님은 저도 아는지
더 예쁘게 앉는다. 이제 광복이는 어엿한 '제주풀무질 영업부장'이
다. 제주에 와서 온전히 생명 하나와 마음을 나눌 수 있는 광복이를
만나서 그는 조금 더, 행복하다.

책방으로 변신한 나의 집

2019년 7월, 은종복 씨가 세화리 바닷가에서 책방을 시작할 때 계

약은 2년 단위였다. 그러나 기간을 채우지 못하고 옮겨야 했다. 계약 만료를 앞두고 월세를 두 배 올려달라고 했기 때문이다. 자라 보고 놀란 가슴 솥뚜껑 보고 놀란다고 했던가, 서울에서 월세 100만 원 넘게 내다가 망했다. 제주에서도 그리 될까 두려웠다. 제주에서도 100만 원 넘는 월세, 고개를 저을 수밖에 없었다.

건물 주인은 찻집을 하려고 인테리어를 마쳐놓은 상태였다. 책장과 그 외 소소한 것만 꾸미면 되었기에 주인은 도움을 준 셈이다. 그래서 고마웠다. 다만, 오래 하라더니 월세 두 배 인상이 아쉬웠다. 그러나 어찌 보면 잘된 일이었다. 조금씩 올렸다면 끓는 물속에서 천천히 죽어가는 개구리처럼 시간과 함께 월세의 무게에 허덕였을 것이다. 할 수 없이 사 둔 땅에 집을 지었다. 본의 아니게 자신의 집에서 장사하게 되었다. 28년 만이다. 월세 두 배 인상은 전화위복이었다.

빚을 없애니 홀가분했다. 그런데 집을 짓자니 무일푼이다. 다시 2억의 빚을 지고 말았다. 28년 만에 내 집에서 하는 책방, 그러나 마음은 무겁다. 빚을 갚기 위해 사는 건지 살기 위해 빚을 지는 건지 모르겠다. 기존에 있던 돌집은 책방으로 꾸미고, 살림집은 나무로 지었다. 캐나다에서 온 나무라고 했다. 캐나다의 어느 숲을 없애고 제주도에 집을 지었다니, 이 또한 괴로웠다. 자연을 훼손하지 않으며 살고 싶었는데…. 목숨이 다하는 날까지 자연을 훼손하며 살 걸 생각하니 영 불편하다.

스물여덟 살 청춘, 그가 책방을 시작하게 된 건 신들린 듯 책 읽는 걸 좋아했기 때문이다. 어린 은종복은 수업이 끝나면 늘 도서관에 가는 어린이였다. 그리고 초등학교 3학년 때 잊을 수 없는 상을 받았다. 조회 시간, 누군가 "3학년 은종복"을 불렀다. 자신이라고 생각지 못했던 그는 그저 심드렁하게 있었다. 같은 반 친구들이 너를 불렀다고 해도 그럴 리 없다 했다. 다시 한번 그의 이름이 불렸다. 휘경초등학교 전교생을 통틀어 딱 한 명, 도서관을 가장 많이 이용한 학생에게 주는 상이었다. 그 상을 생각하면 그는 지금도 가슴이 뭉클해져 온다.

중학교 땐 차로 30분 거리에 있는 동대문 도서관에, 고등학교 땐 정독도서관에 다녔다. 시립인 정독도서관은 우리나라에서 다섯 손가락에 꼽을 만큼 큰 도서관이다. 정독도서관에 가기 위해 방학만 기다렸을 정도다. 부모님께선 영어, 수학을 공부하는 줄 아셨지만 그는 오직 책을 읽으러 그곳에 갔다. 친구들이 축구를 할 때도 은종복 씨는 교실에서 책을 읽었다. 책에 대한 그의 애정이 보통이 아님을 안 어머니가 그에게 20권짜리 『한국문학전집』을 사 주실 정도였다. 나도 가까운 곳에 도서관이 있었다면, 그처럼 책에 푹 빠져 살았다면 혹 지금과는 또 다른 내가 되어 있지 않았을까? 그의 이야기를 들으며 괜히 배도 아프고 부럽기도 했다. 하지만 무엇보다 대리만족을 느꼈다.

● 문살 너머로 책방지기가 보인다. 앞엔 그가 좋아하는 음악 시디가 잔뜩 쌓여 있다.

책은 똥이다

"책은 똥이다."

은종복 씨가 한 말이다. 듣고 보니 일리가 있다. 지난날 똥은 먹거리를 일구는 거름이었다. 그런데 언제부턴가 흉물이 됐다. 그는 '인류가 가장 잘 발명한 건 수세식 화장실, 발명하지 말았어야 할 것도 수세식 화장실'이라고 했다. 수세식 화장실이 없을 땐 똥거름을 사용했고, 화학비료도 쓰지 않았다. 음식을 먹으면 찌꺼기는 나가야 한다. 그렇지 않으면 살 수 없다. 책도 마찬가지다. 책을 읽으면 나오는 게 있다. 그게 책똥, 생각의 똥이다. 책은 삶의 거름이다. 우리는 책을 읽으며 지혜와 힘을 얻는다. 꼭 문자로 된 것만 책은 아니다. 플라톤의 이데아설처럼 이데아기에 있는 자연계를 예술인들이 모사해서 나오는 게 그 당시 건축물이나 시였다. 그는 플라톤의 이데아 일부는 지금도 맞다고 여긴다. 플라톤의 이데아나 그리스도의 신을 절대적으로 믿는 건 아니지만, 인간을 초월한 그 어떤 신성이 있다고 확신한다. 너와 내가 주고받는 이야기, 구전, 기분, 바람, 하늘, 구름, 땅, 벌레 소리와 같은 자연 등등 우주에 존재하는 모든 것이 그에겐 책이다.

📍 제주시 구좌읍 세화리 799-4
🕐 월~화, 목~일요일 11:00~18:00 (수요일 휴무)
📱 064-782-6917
📷 instagram.com/jejupulmujil

제주시 구좌읍 송당리 **독립서점 북덕북덕**

책 파는 곳보단 책 읽는 곳 되고파

*

*

*

*

책을 좋아하시나요? 고양이는요? 그렇다면 지금,
구좌읍 송당리 '독립서점 북덕북덕'으로 가 보세요.
우아함을 자랑하는 페르시안 종의 고양이와 함께
숲과 오름이 있어서 일석다조의 힐링을 얻을 수 있습니다.
책을 판매하기보다는 도서관에서처럼 책 읽는 풍경을
더 좋아하는 책방지기가 있습니다.
단돈 1만 원으로 휴식의 시간을 가져보세요.

#독립서점 #책방카페 #북큐레이션 #예약제

커피 향이 유난히 더 좋은 날이 있다. 여기엔 날씨도 따르지만 널따랗고 숲속 같은 분위기도 한몫한다. 이번에 내가 찾은 곳, '독립서점 북덕북덕'에서 마시는 커피가 그랬다. 책방지기 박장현 씨가 드립커피를 내리기 시작하자 너울너울 흐르는 커피 향이 내게로 와 안겼다. 커피 향이 유난히 더 좋은 날이었다.

책방지기를 처음 봤을 때, 제주 사람인 줄 알았는데 부산이 고향이란다. 2015년에 제주로 왔다는 그는 이제 막 40대로 접어든 잘생긴 청년이었다. 딱히 특정한 목표나 명확한 이유가 있어서 왔던 건 아니다. 그저 막연한 생각으로 제주의 여러 곳을 돌아다녔다. 그렇게 돌아다니다가 어느 순간, 제주에 머물러야겠다는 생각이 들었다.

사전 준비가 필요했다. 제주에서 먹고살 일을 찾고 자리 잡아야 했기 때문이다. 우선 제주에 관한 책을 구매하며 읽기 시작했다. 본의 아니게 제주에 관한 책들이 쌓였다. 게스트하우스를 오픈하면서

● 주차장 알림 표시와 이용안내 표지판이 세워져 있다. 책방 북덕북덕은 처음 시작할
　때부터 예약제로 운영하고 있다.

그 책들로 북스테이도 함께했다.

　정서적인 분위기로 이만한 곳이 또 있을까. 대지는 꽤 넓었다. 그
래서인지 세 채의 집이 들어앉았어도 마당이며 주차장은 시원스레
넉넉했다. 숲이라고 해도 될 만큼 오래된 나무도 많다. 세 채의 집
중 살림집이었던 두 채는 게스트하우스, 축사였던 한 채는 북스테이
가 되었다.

　의외였다. 고객들의 호응 속에 북스테이의 선호도는 날로 높아졌
다. 게다가 독립출판물들을 접하다 보니, 많은 작가가 책을 입점하
고 싶어 했다. 공식적으로 책방을 오픈하게 된 이유다.

　이곳 주민이 되고, 흔히 말하는 텃세라는 것도 느껴보지 못했다.

텃밭에 있는 것을 마음껏 캐다 먹으라는 등 이웃은 모두 친절했다. 때로는 제주의 풍습도 알려 주셨다. 예를 들면 돌담이 무너지면 어떻게 쌓는지에 대한 것이다. 이처럼 외지인이라서 모르는 것 등을 알려주는 등 이웃은 여러 가지로 도움 주셨다. 여기엔 아마 그의 인상도 한몫할 것이다. 잘생긴 얼굴에 선해 보이는 인상, 누구라도 이웃으로 함께하고픈 사람이었다.

앉아서, 누워서, 뒹굴면서 책을 볼 수 있는 최적의 장소

삶에 있어서 햇살은 가장 중요한 조건이다. 그런 햇살이 독립서점 북덕북덕에는 풍부했다. 모든 것 차치하고, 햇살을 맘껏 누릴 수 있다는 사실만으로도 여행 효과는 충분히 누릴 수 있을 것이다. 사람마다 성향은 다르겠지만, 여기 게스트하우스에 머무르는 손님이라면 100퍼센트 책방을 이용할 것 같은 느낌도 들었다. 아닌 게 아니라 그렇다. 손님들은 이곳에서 책을 읽고 작업도 하면서 휴식을 누린다. 이곳 송당에는 숲길을 걷기 위해서 혹은 오름에 오르고자 찾는 이가 대부분이다. 이들에게 게스트하우스와 책방을 겸한 이곳은 최적의 공간이다. 뒹굴고 싶으면 뒹굴고, 앉고 싶으면 앉고, 눕고 싶으면 누울 수 있는 동그랗고 넓은 야외 의자에서 휴식을 취하는 사람도 많다. 종일 있어도 지루하지 않을 공간이다.

● 살림집이었던 두 채(왼쪽·중앙)는 게스트하우스이고, 축사였던 한 채(오른쪽)는 책방이다.

우리는 대부분 책방이라고 하면 책을 판다고 생각한다. 그러나 책방지기의 생각은 다르다. 그가 추구하는 책방은 책을 판다기보다 책을 읽는 곳이다. 그렇다고 도서관의 개념은 아니다. 본인이 읽고 싶은 책을 가지고 와서 읽다가 가는 손님도 있다. 그런 손님들에게는 더없이 좋은 공간이다. 탁 트인 공간으로 비쳐드는 햇살, 답답함이라고는 눈을 비벼도 찾아볼 수 없다. 차를 마시면서 본인이 가지고 온 책이든 서가에 있는 책이든, 눈길 닿는 대로 손길 닿는 대로 꺼내서 읽는다. 아무것도 아닌 것 같지만 책을 좋아하는 사람에겐 대단한 만족이다. 이를 여행이라고 생각하면 또 하나의 즐거움이 플러스 된다. 이런 손님이 많다는 게 북덕북덕의 특징이다. 책방지기는 손님들이 책 읽는 모습을 볼 때 가장 행복하다.

제주와 관련된 책만 1,000권이 넘는다고 한다. 문학사며, 역사, 여행 정보 등 장르도 다양하다. 책방지기는 이 많은 책을 거의 소장하고 있다. 그만큼 읽었다는 뜻이기도 하다. 대부분은 제주 관련 책을 읽는다고 하여도 몇 권만을 접한다. 그러나 책방지기는 다양한 분야의 제주 관련 책을 읽으며 제주를 알아갔다. 그렇게 자료 수집차 모았던 책은 북스테이에서 책방으로 등업 되었다. 제주 관련 책을 읽으면서 책방지기에게 가장 강렬하게 와닿았던 건 제주 4·3과 제주 신화다. 외지에서 온 젊은이임에도 제주를 섭렵하다시피 다양한 분야의 책을 읽으며 제주를 알아가는 그가 기특하기도 했고, 또 고마웠다.

보편적으로 봤을 때 방명록이라고 하면 따로 준비하기 마련이다. 그런데 이곳의 방명록은 특이했다. 이곳의 방명록은 다름 아닌 유리창과 유리 벽이다. 이는 책방지기만의 아이디어로, 그는 마음껏 방명록을 표현할 수 있는 도구까지 마련해 놓았다. 연차가 쌓인 방명록은 이제 독립서점 북덕북덕을 표현하는 또 하나의 이미지로 자리 잡았다.

북덕북덕? 사전을 찾아보았다. 한곳에 많은 사람이 모여 매우 수선스럽게 뒤끓는 모양이라고 풀이되어 있었다. 북적북적과 비슷한 것 같으면서도 북덕북덕은 좁은 곳에서 사람들이 움직인다는 차이

● 독립서점 북덕북덕은 책과 고양이를 좋아하는 사람들에게 최적의 장소다.

ⓒ사과꽃(blog.naver.com/bluerose0328)

가 있었다. 어쨌든 많은 사람이 찾아들길 바라는 마음에서 지어진 이름이라고 생각했다. 그런데 전혀 아니었다.

일본어에서 상대방을 높여 부르는 호칭으로 '댁'이란 뜻을 지닌 오타쿠お宅, おたく가 있다. 오타쿠의 한국 발음이 덕후인 셈인데, 이는 마니아와 같은 뜻으로 쓰인다. 오타쿠를 국어사전에서 찾아보았다. 일본에서 처음 사용되었고, 한국에 넘어오면서 만화나 애니메이션과 같은 한 분야에 마니아 이상으로 심취한 사람을 이르는 말이라고 했다. 요약하면, 북덕북덕은 오타쿠의 한국 발음 덕후에서 따온 마니아란 뜻의 '덕'과 책을 뜻하는 '북(BOOK)'이 합쳐진 말이다. 한마디로 책 마니아란 뜻이다.

실제로 책방 북덕북덕에 오는 손님들은 책 마니아라고 해도 과언이 아닐 만큼 책을 즐기는 사람들이다. 따라서 독립서점 북덕북덕에 갈 땐 책을 구매해야 한다는 부담은 내려놓아도 된다. 그저 읽고 싶은 책을 읽다가 필요하다고 여겨지면 구매하는 것이고, 그렇지 않으면 꽂아 놓으면 그만이다. 입장료 1만 원으로 음료와 간식을 먹으며 자신만의 시간을 즐길 수 있다.

북스테이가 서점이 되었을 때

북스테이로 있을 때와 서점이란 이름을 내건 후 차이는 크다. 무엇보다도 서점이 되고 나서 작가들로부터 책을 입고하고 싶어 하는 연락이 많아졌다. 비단 제주 작가만이 아니라 육지 작가들도 마찬가지다. 독립출판물은 수없이 나오지만, 입점은 쉽지 않다. 책이 출판되면 작가들은 직접 검색하고 입고 제안을 보낸다. 자비 출판과 독립출판이 많은 요즘이다. 출판해도 판매처가 없다는 뜻이다. 작가 스스로 판매처를 뚫을 수밖에 없다. 이런 상황에서 책방이나 작가는 서로 윈윈하는 셈이다.

대형서점에 들어가지 못하는 책들, 팔릴 기회는 없다. 작은 책방에라도 입고할 수 있다면 그나마 다행이다. 그렇다고 해도 책방지기는 모든 책을 입고할 수 없다. 취향에 맞아야 한다. 그러므로 입고를 원하는 책은 일일이 선별해야 한다. 책방지기에게는 제주와 관련이 있느냐 없느냐가 가장 큰 선별기준이다.

● 고양이 한 마리가 책방 탁자에서 놀고 있다. 뒤편으로 책방지기가 보인다.

　짐작했다시피 이곳에선 유통과정을 거쳐 책을 주문하지 않는다. 작가들의 입고 제안을 살피고, 선별하여 판매하는 것이다. 워낙 많은 연락이 오기 때문에 선별에도 많은 시간을 할애해야 한다. 책이란 게 그렇다. 좋아한다는 공통점은 있으나, 장르가 다른 것처럼 취향도 모두 다르다. 책이 잔뜩 꽂혀 있음에도 볼 것도 없다면서 돌아서는 사람이 있고, 책이 진짜 많다면서 자신들의 집에도 이만큼 있었으면 좋겠다며 감탄사를 내뱉는 사람도 있다.

　독립서점 북덕북덕엔 두 마리의 고양이가 있다. 페르시안 종인 이 고양이는 참으로 우아했다. 영업장에서 키우는 고양이는 낯을 가리지 않는다. 사람을 보면 반가워하고, 자기를 예뻐하는 것도 안다. 의외로 애교도 많다. 주인을 보면 야옹야옹하면서 반길 줄도 안다. 이 두 마리의 고양이는 이제 책방에 없어서는 안 될 가족이다.

책방 앞에도 두 개의 고양이 밥그릇이 놓여 있다. 책방지기가 캣 맘이라는 뜻이다. 내가 책방에 있을 때 길고양이가 모습을 드러냈다. 세 마리의 새끼를 거느리고 있었다. 길고양이는 책방 앞이 자기 집이라도 되는 듯 자리 잡더니, 새끼들에게 젖을 물렸다. 내가 가까이 다가가도 이들은 도망가지도 않았다. 아마도 캣맘의 손길에 익숙해져서 그런 것 같았다.

1만 원으로 온전히 누릴 수 있는 나만의 책 공간

책방지기가 이끄는 건 아니지만, 책방에서는 여러 팀의 독서 모임도 이뤄진다. 공간을 대여하는 것이다. 동쪽에서 이뤄지는 몇몇 독서모임은 북덕북덕만이 아니라 여러 군데의 책방카페를 순회하면서 이어간다. 이들 모임의 구성원들은 책을 읽고 이야기를 나눈다. 혼자만 읽는 것과 같이 읽으면서 이야기를 주고받는 건 깊이가 다르다. 이게 곧 독서 모임의 효과다.

손님이 오면 대부분 한두 권씩의 책을 구매하는 편이다. 문제는 한두 권 판매로 책방을 꾸려갈 수 없다는 것이다. 작은 책방이 버티기 힘든 이유이자 책방만 하는 곳이 거의 없는 이유이기도 하다. 그런 이유로 카페나 소품 등 다른 업종과 같이하는 곳이 많다. 그나마 책방을 유지하는 방법이기 때문이다. 순수한 책방에서는 하루에 책 한 권 팔기도 땀나는 실정이다.

독립서점 북덕북덕은 오픈할 때부터 예약제로 시작했다. 예약제만이 책방을 효율적으로 운영할 수 있다고 생각했기 때문이다. 3~4년 전, 책방지기는 제주도에 있는 책방이란 책방은 거의 다 가봤다. 대부분 하염없이 손님이 오기만을 기다리고 있었다. 그게 좋다면 어쩔 수 없다. 그러나 책방지기가 보기엔 비효율적이었다. 언제 올지 모르는 손님, 온다는 보장도 없다. 무조건 문을 열고 하염없이 손님을 기다리는 건 영업이 아니다. 답은 예약제밖에 없었다.

예약한 시간에 예약한 손님만 받기로 했다. 예를 들어서 예약한 팀이 두 팀이면 그 팀의 일원만 이용할 수 있다. 운이 좋은 손님은 1만 원이란 입장료로 책방을 전세 낼 수도 있다. 한 잔의 차와 함께 책을 읽다가 고양이와 놀면서 즐기는 등 공간을 마음껏 이용할 수 있는 것이다. 보통 시간대별로 한 팀이나 두 팀 정도만 예약을 받지만, 인원에 따라 달라지기도 한다. 예약제로 나가자 책방은 종일 문을 열지 않아도 되었다.

경험도 없으면서 어떻게 예약제를 생각했을까? 책방을 시작하기 전, 그가 둘러본 책방은 대부분 책을 파는 곳이 아니라 구경하는 곳이었다. 책방이 마치 소품 가게라도 되는 것처럼 쓱 훑어보고는 사진이나 한 장 찍고 나가버렸다. 사진이라도 안 찍고 가면 마음에 드는 책이 없어서 그런가 보다 할 텐데 그도 아니었다. 이것처럼 책방지기를 힘 빠지게 하는 건 없다. 이는 어찌 보면 책방지기에 대한 모독이다. 북덕북덕은 얽매이지 않기 위해 예약제로 운영한다.

책방지기는 책방을 예약제로 시작한 곳은 북덕북덕이 처음일 거라고 말한다. 처음엔 책방이 무슨 예약제냐고 하는 이들도 있었다. 숲길을 걷다가 책방을 발견하고 들어오는 손님도 하루 열 명 정도는 된다. 이들 역시 예약제라는 사실에 이해할 수 없다는 반응을 보이기도 했다. 그러나 요즘은 예약제로 바뀌는 곳이 늘어나면서 사람들의 의식도 바뀌는 추세다.

숙박업소를 하면서 그는 깨달은 게 있다. 책을 좋아하는 사람은 책을 들고 다니면서 좋아하는 공간이면 어디서든 읽는다는 것이다. 이렇듯 책을 좋아하는 사람은 온전히 책에만 집중하고 싶어 했다. 그는 이런 책 마니아들에게 온전히 집중할 수 있는 시간과 공간을 주기로 했다. 예약제는 그런 분들과 이어지는 것이다. 예약제로 시작하자 자연스레 수요도 따랐다.

모든 책방이 예약제로 운영되어야 한다는 뜻은 아니다. 책방이 주업이거나 다른 업종과 같이하는 곳은 어차피 종일 문을 열어야 한다. 그러나 책방지기이면서 강의를 나간다거나 작품 활동을 하는 작가는 다르다. 그들에겐 예약제가 썩 괜찮은 방법인 것 같다.

휴일이면 책방지기는 뒹굴뒹굴 뒹구는 것을 좋아한다. 그러다가 날씨가 유혹할 땐 해변으로 숲으로 드라이브를 떠난다. 이 얼마나 멋진 젊음인가! 때로는 다른 책방에 가서 어떻게 운영하는지도 살핀다. 이 또한 얼마나 사업자다운 행동인가! 누가 뭐래도 그에겐 마음껏 뒹굴면서 원초적인 본능으로 지내는 게 가장 휴식다운 휴식이다.

📍 제주시 구좌읍 송당리 1507

🕐 월~금 10:00~19:00, 점심시간 12:00~13:00,
   토~일 12:00~19:00

📱 010-6254-3040

📖 blog.naver.com/bookotaku

☑ 블로그와 연락처를 통해 예약 가능

Ⓦ 1인 1만 원 기준, 음료와 간식 제공(성인, 청소년, 유아 동일)

비자향과 책이 만나다

제주시 구좌읍 송당리 인문카페 **제주살롱**

영혼을 살찌우고 나를 성장시키는 독서의 시간을 원하지
않으십니까? 쉼 혹은 생각의 시간이 필요하지 않으십니까?
비자 향이 흐르는 한적한 오솔길을 따라
인문서점 '제주살롱'을 찾아가 보세요.
다락의 북스테이에서 원초적 자유를 누리거나 혹은 북카페에서
한 잔의 차와 함께 책방지기가 추천하는 인문예술 도서를 읽으며
오롯이 자신만의 시간을 누릴 수 있습니다.

#북카페 #책방카페 #북토크 #북스테이 #인문서점

숲속 작은집 창가에 작은 아이가 섰는데

토끼 한 마리가 뛰어와 문 두드리며 하는 말

나 좀 살려주세요 나 좀 살려주세요

날 살려주지 않으면 포수가 총으로 나를 빵 쏜대요

작은 토끼야 들어와 편히 쉬어라

- 동요 〈숲속 작은 집 창가에〉

구좌읍 송당리 제주살롱 창가에 앉았다. 비자 향이 솔솔 코로 스
며드는 것 같다. 어디선가 〈숲속 작은 집 창가에〉란 동요가 흘러나
오는 것 같았다. 이번 책방 탐방은 친구 혜숙이와 경선이가 동행해
주었다.

376

젊은 자신에게 보낸 편지

2017년, 이재호 씨는 북카페 겸 책방을 하리라는 다짐으로 내려왔다. 전에 왔을 때나 북카페 겸 책방을 하겠다는 생각으로 내려왔을 때나 제주는 여전히 좋았다. 물이 좋아서, 바다든 호수든 물이 있는 곳이었으면 좋겠다 싶어서 찾은 곳이 제주다. 평소 책을 좋아하기도 했지만, 자신이 소유한 책을 활용하고도 싶었다. 40대 중반이라고 했지만, 그의 외모는 앳된 청년이었다.

제주로 오기 전 그는 광고 일을 하고 있었다. 힘들지 않은 일이 어디 있으랴만, 업무량이 많은 데다가 일반직장과 달리 야근이 많았던 광고 일은 특히 더 지치고 힘들었다. 이에 따른 스트레스도 엄청났

● 따스한 햇빛이 비추는 평온한 내부 풍경.　　　　©제주살롱

다. 사무직치고는 엄청나게 힘든 직업이 광고 일이었다.

평소 제주에 자주 왔던 건 아니다. 업무에 시달리던 그에게는 휴식이 필요했다. 지친 마음과 몸, 광고 일은 잠시 접어두고 북카페 겸 책방카페를 해야겠다고 생각하면서 제주로 내려왔다. 이때 제주에는 마을책방 유행이 시작된 때였다. 이미 자리 잡은 곳도 있었다. 책방 유행 사실을 알게 된 그는 책방카페를 해야겠다는 결심에 쐐기 박았다.

이재호 씨에겐 삶의 방향을 제시해 준 여러 권의 책이 있다. 그중에서 한 권을 꼽으라면 단연 라이너 마리아 릴케의 『젊은 시인에게 보내는 편지』다. 그는 힘이 들 때마다 이 책을 읽으며 힘을 얻었고, 인생의 지침서로 삼았다.

폴 발레리, T. S. 엘리엇과 함께 20세기 최고의 시인이라고 평가받는 릴케는 1875년 체코(당시 오스트리아-헝가리 제국 보헤미아 왕국) 프라하에서 미숙아로 태어났다. 아버지의 강요로 군사 학교에 입학하지만 중퇴하고, 성인이 된 후 연인 루 살로메를 만나 문학의 눈을 뜨게 되었다. 『말테의 수기』, 『두이노의 비가』 등의 작품을 남겼고, 백혈병으로 투병하다가 1926년 12월 29일 스위스의 발몽 요양소에서 사망했다.

릴케는 생전에 자기 본성의 풍부한 수확을 편지에 남겼다고 고백할 만큼 1만여 통이 넘는 편지글을 남겼다. 십 대에 시작되어 세상을 떠나기 2주 전까지 계속된 그의 편지는 현재까지 29권의 서간집으로 출간되었다. 그중에서도 『젊은 시인에게 보내는 편지』는 삶과 예

● 서점 내부는 '북카페'와 '책방카페'로 나뉘어져 있다.   ⓒ제주살롱

술, 고독과 사랑에 관해 번민하던 시인 지망생 젊은 청년 카푸스와
릴케가 주고받은 편지글이다. 자기 고민을 토로한 카푸스의 편지에
답장으로 릴케가 조언하는 식인 10통의 서간을 묶어 놓은 이 책은
릴케의 세계관과 문학관을 고스란히 보여준다. 그리고 시대를 뛰어
넘어 수많은 젊은이에게 감동과 위안을 선사하고 있다.

　카푸스와 릴케가 주고받은 편지를 묶어 출판한 『젊은 시인에게
보내는 편지』는 단순한 시작^{詩作}이나 시와 상관없이 어떻게 살 수 있
는가에 대한 보편적인 조언이 가득 담겨 있다. 책방지기는 그 내용
이 좋아서 몇 번씩 탐독했다. 자연스레 그의 인생에도 이 책이 영향
을 미치게 되었다. 그는 손님들께 망설임 없이 『젊은 시인에게 보내
는 편지』를 추천한다.

● 북카페와 책방카페를 가르는 경계선 기둥에는 주제별로 몇 권의 책이 놓여 있다.

학교 다닐 때나 직장 다닐 때나 이재호 씨에게 스트레스를 푸는 도구는 책이었다. 기본적으로 소설을 읽었지만, 인문사회며 예술비평론도 즐겨 읽었다. 특히 인문학 쪽을 더 즐겼다. 빈부격차, 지구온난화, 환경 오염, 도시 문제, 사회적 약자에 대한 차별 등 사회 문제에 관심이 많았다는 뜻도 될 것이다. 그런데 시골에 내려오면서부터 사회 문제에 관한 관심도 많이 줄었다. 우선 자신에게 집중해야 했기 때문이다. 자신을 탄탄히 다졌을 때 힘은 더 커지는 법이다.

책방카페를 염두에 두고 제주로 온 그는 모든 걸 염두에 두고 어떻게 할지에 대하여 구상했다. 그렇게 치밀한 계획을 세우고 시작한 공사는 1년이나 걸렸다. 그런데 왜 하필 송당리였을까?

중산간에 있는 마을답게 아름답고 조용한 마을 송당리는 이재호 씨가 가장 오고 싶었던 마을이다. 그렇다고 이곳만 알아본 건 아니다. 그가 내려오던 시기엔 제주도 이전 붐이 한창이던 때다. 굳이 송당이 아니어도 좋았다. 이전 붐과 함께 제주라면 어디든지 상관없다고 생각했다. 그렇게 제주 전역을 두루 알아보았다. 그렇게 돌고 돌았는데 결국은 송당리였다.

이재호 씨는 책방 공사 시작에서부터 책 추천과 함께 모든 소식을 SNS로 알렸다. 이를 통해 찾아온 손님 중 첫 손님에 대한 기억은 각별할 것이다. 책방카페를 오픈하고 첫 손님이 왔을 때, 그는 그토록 기다렸던 손님임에도 몹시 당황했다. 직장생활만 하던 그가 점주가 되어 손님을 맞는 건 처음이기 때문이다. 찻잔을 엎지르면 어떡하나, 탁자에 걸려 넘어지진 않을까, 모든 게 두렵고 떨렸다. 실수도 많이 했다. 그렇게 안절부절못하면서 서빙하던 기억이 생생하다.

일부러 찾아가는 책방

책방은 수익을 내기가 어려운 구조의 비즈니스다. 그래서 투잡을 하는 곳이 많았는데, 제주살롱 역시 예외가 아니다. 더군다나 인문학 분야는 그리 잘 팔리는 책이 아니다. 인문서점이란 타이틀만 내걸고 책방을 운영할 수 있는 컨셉이 아니란 뜻이다. 책방지기도 이러한 사실을 어렴풋이 짐작하고 있었다. 그래서 카페랑 같이 시작했고, 다락에서는 북스테이 '생각의 오름'도 함께 운영하고 있다. 스스로 수익 구조를 만드는 것이다.

인문학 분야의 책이 다른 책보다 안 팔리는 이유는 왜일까? 내용이 무겁기 때문이다. 그런데 책방지기가 읽었다고 북카페에 즐비하게 꽂아놓은 책은 대부분 인문학 분야의 책이다. 제주도 특성상 제주살롱의 손님은 대부분 여행자. 여행은 무거움을 내려놓기 위해 떠나는 것이다. 그런데 여행지에서 무거운 책을 읽는다? 여행자는 부담스러울 수밖에 없다. 이는 책방을 시작할 때부터 본인도 주변에서도 걱정하던 부분이었고, 그 우려는 지금도 계속되고 있다. 하지만 염려와 달리 찾아주는 사람은 많다. 책방지기는 이 사실이 고맙다.

여행객은 대부분 20~30대, 그런 만큼 인문학은 외면당할 가능성도 크다. 그런데 이상한 현상이 나타났다. 제주살롱에선 아예 인문서점이란 타이틀을 내걸고 인문예술 분야 책들을 중심으로 SNS에 소개하고 있다. 이를 보면서 인문학을 좋아하는 분들이 부러 찾아준다는 사실이다. 그래서인지 손님들은 매너가 있다. 많이 오는 건 아니지만 그래도 충분히 좋아하고 만족을 느낀다. 물론 인문학의 느낌을 이기지 못하고 그냥 가는 손님도 꽤 있다.

2017년에 책방을 시작했으니 짧다면 짧고 길다면 긴 시간이다. 그동안 많은 손님이 다녀가셨다. 불편한 손님도 있고 고마운 손님도 있었다. 책방은 생존이 걸린 곳이다. 그러므로 생각 없이 시작한 게 아니다. 그런데 조금은 나이가 지긋하신, 특히 남성분들 중에는 '니가 뭘 안다고 이런 걸 하느냐'며 종종 훈장질하던 분들도 계셨다. 인문학 분야를 중심으로 하는 걸 보면서 뭘 알고 하느냐는 말이다. 초

● 제주살롱 내 북카페 공간.

창기엔 이런 분들이 몇몇 있었지만, 지금은 사라졌다.

　이와 달리 힘을 주는 손님이 더 많다. 단골손님도 꽤 생겼다. 여행객이 대부분인 책방에서 단골손님이라니 조금은 의외다. 손님 중에는 책방지기를 보고 오는 이가 있고, SNS에 소개된 책을 보고 오는 이들도 있다. 추천한 책이 좋았다면서 찾아오는 분들이다. 당연히 단골로 이어질 확률이 높다. 이들은 책도 한 권이 아니라 가능한 여러 권을 구매해 주신다.

　책 몇 권을 구매하기 위해 굳이 여행까지 올 필요가 있을까. 조금은 의아스럽다. 경제적 관점에서 보면 오히려 손해다. 뭍에서 일부러 제주까지 와서 책을 구매하려면 배보다 배꼽이 더 크다. 약삭빠른 사람이라면 추천하는 책을 참고로만 할 수도 있다. 인터넷서점에서 주문하면 되기 때문이다. 그런데 구태여 여기까지 오는 이유가 뭘까. 제주살롱은 책을 추천하고 팔기만 하는 곳이 아니다. 책방지기는 아내와 함께 책 선정에서부터 공간의 분위기며 컨셉 등을 구상하고 있다. 손님들은 책 구매뿐만 아니라 부부가 지향하는 이 공간의 느낌을 좋아한다.

삶의 양면성은 여기에도 존재한다. 호불호가 갈리는 것이다. 인문 예술을 지향하고 제주살롱을 좋아하는 손님들은 북토크 등 행사가 있을 때면 일부러 비행기를 타고 내려온다. 취향이 맞는 사람들은 너무 좋아한다는 것이다. 그래서 거리와 경제를 따지지 않고 내려오는 것이다.

예전엔 책방에서 추천하는 책을 사진으로 찍어서 따로 사는 사람들도 더러 있었다. 그러나 지금은 이런 일들이 거의 사라지고, 인문학을 좋아하는 사람도 많아졌다. 그들은 제주살롱의 SNS를 보면서 책방지기가 공들여 추천하는 것을 인정해 준다. 이들은 책방지기가 추천한 책을 온라인에서 사지 않고 기다리다가 기회를 마련해서 방문한다. 택배비를 부담하더라도 이곳에서 주문하는 사람도 있다. 이런 식으로 제주살롱을 사랑하는 손님들은 책방지기의 추천을 인정한다. 그건 아마도 자신들이 사랑하는 제주살롱이 살아남기를 바라는 잠재적인 응원을 보내고 있음일 게다. 물욕보다는 정신을 추구하는 입장에서 단순한 책 한 권이 아니라 그 뒤에 따르는 제주살롱 주변의 분위기까지 구매하려는 경향이 짙어졌다는 걸 알 수 있었다.

예전보다 책 읽는 사람이 많이 줄었다는 건 사실이다. 아니, 어쩌면 종이책을 읽는 사람이 줄었다는 표현이 맞는지도 모른다. 그 이유를 단순하게 생각한다면 책방지기는 첫째로 스마트폰을 꼽는다. 삶의 습관에 있어서 스마트폰이 우리에게 미치는 영향은 어마어마하다. 스마트폰의 보급으로 영상과 이미지 중심의 매체 습관이 형성되면서 텍스트는 차츰 밀려나고 있다. 이와 같은 현상은 젊은 층으로 갈수록 뚜렷하게 드러난다.

둘째는 사회적으로 봤을 때 먹고살기 힘든 세상이다. 책 읽는 건 에너지가 필요한 일이다. 삶은 편리해졌으나 스트레스가 가중되는 사회, 그만큼 피곤하다. 책 읽기를 외면할 수밖에 없는 이유다. 제주

● 책방 입구. ⓒ제주살롱

살롱에 오는 손님들도 그렇다. 책은 읽고 싶은데 퇴근하고 나면 너무 피곤해서 쓰러지기 바쁘다. 책은 아예 눈에 들어오지 않는다고 말하는 분이 많다는 것이다.

그래서 제주살롱을 찾는 분들이 있다. 제주살롱의 다락 북스테이가 한몫하는 것이다. 제주살롱의 북스테이 '생각의 오름'에서는 그 어떤 것에도 방해받지 않으면서 오로지 책만 읽을 수 있다. '생각의 오름'은 손님들껜 에너지 충전을, 제주살롱의 입장에선 수익 구조를 형성하는 중요한 역할을 한다.

1주일에서 보름씩 머무는 손님도 있지만, 보통은 2박 손님이 많다. 머무는 동안 뒹굴뒹굴 뒹굴면서 혹은 누워서, 때론 배를 깔고 읽으며 원초적인 자유를 누리기도 한다. 그러다가 지루해지면 북카페로 내려온다. 북카페엔 일반 테이블 외에도 독서 전용 테이블이 있다. 그 어떤 것에도 방해받지 않고 손님들은 이곳에서 독서로 스트레스를 풀고 에너지도 충전한다.

효율성보다 중요한 것은 물성이다

전자책이 나온 지는 꽤 오래되었다. 2007년 11월 19일, 세계 최대 온라인서점인 미국의 '아마존'이 전자책 단말기 '킨들'을 출시했다. 이때 출판계는 "이제 종이책은 죽었다."라며 낙담하기도 했다. 그러나 지금은 어떤가. 전자책 시장이 꽤 자리를 굳혔지만, 종이책 시장도 보란 듯 여전히 존재하고 있다. 역사상 신매체가 등장했다고 해서 구매체가 사라지진 않았다. TV가 나왔다고 하여 라디오가 사라지지 않았다. 컴퓨터가 나왔다고 해서 티브이가 사라지지도 않았다. 종이책과 전자책은 저마다의 장점으로 확고한 시장을 확보하고 있다. 이 둘은 이제 경쟁자가 아니라 공존 관계에 있다. 책방지기는 종이책은 종이책 나름대로 전자책은 전자책 나름대로 서로를 구축하면서 같이 갈 거라고 말한다.

그러나 아직 책방지기는 전자책을 보지 않는다. 책장을 넘길 때 종이책에서 느끼는 손의 감촉은 특별하다. 텍스트를 읽으면서 자신만의 이미지를 떠올리는 맛도 깊고 짙다. 이처럼 종이책은 보고 만지는 물성적 특성과 함께 소유하여 책장에 꽂아놓고 볼 수 있다. 이와 같은 강점으로 젊은 세대라고 해도 종이책을 선호하는 사람이 많다. 나 역시 종이책을 선호한다. 그런데 웹소설은 전자책으로 즐겨본다. 그러면서도 때에 따라서는 종이책으로 구매할 때도 있다. 문제는 종이책은 공간을 필요로 한다는 것이다.

전자책은 공간을 필요로 하지 않는다. 무게에 대한 부담도 없다. 학교 다니던 시절을 생각해도 그렇다. 책을 잔뜩 담은 책가방은 어깨를 아프게 하고 또 병들게 했다. 그러나 전자책 시대가 돌입하면서 이와 같은 문제는 사라졌다. 스마트폰이나 태블릿 PC만 있으면 시험 기간에도 어깨는 홀가분하다.

그런데 기억력에서 보면 종이책이 전자책보다 확실히 효율성을 높인다고 한다. 〈Science Daily〉 보도에 따르면 최근 도쿄대학교 신경학자 L. 사카이 쿠니요시 교수와 NTT 데이터 관리 컨설팅 연구소가 일본 대학생 및 졸업생을 대상으로 진행한 한 연구에서 종이를 사

● 책방의 평화로운 오후 풍경.

©제주살롱

용한 효과가 높았다고 전해진다. 시각적 효과가 있는 디지털 도구가 효율성을 높인다는 예상을 뒤엎은 것이다. 새로운 것을 배우거나 외울 때 역시 마찬가지였다. 디지털 기기 역시 밑줄 긋기 등을 이용하면 종이에 공부할 때의 이점을 어느 정도 얻을 수 있지만, 종이 공책을 활용할 때 효과는 더 높다는 것이다.

그래도 전자책은 시간과 장소를 가리지 않고 사용할 수 있다는 이점이 있다. 언제 어디서든 구매하는 즉시 읽을 수 있다는 장점도 있다. 그러므로 공간 효율성을 중요하게 여기는 사람들은 전자책을 볼 것이다. 그러나 책방지기는 그런 효율성을 중요시하지 않는다. 종이책을 읽는 이유다.

코로나19 후 책방 손님은 절반으로 줄었다. 그런데 특이한 점이 있다. 코로나19 영향으로 제주에 오는 관광객이 더 많아졌다는 사실이다. 코로나19로 입도 여행객은 최고치를 갱신한 것으로 알려졌다. 해외 대신 제주도로 향하는 관광객이 늘었다는 뜻이다. 자꾸만 늘어나는 관광객, 제주에서 코로나19가 종식될 가능성이 점점 희박해져 가는 것은 아닐까. 나는 자꾸만 걱정되는데 책방지기의 생각은 달랐다. 물론 한때는 코로나 환자 발생률이 높았지만, 그래도 수도권에 비하면 제주도는 확진자 발생률이 낮다. 확진 비율을 떠나서 책방지기가 하려는 말은 코로나19로 인하여 제주엔 관광객이 더 많아졌다는 사실이다.

관광객은 많아졌는데 손님이 줄었다? 아이러니다. 그 원인이 어디에 있을까? 손님이 줄어든 것은 코로나19 때문이 아니라 상가가 너무 많이 생겨서라고 책방지기는 말한다. 카페며 숙소, 책방 등 상가가 기하급수적으로 늘면서 공급이 수요를 넘어섰다. 그 결과 손님들이 분산되었다. 그의 관점에서 볼 때 손님이 줄어든 이유는 가치의 문제가 아니라 분산효과 때문이다.

책방이 수익 면에서 원활하지 않은 건 제주살롱만의 문제가 아니다. 제주의 동네책방 모두 그렇다. 이는 단시간에 해결하기 어렵다. 그래도 굴하지 않고 책방지기들은 각자의 활로를 개척하고 있다. 책 읽는 사람이 줄었다는 것도 나만의 착각일지 모른다. 동네책방을 찾아다니면서 책 읽는 사람이 많다는 걸 피부로 느낀다. 작은 책방 이야기를 다룬 책도 꽤 많다. 한때 성행하다가 사라진 서점과 책을 갈망하는 사람들의 마음을 대신하여 출현한 게 동네책방이 아닐까. 나 역시 그런 대열에 끼어 독서 인구를 늘이는데 일조할 수 있었으면 하는 바람이다.

📍 제주시 구좌읍 송당리 1530-12
🕐 금~화요일 11:00~18:00 (수, 목요일 휴무)
📱 070-8860-7504
📷 instagram.com/jejusalon

제주시 조천읍 조천리 책방카페 시인의 집

귀한 인연에 마음을 보내다

간절하게 어머니가 그리운 날이 있으신가요?
아니면 날마다 어머니랑 토닥토닥 다투고 계십니까?
조천읍 바닷가에 자리한 책방카페 '시인의집'으로 한번 가 보세요.
차를 마시며 책을 펼치면 내가 바로 시가 되는
풍경 속의 풍경이 있습니다.
'곰국 끓이던 날'로 유명한 손세실리아 시인이 있습니다.

#시인 #시집서점 #커피

노모의 칠순잔치 부조 고맙다며

후배가 사골 세트를 사왔다

도막 난 뼈에서 기름 발라내고

하루 반나절을 내리 고았으나

툽툽한 국물이 우러나지 않아

단골 정육점에 물어보니

물어보나 마나 암소란다

새끼 몇 배 낳아 젖 빨리다보니

몸피는 밭아 야위고 육질은 질겨져

고기 값이 황소 절반밖에 안 되고

뼈도 구멍이 숭숭 뚫려 우러날 게 없단다

그랬구나

평생 장승처럼 눕지도 않고 피붙이 지켜 온 어머니

저렇듯 온전했던 한 생을

나 식빵 속처럼 파먹고 살아온 거였구나

그 불면의 충혈된 동공까지도 나 쪼아 먹고 살았구나

뼛속까지 갉아먹고도 모자라

한 방울 수액까지 짜내 목축이며 살아왔구나

희멀건 국물,

엄마의 뿌연 눈물이었구나

- 손세실리아, 『기차를 놓치다』, 「곰국 끓이던 날」 전문

새로운 책방을 찾아가는 길은 언제나 두근거린다. 낯선 이에게 가서 인터뷰를 요청해야 한다는 사실이 부담스럽기 때문이다. 책방 앞에서 숨을 깊게 들이마시고 내뱉었다. 그리고 아무렇지도 않은 척 문을 열었다. 이번엔 중3 교과서에 실린 「곰국 끓이던 날」로 유명한 시인, 손세실리아 님이 운영하는 조천읍 책방카페 '시인의집'엘 다녀왔다.

'책은 마음입니다. 마음을 선물하세요.' 최근 시인이 주문처럼 읊조리는 말이다. 내가 방문했던 2021년 2월, 시인은 '아듀 2020, 웰컴 2021' 이벤트 진행 준비로 한창 바쁜 시간이었다. 귀한 인연에게 저자 친필 사인본을 건네는 이 이벤트는 7권이 한 세트이며 랜덤으로 진행됐다. 혼란한 요즘, 7이라는 숫자에 깃든 행운을 잠시나마 믿고 싶은 시인의 마음이 담겼다. 저자가 직접 서명한 사인본이 99.3퍼센트, 사인이 생략된 책은 작고한 경우나 투병 중인 경우다. 부득이 사

인 없이 진행되는 소수의 책도 리커버 에디션이나 초판 1쇄가 대부분이다. 특별히 전하고 싶은 메시지가 있으면 옮겨 써서 전해주기도 했다. 손글씨가 사라지는 요즘, 손글씨에 깃든 기운을 믿는 시인이다. 추천하는 도서엔 오랜 벗에게 띄우는 기분과 같은 시인의 다정한 응원도 담겼다.

시인은 어느 날 양가 부모님께 선물하고 싶다는 지인의 부탁을 받았다. 그 부탁으로 시인은 지인의 양쪽 부모님을 한참이나 떠올렸다. 뵌 적 없으나 그냥 읽히는 인생이 있다. 이 경우가 그러했다. 시인은 2권의 책 속에 든 변시지·강요배 화백의 일생을 선물하는 자식으로서의 존경과 양가 어르신의 살아온 날들을 생각하며 엽서에 마

● 통유리가 끼워진 창 너머 풍경.

음을 담았다. 그리고 사진에 담아 보냈다. 자신의 마음을 보며 '고맙다, 눈물이 난다.'라고 했다. 시인도 마찬가지였다. 하지만 답하지 않았다. 이심전심일 터이기 때문이었다.

두 아이에게 시집을 보내 달라는 부탁도 있었다. 시인은 두 아이가 하는 일과 나이, 취미와 관심을 여쭈었다. 이곳을 다녀가신 두 분의 뒷모습도 사진에서 자주 들여다보았다. 엄마, 아빠의 마음을 어떻게 전하면 좋을지 헤아리기 위해서였다. 그렇게 책을 골랐고, 강요배 그림엽서 세트와 그림동화 한 권까지 빨간 봉투에 담았다. 그리고 부탁했던 K 선생님의 말씀을 옮겨서 사진으로 보내드렸다. 정성스레 모인 마음을 보며 고맙단 인사와 함께 눈물이 난다고 하셨다.

2021년 이벤트는 한 해 동안 애쓴 본인에게 주는 선물이 가장 많았다. 동시대를 살아가는 동반자로서 서로의 처지를 십분 공감할 수 있었다. 이번 이벤트에서 시인은 여느 때와 달리 엽서를 쓰며 차분하게 책을, 아니 마음을 꾸렸다.

줘도 줘도 모자란 마음

내가 찾아간 날은 고등학생들을 위해서 마음을 담는 중이었다. 책방을 시작한 때가 2015년, 이제 특정한 대상을 위한, 특정한 대상들에게, 선물처럼, 정말 시인이 아니면 안 되는 기획을 할 수 있는 책방이 됐다. 그동안 심혈을 기울인 결과다. 이러한 활동을 페이스북 등

SNS에 꾸준히 올리면서 신뢰도 구축되었다. 마음을 전하는 일, 시인은 이 엄청난 일을 수행해냈다.

"신세 진 분의 자녀가 고등학생이어요. 그 친구에게 선물을 보내고 싶어요." 외에도 큰엄마, 고모, 혹은 이모가 조카에게, 부모가 자녀에게 책을 선물로 보내고 싶다는 분들도 계셨다. 시인은 이런 분들의 마음을 오롯이 책에 담았다. 어떻게 담을까, 책만 보낸다는 건 부족했다. 시인은 당신이 모르는 고등학생 아이들을 생각했다. 가장 큰 건 중3 교과서에 실린 시 「곰국 끓이던 날」을 손글씨로 써서 주는 것이었다. 시인이라는 사실보다는, '어떤 어른이 나를 위해 이렇게 손으로 글씨를 써서 선물을 줬구나.' 하는 큰 선물이 될 것 같았다. 약속하지는 않았다. 그래도 시인은 온종일 손글씨로 엽서에 시를 썼다. 부탁하는 이의 마음을 담은 것이다. 게다가 모든 책에는 저자의 사인이 들어 있다. 그런 만큼 힘들고 오래 걸렸다. 그래도 마음을 담는데 정성을 아끼지 않았다.

내가 찾아갔을 때 기획한 책은 고등학생들이 꼭 읽어야 할 시인 일곱 명의 시집 5권과 우화 2권이다. 오랜만에 집에 온 딸에게 퍼 주는 친정어머니처럼 줘도 줘도 모자랐다. 시인은 다이어리와 시, 굴칩, 양말도 봉투에 넣었다. 마음을 담는 게 어디 쉬운 일인가. 자신의 마음도 알 수 없는 게 삶이다. 하물며 다른 사람의 마음이라니, 엄청난 일임은 분명하다.

시인 옆엔 뜯지도 못한 책이 쌓여 있었다. 날마다 배달되는 책들

● 여행 중 고요롭게 독서 중인 방문객들.　　　　　　　　　　　　　©시인의집

이다. 이렇게 배달된 책을 250권 정도 읽었을 때, 혼자 읽기엔 아까운 책이 있다. 얼핏, 우리는 베스트셀러가 좋은 책이라고 생각한다. 가끔 출판사에서도 왜 베스트셀러를 넣지 않느냐고 한다. 베스트셀러는 굳이 이곳이 아니어도 얼마든지 구매할 수 있다. 그보다도 시인에겐 베스트셀러와 무관하게 좋은 책이 너무 많다. 시인이 뽑은 이 책들은 읽어줬으면 좋겠다 싶은, 이름을 걸고 추천하는 책들이다. 이런 것들은 한 마디로 전하기가 힘들다. 그냥 마음이기 때문이다. 더군다나 낯선 이가 불쑥 찾아와 인터뷰를 요청할 때, 마음을 전달하기에는 턱없이 부족하다. 미안했다. 정말 미안했다. 그래도 난 시인의 이야기를 듣고 싶었다.

'시집'에서만 얻을 수 있는 위안

2010년 10월, 시인은 조천의 바닷가에서 100년이나 된, 그야말로 붕괴 직전의 집을 만났다. 그 후 인생이 바뀌었다. 갑자기 불특정 다수에게 노출되는 삶을 살게 된 것이다. 이곳에서 해본 적도 없는 책방카페를 하며 살다 보니 시인에게는 이 집이 또 다른 섬이다. 모든 것을 다 두고 이곳에서 그 어떤 공간을 연출하고 있다. 시인은 뭔가를 공유하며 이 공간에 대한 갚음의 갚음을 갚고 있다. 이 집은 개인을 나타내기보다 이곳에 걸음하는 모든 이, 소중한 인연들을 위한, 선물 같은 코너들이다. 벽에 걸린 그림도 마찬가지다.

벽에 걸린 그림들은 당대 중요한 작가들의 작품으로 시인이 소장하고 있는 것들이다. 이처럼 오래됐고 화려하지도 않은 카페를 찾아왔는데 "어머, 내가 여기 와서 이렇게 좋은 작품을 감상도 할 수 있구나." 하는 만족을 주고 싶다. 세련되게 뭘 붙여놓지 않았는데 알고 보면 좋은 작품인, 시인은 자신이 가진 소중한 것들을 여기 오는 분들에게 선물처럼 다 내주고 싶다. 그런데 불현듯 왔다가 사진 한 장 찍고 떠나가는, 그리고 이 공간은 기억에서 영영 지워버리는 이들. 시인은 인터뷰를 요청하는 내게도 무척 조심스럽다고 했다. 10년 차인데도 이런 것들이 낯설고 조심스럽다는 시인, 왠지 미안해지면서 죄인이 되는 기분이었다.

'시인의집'엔 95퍼센트가 시집이다. 이렇게 많은 비중을 차지하는 이유는 사람들이 시집을 안 읽기 때문이다. 많은 사람이 시를 읽어

● 책방카페 시인의집엔 95퍼센트가 시집이다. 한 손님이 진열된 서가를 들여다보며
시집을 고르고 있다. ⓒ시인의집

줬으면 하는 시인의 바람이 크다. 그래서 가장 좋은 자리, 메인에 시집을 둔다. 요즘 쏟아지는 많은 시가 무슨 말을 하는지 모르겠고, 가르치려 들고, 골치 아프고, 난해하다고 시인은 말한다. 그래서 독자들이 더 시를 안 읽는지도 모른다. 시집이 안 팔리는 이유, 시를 쓰는 사람의 책임도 있다. 그러나 이곳에 진열된 시집은 다르다. 시를 쓰는 사람으로서 이름을 걸고 추천하는 좋은 책들이다. 물론 시인의 주관이지만, 지금 이곳에 진열된 시집들보다 완판된 시집의 가짓수는 몇 배다. 수백 종의 시집들이 여기서 완판되고 진행되었다.

시쓰기, 그 행간에 깃든 숨통

무남독녀인 시인은 그다지 밝은 환경 속에서 자라지 못했다. 불우한 데다 결손가정이었으며 엄마와의 갈등 또한 심했다. 그렇게 청소년기를 보내고 시인이 되었더니 프로필 맨 앞에 붙는 게 '1963년 전북 정읍 출생'이었다. 시인은 자신이 태어난 곳 정읍을 생각하게 되었다. 결국 자신을 빚어낸 것은 정읍이라는 땅과 어머니였다. 시가 아니었으면 갈등의 폭을 밖으로 표출할 수 있었을까. 아니다, 내면으로 깊어지며 폐허화 됐을 것이다. 시를 쓰면서, 비로소 엄마를 한 인간으로 생각하게 되었다. 이해하고 용서하고의 차원이 아니라 한 인간, '나'라는 한 인간이 엄마라는 인간의 삶을 바라보게 되었다.

시인은 아이들에게 들려주고 싶은 이야기가 참 많은 사람이다. 밝고 씩씩하고 좋은 환경에서 자란 아이들은 더할 나위 없이 축복받은 삶이겠지만, 그렇지 못한 아이들에게도 들려줄 이야기가 있었다. 「곰국 끓이던 날」이라는 이 시 속에는 '엄마는 이런 사람이야'라는 메시지가 담겨 있다. 시인처럼 불우한 환경 속에서 자란 아이들에게는 그러함에도 불구하고 '엄마는 이런 삶이야'라는 게 다 들었다.

이 시를 쓸 때 시인은 독립된 개체로서 또 엄마라는 독립된 개체를 바라보는 관점에서의 삶이 나왔다. 세월이 지나면서 작가들에게 '어머니는 곧 자아가 아닐까'라는 생각이 들었다. 분리할 수 없는 자아, 시인은 어머니뿐만 아니라 아버지에게도 모성이 있음을 발견했다. 그 또한 자아가 투영된 게 아닌가 하는 생각이 들며 거기서 희로 애락을 건져 올렸다. 좋은 문학작품엔 유독 어머니의 이야기가 많은 이유다.

「곰국 끓이던 날」이란 시를 읽으며 '아, 우리 엄마가 이런 사람이구나. 나한테 다 피 주는 사람이었구나'에서 고마운 마음이 들었다. 반면 '나도 여성인데, 아이를 낳으면 이렇게 다 쏟아붓고 나는 없어지는 거 아닌가?'라는 고민도 생긴다. 한 여학생의 경우가 그랬다. 그러나 걱정할 필요 없다. 시라는 건 단답형으로 강요하고 주입하고 하는 게 아니다. 행간 속에는 막힌 숨을 내뱉을 수 있는 숨통이나 길이 있다. 충분히 다른 쪽으로 받아들일 수도 있다는 뜻이다. 너무 옥죄는 듯, '자식을 낳으면 나도 이렇게 희생만 해야 하나?'라고 생각하는 것은 위험한 속단이다. 시인은 그걸 말하고자 함이 아니다. 요즘 아이들은 영특하다. 자기 정체성도 뚜렷하며 자기를 소중하게 생각한다. 충분히 이 시가 전하는 메시지를 알아차릴 것이다.

● 창 너머 보이는 제주의 바다.
ⓒ약은돼지(blog.naver.com/chapig1029)

시인의 어린 시절은 당당하고 명랑했다. 게다가 대외적이며 앞에 설 땐 진행도 하고 회장도 맡았다. 어디 그뿐인가, 학교 임원도 하고 합창단 지휘도 했다. 그러나 돌아서면 매 순간이 주저앉고 싶었던 성장기를 거쳐 왔다. 자존심 때문에 누군가에게 '나 힘들어, 우리 집은 이래'라는 이야기도 못 했다. 지금 역시 힘든 일이 있어도 잘 표출하지 않는다. 언제나 지나고 나서야 이야기한다. 친구들도 어른이 될 때까지 시인에게 그런 아픔이 있는 줄 모르고 있었다.

시인은 초등학교 때도 중학교 때도 읽는 게 좋았다. 그리고 늘 뭔가를 썼다. 유일하게 자신의 이야기를 들어줄 수 있는 게 글이었기 때문이다. 고등학교 2학년 때 일본어 시간이었다. 수업 시간에 시인은 늘 갖고 다니는 두툼한 양장본 공책에 뭔가를 쓰고 있었다. 수업에 집중하지 않는다고 선생님이 공책을 압수했다. 그리고 졸업할 때 찾으러 오라고 했다. 보름 정도 지나고, 일본어 선생님은 시인을 교무실로 불렀다. 그리고는 꿈이 소설가냐고 물었다. 시인은 아니라고 대답했다. 선생님은 작가가 될 것 같다면서 "이렇게 소중한 걸 압수했는데 왜 찾으러 오지 않느냐?"고 했다. 그러더니 앞으로는 일본어 수업 시간에 하고 싶은 걸 하라고 하셨다. 자신의 과목만 중요하게 여기는 선생님도 많을 터인데, 이런 선생님이 계시는 한 우리는 누구나 자신의 끼를 살리며 즐겁게 살 수 있을 거란 생각이 들었다.

스승이 바지춤 전대纏帶에서 끄집어내 건네준 것

1990년대, 조태일 선생님은 광주 대학교에 계셨다. 그때 시인은 사회교육원 과정에 등록하여 조태일 선생님의 강의를 듣고 있었다. 하지만 그 만남은 길지 못했다. 거의 한 학기가 끝나고 가을, 선생님은 지병으로 돌아가셨다.

당신의 마지막 생전을 지켜보는 손세실리아 시인에게 선생님은 많은 이야기를 들려주셨다. 양성우는 어떤 시인이고, 선생님과는 어떤 관계이며, 어떤 자취를 남겼고, 어떤 시를 썼고, 고은 시인은…. 나희덕 시인은…. 곽재구는…. 이런 식으로 그야말로 많은 시인의 이야기를 들려주셨다. 필요한 책이 있으면 언제든 당신의 서재에서 꺼내 보는 것도 허락하셨다. 물론 '반드시 되돌려 놔라.' 하는 조건이 있었다.

시인의 자산 중에서 가장 값진 건 스승으로부터 받은 저서이다. 선생님은 모든 저서에 서명하고 한 권씩, 한 권씩 손세실리아란 제자에게 주셨다. 만약 조태일 선생님을 만나지 않았다면 글이 짧으면 그게 곧 시인 줄 알았을 것이다. 역사의식도 현실 의식도 그 어떤 의식조차도 없이 말이다. 오늘의 시인을 있게 한 건 조태일 선생님이셨다.

시인이 보는 조태일 스승은 시가 훌륭하고 큰 시인이다. 그런데 스승을 생각하면 선생님의 양복 소맷귀가 먼저 떠오른다. 손세실리아 제자가 보는 선생님의 양복 소맷귀는 언제나 너덜너덜해 있었다. 그리고 바지춤엔 항상 전대를 차고 다니셨다.

선생님은 학생들이 학교 정문을 나설 때까지 일일이 차를 세우고 밥 먹었느냐고 물었다. 만약에 밥을 안 먹었다고 하면 당신의 차에 태웠다. 그리고는 광주에서 가까운, 화순 가는 길 국밥집으로 데려가서 배를 채워 주셨다. 강의가 끝나면 또 호프집으로 갔다. 어딜 가

든 선생님의 전대에서는 끊임없이 술값, 밥값, 차비 등이 나왔다. 그 때 손세실리아 제자는 그게 시라는 생각을 하지 못했다. 세월이 흐르고, 시를 쓰게 된 이후에야 '아, 선생님은 저 전대에서 끊임없이 시를 끄집어내며 우리에게 건네줬구나'를 알게 되었다.

마흔이 되어서야 시단에 나온 시인에게 아직도 조태일은 큰 품을 가진 선생님이고 어버이시다. 그처럼 큰 품을 지녔기에 두고두고 회자할 그런 시를 쓸 수 있었던 게 아닐까. 그처럼 마를 줄 모르는 기운이 있었기에 오늘날까지 제자들에게 흐르며 전달되는 건 아닐까.

스승은 가셨어도 제자들의 시심에는 스승의 전대에서 흘러나오던 그 씨앗들이 싹트고 있는 게 아닐까. 나에게도 이런 스승이 있었던가. 스승 생각에 손세실리아 시인의 눈가가 붉어진다. 지금 나와 함께 수업하는 아이들에게라도 그런 스승이 되어야겠다는 생각이 강하게 밀려오는 만남이었다.

📍 제주시 조천읍 조천리 3086-1
🕐 영업시간이나 정기휴무일이 따로 없으므로
　 방문 시 전화로 영업일 확인
📱 064-784-1002
📷 instagram.com/cafe_poets_house

제주시 아라2동 **아무튼책방**

*

책을 평생의 벗 삼아 노는 책방지기

*

*

*

평생의 벗을 찾으시나요?
지금, 아라중학교로 가는 길목 '아무튼책방'을 찾아가 보세요.
마음에 쏙 드는, 평생의 벗이 그곳에서 기다리고 있을지
모르니까요.

#중고책 #에세이 #필사 #글쓰기모임

이런들 어떠하리, 저런들 어떠하리
만수산 드렁칡이 얽혀진들 어떠하리
우리도 이같이 얽혀져 백 년까지 누리리라

- 이방원의 「하여가」

　금방이라도 눈이 내릴 것 같은 12월 중순, '아무튼책방'을 찾아 모처럼 구제주로 들어갔다. 아무튼, 아무튼… 운전하는 동안 입안에서는 자꾸만 책방 이름이 맴돈다. 하여가의 초장과 '아무튼'의 고리가 맞물렸던 것일까. 느닷없이 난 이방원의 하여가를 읊조리고 있었다. 조선 건국을 앞두고, 얽힘의 논리로 화해와 조화를 요구하고 바라면서 정몽주의 진심을 떠보고 회유하고자 이방원이 읊은 시조 하여가. 정몽주의 단심가와 함께 달달달 암기하던 때가 새삼스러웠다. 아무튼, '아무튼책방'을 찾아가는 길이다.
　'아무튼'이란 '아무러하든'의 준말로 앞 문장의 내용이나 흐름과

● 아무튼책방 입구.

상관없이 화제를 바꾸거나 본래의 화제로 돌아갈 때 이어 주는 말
이다. 책방의 이름을 고민할 즈음, 마침 책방지기는 아무튼 시리즈
를 읽고 있었다. 너무 무겁지도 가볍지도 않은 크기의 책, 여기에서
힌트를 얻은 책방지기는 책방도 그 크기가 되기를 바라면서 '아무
튼'이라고 이름을 지었다. 그렇다. 동네 사랑방이라 하든 놀이터라
하든, 아무튼 이곳은 책방이다.

놀이터는 혼자 노는 곳이 아니다

2019년 7월 하순, 강영선 씨는 아라중학교로 가는 길목에 책방을

오픈하며 책방지기가 되었다. 아무튼, 책방을 한다는 건 기본적으로 책을 좋아한다는 전제가 깔린다. 그도 마찬가지다. 책방을 시작하기 전 그는 한 달에 20만 원 정도의 책을 구매하면서 꾸준히 읽었다. 그렇게 책과 함께 하는 날들을 보내다가 퇴직과 함께 50대로 접어들게 되었다. 인생 후반전이 시작된 것이다.

인생 후반전, 무의미하게 보낼 수는 없었다. 무엇을 해야 할까, 기왕이면 좋아하는 것을 하고 싶었다. 다행히 남편이 응원해 주었다. 조그만 책방이라도 하는 게 어떻겠냐고 한 것이다. 본인도 원하던 것이다. 그렇게 결정은 흔쾌히 내려졌다. 책방으로 돈을 벌 수 없다는 건 이미 알고 있었기에, 그저 '책과 함께 놀아 볼까?' 하는 가벼운 마음으로 시작했다.

혼자 노는 놀이터는 재미가 없다. 사람이 모여야 한다. 그는 이 궁리 저 궁리 끝에 일부분 책은 앞표지가 보이도록 배열해 놓았다. 시각적으로 보았을 때 가장 책을 읽고 싶어지도록 해주는 효과가 있기 때문이다. 이러한 노력 끝에 손님들이 드나들기 시작했다. 그러면서 작은 책방이라는 이미지답게 판매보다는 정을 나누는 공간이 되었다. 구멍가게 서점만이 지닐 수 있는 장점이었다.

아무리 책을 좋아한다고 해도 손가락을 빨며 살 수는 없는 노릇이다. 비록 놀이 삼아 출발했을지언정 최소한 운영비는 건져야 한다. 준비가 필요했다. 강영선 씨는 퇴임하기 6개월 전부터 수도권에 가서 여러 책방을 둘러보며 '책방을 어떻게 운영하는지, 어떤 컨셉들이 있나' 등을 살폈다. 돈은 차후의 문제였다. 그다지 고민할 필요도

● 길가는 행인을 바라보면서 여유롭게 책을 읽을 수 있는 공간. 좌우로는 중고책이
  꽂혀 있다.

없었다. 연세가 부담될 정도로 비싸지는 않았기 때문이다. 아무튼,
연세는 감당할 수 있을 것 같았다. 그래도 뚜껑을 열어 보기 전에는
아무도 모른다. 하지만 믿는 구석도 있었다. 제주에서 근 50년을 산
토박이인 데다가 국어교육과 출신, 조금이라도 책과 더 가까운 지인
들이 있었다. 그렇다. 출발의 힘은 지인들이었다.

　책을 좀 더 다양하게 접근하고 싶었던 책방지기는 '비밀의 책'이라
는 코너도 마련해 놓았다. 다른 책방에서는 '블라인드 북'이라고 불
리는 것이 이곳에선 '비밀의 책'이었다. 우리말이 더 매력 있어서일
까? 비밀의 책이라고 하니 정말 무언가가 베일에 싸인 것 같기도 하

● 아무튼책방 '비밀의 책' 코너. 책을 좀 더 다양하게 접근하고 싶은 책방지기가 마련
  해 놓은 코너다. 주로 에세이를 중심으로 선정한다.

고 신비스러운 느낌마저 들었다. 블라인드 북이라고 불리는 것보다
훨씬 더 비밀스럽게 와닿았다. 가능한 손님들이 책을 읽고 싶도록
배열하는 것도 있지만, 조금이라도 더 색다르게 접근하면서 노력하
는 책방지기의 모습이 뭉클하게 다가왔다.

 아무튼, 책방을 시작하고 5개월째 접어들자 연말이 되었다. 연말
이 되자 사람들은 책을 찾기 시작했다. 소위 선물하기 위한 것이었
다. 되겠다. 연세는 뽑겠구나. 책이 팔리기 시작하자 그는 안도의 숨
을 내쉬었다. 시작할 때 연세가 나올 가능성은 어림 반 푼어치도 없
었다. 그런데 버티다 보니 12월이 되었고, 시간이 지날수록 '되겠다'

라는 확신은 굳어졌다.

필사, 글쓰기 모임… 책과 더 깊게 친해지는 법을 연구하다

이미 각오했던 바와 같이 책방으로 돈을 벌 수 있는 상황은 아니었다. 그러므로 욕심은 부리지 않았다. 그런데 의외다. 막상 시작하고 보니까 생각했던 것보다 책방은 훨씬 더 재미있는 놀이터였다.

누구든 책 읽는 모습은 아름답다. 그러나 가만히 앉아서 책만 읽는 책방지기는 없었다. 아무리 책이 좋다고 하더라도 '밥 빌어다 죽도 못 쒀 먹는 상황'은 피해야 했다. 책방지기들은 모임이며 이벤트 등 치열하게 움직였다. 그 모습은 대책 없이 책만 읽는 것보다 훨씬 아름다웠다. 강영선 씨도 마찬가지였다. 다양한 모임을 주도하면서 책방을 알리는 등 고군분투했다.

흔히 책방이라고 하면 독서 모임부터 생각할 것이다. 그러나 책방지기가 가장 먼저 시작한 것은 필사 모임이었다. 처음엔 고민도 되었다. 사람들이 과연 필사를 할까? 걱정되었기 때문이다. 아무리 생각해도 독서 모임보다 필사 모임이 우선일 것 같았다. 책방지기의 생각은 맞아떨어졌다.

필사 모임을 위해 책방지기는 필사 노트를 마련해 놓았다. 필사는 그 노트 위를 빼곡하게 채우면서 차곡차곡 앞으로 나갔다. 1기 때는 일곱 명이 모여서 김소연의 『한 글자 사전』을 거의 4개월 동안 필사

했다. 사람들은 필사 모임을 정말 좋아했다. 부담이 없었기 때문이다.

필사는 능력과 상관없이 단순하면서도 지독한 자신과의 싸움이다. 또한 온갖 잡념들을 물리칠 수 있는 최고의 방법이다. 무작정 하다 보면 힘든 시간도 다 견뎌낼 수 있다. 1기 때 참여했던 멤버들이 3기까지 이어져 왔다. 물론 한 차례의 필사가 끝나고 다시 모집할 땐 새로운 분도 오신다.

책 한 권을 필사하는 데는 약 3~4개월이 걸린다. 그래도 시집 같은 경우엔 줄글보다 빨리 마칠 수 있지 않을까? 그러나 시 필사 역시 마치는 기간은 똑같다. 필사는 분량을 정해놓고 하기 때문이다. 필사는 너무 빨리 마쳐도 의미가 없다. 주어진 시간 내에 다 쓰지 못해도 상관없다. 집에서 쓰면 된다.

필사 시간은 한 시간 30분이다. 주어진 시간이 끝나면 30분 동안 필사한 내용에서 느낌이나 인상 깊었던 문장 등을 이야기 나눈다. 그러다 보면 샛길로 빠지기도 한다. 샛길로 빠지는 것, 이 또한 새로운 맛을 안겨준다. 1주일에 한 번, 한 시간 반을 오로지 집중할 수 있다는 자체가 좋다. 필사에 반해서, 필사는 죽어도 하겠다는 사람들의 호응 또한 책방지기는 기쁘다. 아무튼, 필사는 부담 없어서 좋다. 내면이 변하는 효과는 덤으로 얻는다. 현대인은 너나없이 모두 바쁘다. 그만큼 또 풍족하게 살기도 한다. 그러나 이에 따른 스트레스도 적잖다. 이런 상황에서 뭔가 하나에 오롯이 집중할 수 있는 것, 이게 바로 필사였다.

손이 기억한다는 것도 있지만, 책방지기가 주도하는 필사는 더 오래 남는다. 3단계의 과정을 거치기 때문이다. 눈으로 읽고 손으로 옮겨 적지만 맹목적으로 옮기지 않는다. 필사 후 이야기를 나누려면 생각하고 또 생각하면서 옮겨 적어야 한다. 그렇게 정해진 분량을 마치면 다시 이야기를 나눈다. 이처럼 한 권의 책을 마무리할 때까지 두세 번의 과정을 거치기 때문에 그 깊이 또한 만만치가 않다.

다음은 글쓰기 모임이다. 온라인이 득세인 현실에서 강영선 씨는 오프라인 서점이 살아났으면 하는 바람이 크다. 그래서 시작한 것이 글쓰기 모임이다. 아무튼, 멤버들이 모두 여성이라서 그런 걸까. 주제를 하나로 정해놓은 것도 아닌데 결과물을 얻고 보니 평소의 발

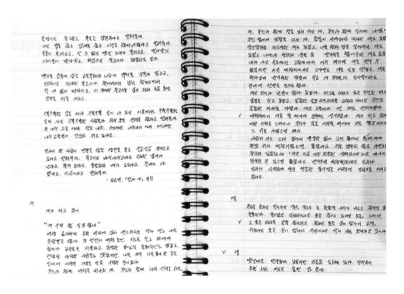

● 책방지기의 필사 노트.

견, 혹은 나의 발견, 사랑의 발견 등 본의 아니게 여성주의 글쓰기를 한 셈이 되어 있었다.

책방지기의 경우는 몸의 서사를 정리했다. 지금까지 살아오면서 자신의 몸을 거쳐 갔던 이야기를 꺼내고 쓴 것이다. 살면서 우리는 잘못이 아님에도 잘못인 양 인지하고 있는 것이 너무나 많다. 글쓰기 모임에서는 가능한 이런 소재들을 끄집어냈다.

한차례 결과물을 얻고, 다음에는 조금 더 시야를 넓혀보자며 도서를 선정한 글쓰기로 들어갔다. 책을 읽고, 도서 주제에 맞는 글을 쓰면서 늙어감에 대하여 다시 생각해 본다. 전태일 평전과 함께 노동에 대한 것들을 읽고 같이 쓰다 보니 서로에게 버팀목도 되었다.

잘 쓰기 위해서 쓰는 게 아니다. 잘 살기 위해서, 제대로 한 번 살아보려고 쓰는 것이다. 그러므로 글쓰기 모임에서는 합평회를 하지 않는다. 그저 자신이 쓰고 온 글을 읽을 뿐이다. 읽으며 때론 울기도 한다. 애써 공감하려고 노력하지 않아도 된다. 주관에 의해서 쓴 것이기 때문에 자신의 감정이 다 들어 있다. 이런저런 경험이 그저 좋기만 하다.

40~60대로 이루어진 글쓰기 모임 멤버는 책방지기 포함 다섯 명이다. 이들은 강사 없이 자유 주제로 지금까지 모두 10편 가까이 썼다. 장르도 정하지 않았는데, 단 한 분만이 시를 썼을 뿐 공교롭게도 모두 에세이를 썼다.

서정시는 감미롭게 다가와서 우리 마음을 살살 간지럽히고 어루

● 중고책이 진열된 '아무튼 서재'. 누구나 편하게 책을 읽을 수 있다.

만져 준다. 그러나 에세이도 만만치 않다. 아니, 실상 가슴을 더 달래주는 건 에세이인지도 모른다. 이렇게 8개월 정도의 모임에서 얻은 결과물로 이들은 문집도 만들었다. 모임의 진행자로서 책방지기는 문집만으로 만족할 수가 없었다. 작품성이 뛰어났기 때문이다. 그는 이 결과물에 대하여 전자출판도 생각하고 있다.

좋은 책을 같이 읽는 모임도 있다. 이 모임은 매월 마지막 주 수요일로 오전 11시 반에 진행된다. 그런데 직장인이 문제다. 하고 싶어도 시간이 맞지 않아서 할 수 없는 것이다. 그러나 걱정할 필요가 없다. 책방지기는 직장인을 위해 마지막 주 목요일 오후 7시에도 시간을 열어 놓고 있다. 아무튼, 이 모든 모임을 책방지기가 이끌거나 참

여할 수는 없다. 그러므로 모든 모임에는 운영자가 따로 있다.

낭독 모임도 있다. 낭독 모임은 매주 토요일에 진행되는데, 내가 방문했을 땐 니체의 『짜라투스트라는 이렇게 말했다』를 읽고 있었다. 니체를 읽고 싶은데, 토론할 만한 능력이 되지 않아서 책방지기는 이 모임을 만들었다고 한다. 한 챕터를 낭독한 후 구성원 각자 해석한다. 해석은 다양하다. 웬걸, 이게 오히려 더 재미있다. 이들은 낭독 모임을 충분히 즐기고 있었다.

비록 문어체라 할지라도 낭독을 할 땐 감정을 이입시키게 된다. 그렇게 읽다 보면 혼자 읽는 것보다 훨씬 공감에 무게를 싣게 된다. 가슴에 더 와닿는 건 두말할 필요도 없다. 이 모임 또한 부담이 없기 때문에 많은 이가 즐긴다. 엄마들의 그림책 읽기 모임도 있다.

세상 어디에나 양면성이 존재하는 법. 늘 유쾌한 손님만이 오진 않을 것이다. 그래도 아직까진 불쾌한 손님이 없었다고 한다. 알고 봤더니 그 비결은 책방지기에게 있었다.

책방은 다양한 삶과 이야기를 만나기 위해서 가는 곳이다. 그러므로 갈등이나 다툼의 요소를 만들기보다는 오히려 해소해 준다. 불쾌한 손님이 없다는 뜻이다. 물론 어쩌다가 언짢은 일이 발생할 수도 있다. 만일을 위해 책방지기는 미리 대비한다. 처음 오는 손님에게는 판매하는 책과 중고책이 정리된 서가에서 조심스럽게 혹은 편안하게 살펴볼 수 있도록 안내한다. 갈등이 발생할 수 있는 소지를 미리 막는 것이다.

아무튼, 책방 내부에는 판매하는 책 외에도 손님들이 편안하게 볼 수 있도록 마련한 중고책이 꽂힌 '아무튼 서재'가 있다. 책방지기는 손님들에게 꼭 소장하지 않아도 되는 책은 책방에 가져오도록 한다. 그리고 어긋나지 않는 선에서 가격을 매기고 팔아드린다. 그 책이 팔리면 새 책을 구매할 수 있도록 돕는 것이다. 책의 순환이다. 중고책을 좋아하는 사람은 의외로 많다. 중고책이 꽂힌 서가를 둘러보다가 소장하기 위해 일부러 구매하기도 한다.

책 속에 길이 있다

50대에 접어든 책방지기 강영선 씨, 그가 10대일 때는 다들 가난했다. 학교 도서관이 잘 되어 있는 것도 아니었다. 그러므로 책을 많이 읽지 못했다. 20대 때는 대부분 공부하기 위한 이론서를 읽었다. 세상을 어떻게 봐야 하는지는 철학의 문제다. 비록 다양하게 읽지는 못했지만, 그에겐 모두 소중한 경험이었다. 그런데 20대 후반부터 달라졌다. 다양하게 세상을 바라보는 책을 읽은 것이다. 그러면서 삶이 풍부해졌고 생각도 말랑말랑해졌다.

책방지기는 모든 걸 책으로 시작한다. 흔히들 책 속에 길이 있다고 한다. 그렇다면 그의 이런 시작은 지극한 정답인지도 모른다. 그러나 책에서 길을 찾는 이는 흔치 않다. 반면 책에서 길을 찾은 이는 길을 잃지 않는다. 강영선 씨가 그렇다. 지리산을 종주하던 30대 때도 그랬고, 국토 종단에 도전할 때도 그랬다. 관련된 책이란 책은 모두 구매해서 읽었다. 그만의 책 읽기 방식이다. 아무튼, 책은 세상을 바라보는 눈이다.

대부분 나이 들수록 변화를 두려워하게 된다. 그러나 모든 풍경은 어디에 서 있느냐에 따라서 달리 보이는 법이다. 책과 함께 시대를 호흡하다 보면 다양하게 풍경을 바라보게 되고 변화도 받아들이게 된다. 아무튼, 뭐니 뭐니 해도 책이 가장 좋은 건 평생의 벗이라는 사실이다.

📍 제주시 아라2동 1371-5
🕐 화~토요일 11:00~18:00 (일, 월요일 휴무)
📱 064-722-2654
📷 instagram.com/ahmuteun_bookshop

제주시 이도2동 **한뼘책방**

*

설레는 금요일에 한뼘 행복 누리다

주말을 앞둔 금요일, 당신의 가슴에 들어 있는
한 뼘만 한 책방을 꺼내 보는 건 어떨까요?
지금, '한뼘책방'을 찾아보세요.
분위기 만점의 와인 혹은 향긋한 커피 한 잔과 브런치를 앞에 두고,
책 읽는 행복을 누릴 수 있을 거예요.

#브런치 #문학서점 #에세이 #시크릿북

흔히 카페라 하면 목이 좋은 곳, 사람이 많이 드나드는 곳이어야 한다는 게 일반적인 생각이다. 그런데 요즘은 주택가에서도 작은 카페의 모습을 심심찮게 볼 수 있다. 그 심심찮은 풍경을 파고든 동네책방 '한뼘책방'을 찾아가기로 했다. 그런데 발길을 떼기가 두렵다. 빳빳하게 고개를 치켜든 코로나19 때문이다. 책방지기님께 양해를 구했고, 감사하게도 기꺼이 휴일을 할애해 주셨다. 크리스마스를 앞두고, 이도2동에 위치한 '한뼘책방' 책방지기 조은영 씨를 만났다.

한뼘책방은 카페 '금요일의 아침, 조금' 안에 위치한 '한 뼘만 한' 책방이다. 처음엔 주택가의 작은 카페로 시작했다. 그래도 카페로만 이어갈 생각은 아니었다. 오픈과 동시에 같이 시작하지 못했을 뿐, 책방을 겸할 생각이었다. 그렇게 1년 여를 브런치 카페로 운영하다가 계획했던 책방을 시작하게 되었다. 한 뼘의 출발인 셈이다.

카페를 시작하면서도 커피에 큰 뜻을 둔 것은 아니다. 커피를 좋

● 한뼘책방은 카페 '금요일의 아침, 조금' 안에 위치한 '한 뼘만 한' 책방이다. ⓒ한뼘책방

아하지만, 더 좋아하는 것들을 함께 하고 싶었다. 배운 게 도둑질이라고 했던가. 책이 친구였던 조은영 씨는 문화의 퓨전, 즉 찾아오는 분들이 커피와 함께 브런치를 먹으며 책 읽는 모습을 꿈꾸었다. 시작이 반이랄까, 천릿길도 한 걸음부터랄까. 카페로 출발하고 책을 갖추는 데까지는 1년여, 다시 책과 함께 2년 반. 어느덧 3년 반이 되었다.

처음엔 50여 권의 책으로 시작했다. 책방이라 하기에도 민망하고 미안했던 조은영 씨는 책방의 면모를 갖추기 위해 부단히 노력하였다. 그 결과 이제 제법 번듯한 동네책방이 되었다. 그래도 본인이 보기엔 아직 부족하다.

책을 갖춘 후 책방지기의 목표는 가능한 서가를 많이 채우는 것이었다. 이 목표를 이루기 위해 그는 서점과 관련된 행사를 꾸준히 진행했다. 이 모든 건 브런치 카페만이 아닌, 서점이라는 이미지를 심어주기 위해서였다. 코로나19가 훼방 놓아도 포기하지 않았다. 지금까지는 고객들이 커피를 마시러 왔다가 책을 보거나 사는 거였다면, 이젠 책을 찾아왔다가 커피를 마시거나 브런치를 즐길 수 있도록 하는 것이다.

동네책방의 매력에 빠진 사람들

동네책방에서 브런치 카페를 겸하면 책을 좋아하는 사람에겐 더없이 반가운 곳이다. 그런데 3년 반이란 시간이 흘렀음에도 여전히 이곳이 뭐 하는 곳인지 모르는 사람은 많다. 지나가다가 "여기 뭐 하는 데죠? 책도 파나요? 커피를 마실 수 있나요?" 등을 묻는 사람도 종종 있다.

그래도 한 번 왔다가 두 번 찾고, 커피를 마시러 오는 사람이 늘어간다. 단골이 생기고 있는 것이다. 커피를 마시러 왔다가 책을 사는 비율도 늘어나고 있다. 다행이다. 노출하면 노출할수록 책을 구매하는 빈도도 높아지고 있다. 이는 동네책방이 늘어나면 늘어날수록 독서인구도 늘어날 거라는 사실을 보여주는 것이다.

- 처음엔 50여 권의 책으로 시작했지만 책방지기의 노력 끝에 제법 번듯한 동네 책방이 되었다.
  ⓒ한뼘책방

    동네책방이 주는 가장 큰 이점은 큐레이션이다. 거래 비용의 관점에서 보면 동네책방의 장점을 보지 못할 수도 있다. 그러나 외형상의 경제 관념을 걷어 내고 깊이를 들여다본다면 생각은 달라진다. 예를 들어 읽고 싶은 책이 있어서 서점을 찾았다고 치자. 그런데 해당 책이 없을 수 있다. 그러면 그냥 돌아서야 한다. 그러나 동네책방은 다르다. 제목은 달라도 그 분야의 다른 책을 추천해 주거나 큐레이션해 줄 수 있다는 것이다. 실제로 책방을 찾는 몇몇 분들은 책방지기가 추천해 주는대로 책을 구매했다. 그리고 만족해 하며 다시 찾아온다. 이렇듯 깊이를 들여다봤을 때 동네책방을 이용한다는 것은 거래 비용이 더 절약된다는 뜻이다.

2019년 여름, 5학년 아이들과 역사 기행을 갔다가 영풍문고에 들렀다. 정말 끝이 보이지 않을 정도로 매장은 컸다. 그 많은 책 앞에서 선택의 폭은 무척 넓었다. 하지만 난 한 권도 고르지 못하고 그냥 왔다. 책이 너무 많아서 선택할 수 없었다. 늘 인터넷으로만 책을 사 버릇해서인지도 모른다. 어쨌든 대형서점에서 책 한 권을 고른다는 건 힘들었다. 그런데 딱 요만큼, 동네책방이라는 범위 안에서는 달랐다. 지금까지 동네책방을 탐방하면서 구매한 책은 적잖다. 그 책들은 한결같이 나를 만족시켰다. 책방지기들과 나누는 이야기도 유쾌하지만, 책을 한 권씩 사는 재미 또한 쏠쏠했다. 책을 고를 수 있는 선택의 범위는 오히려 더 넓었다.

그래서일까. 금방 도착하지 않는다는 걸 알면서도 책방에서 책을 주문하는 분도 종종 있다. 직접 주문하면 애써 책을 찾으러 오지 않아도 된다. 그런데도 주문해 달라고 부탁하는 이유는 무엇일까. 그건 아마도 동네책방이 유지되길 바라기 때문일 것이다. 동네책방을 사랑하는 증거이기도 하다. 그렇지 않다면 굳이 이곳에 와서 주문해 달라고 부탁할 필요가 없다. 이들은 책방지기가 추천해 주는 책을 구매했다가 그 책이 마음에 들어서 다시 찾는, 이미 단골이 된 사람들이다.

책방지기 조은영 씨는 원래 서울에서 출판과 잡지사 일을 하고 있었다. 잡지사에서 그가 처음으로 하게 된 일은 영화인의 인터뷰 녹취를 푸는 일이었다. 녹취를 푸는 일은 지금도 그가 좋아하는 일 중 손에 꼽히는 일이다. 예전엔 인터뷰 된 발음이 뭉개지는 등 녹음 기술

● 단정하게 정리되어 있는 서가.

이 지금보다 훨씬 떨어졌다. 정확하지 않은 부분도 많았다. 그러므로 녹취를 풀 때는 테이프를 수시로 돌려가면서 듣고 또 들어야 했다. 또 인터뷰는 글로 쓰는 것과 달리 생각하는 대로 이야기하는 사람도 흔치 않다. 그러므로 녹취를 푸는 사람은 문맥의 흐름에 맞게 앞 이야기와 중간, 뒷이야기를 편집하는 능력도 발휘해야 한다. 때에 따라서는 머리에 쥐가 날 법도 한데 그는 이 일을 좋아한다고 했다.

그 후 출판계로 넘어와 출판 관련 잡지들을 만들었다. 출판계에서나 잡지사에서나 맨땅에 헤딩하듯 열심히 일했다. 그랬기에 지금은 입꼬리를 올리는 추억이 되었다.

'한 뼘'에서 시작된 일

제주에서 하는 일은 기왕이면 즐겁게, 그게 책을 파는 일이었으면 좋겠다. 남편은 소식지나 신문 등 매체 발행하는 일을 좋아했고 또 하고 싶어 했다. 이렇듯 남편도 조은영 씨와 비슷한 일을 해왔기에 별다른 마찰은 없었다. 책방이 자리 잡히면 부부만의 성격을 닮은 매체를 발행하는 것까지 생각하며 책방을 하자고 합의 보았다.

50여 권으로 시작한 처음, 그야말로 '한 뼘'이었다. 그 한 뼘의 책은 철저하게 책방지기의 취향대로 선정했다. 기본적으로는 소설 등 문학 위주로 선정했고, 작은 출판사에서 나오는 독특한 에세이들이 강세일 때라 함께 시작했다. 그런데 먹혀들지 않았다. 뭔가 대책을 세워야 했다. 차츰 범위를 넓히며 지금은 인문학, 예술, 사회 분야,

더 나아가 아직 부족한 편이지만 의미 있는 과학, 환경 책들을 다루고 있다.

여느 책방들처럼 여기도 읽기 모임과 글쓰기 모임은 기본으로 하고 있다. 이제 그 기본을 넘어서 전작 읽기 모임도 시작했다. 2020년은 전작 읽기 1탄으로 김훈 작가의 전작 읽기를 진행했다. 다음은 레이첼 카슨으로 이어졌다. 『침묵의 봄』부터 『잃어버린 숲』까지 '레이첼 카슨'을 좀 더 알리는 작업을 하기 위해서다.

리베카 솔닛의 작품도 계획하고 있다. 리베카 솔닛은 이 시대 페미니즘적인 모토를 가장 잘 전달하는 여성 작가이다. 그가 유명해진 계기는 남자들이 자꾸 여자를 가르치려 든다는 의미의 '맨스플레인mansplain, man+explain'이라는 용어를 통해서다. 페미니즘의 전서로만 알려진 그의 책은 인문학적인 고찰이 담겨 있다. 선견지명이 있었던 걸까. 『이 폐허를 응시하라』라는 작품은 옛날에 나온 책이다. 그런데도 전염병 재난 시대에 가장 필요한 연대의 모습에는 어떤 것이 있을 수 있는지 다루고 있다. 현대의 모습에서 한 치 어긋남이 없다. 문학적인 에세이를 수준 높게 쓰는 작가이기에 그 작가에 대한 읽기 모임을 하려는 것이다.

이곳 역시 다른 곳에서 '블라인드 북' 혹은 '비밀의 책'이라고 부르는 '시크릿 북' 코너가 있었다. 이곳 '시크릿 북'은 크기도 일정하고 포장지도 알록달록 예뻤다. 시크릿 북은 동네책방 주인장들께서 적극적으로 추천해 주셨다. 시크릿 북을 살 수 있다는 건 해당 서점의 신뢰를 바탕으로 한다. 게다가 독자의 흥미도 끌 수 있고, 책을 팔면서

● 서가 한쪽에 진열된 '시크릿 북'.   ⓒ한뼘책방

재미도 있다. '한번 해 보자' 하고서는 일곱 권으로 시작하게 되었다. 일단 문학으로 시작했고, 약간은 클래식으로 다루었다.

　시크릿 북은 책방지기가 고른 책과 동네 작가들의 작품이 콜라보가 된 구성을 하고 있다. 한뼘책방 고객 중에는 아주 가까이 사는 작가, 일러스트 디자인 작가, 가죽 공예 작가도 있고 바리스타도 있다. 이들의 전문성을 발휘할 수 있도록 한 것이다. 책만 있는 게 아니다. 책과 어울릴 수 있는 다른 작업물들도 같이 들어 있다. 크건 작건 책방지기는 동네책방의 역할을 다하기 위해 무던히도 애쓰고 있다. 이쯤 되고 보니 책방지기도 분명히 글을 쓰고 있을 것 같다. 맞았다. 그는 환경운동연합과 서울 잡지사에 띄엄띄엄 기고하는 글을 쓰고 있었다.

자신을 열게 만드는 열쇠, 책

책방지기는 책을 재미로 읽는 사람이다. 그러므로 그에게 책은 재미있어야 한다. 20대에서 30대 초반까지 배수아 작가를 좋아했다. 그가 말하는 배수아 작가는 한국 문단에서 약간 이상한(?) 여자 같은 느낌이다. 책방지기는 작가 특유의 그런 아우라가 마음에 든다고 했다. 러시아어를 전공한 그는 당연히 20대 초반엔 도스토옙스키의 작품에서 우러나오는 이미지 등 러시아 문학에서 많은 영향을 받았다. 하지만 이와 상관없이 배수아 작가의 감각이나 감성을 책방지기는 좋아한다.

한때는 이라영 작가를 눈여겨보았다. 이라영 작가의 『정치적인 식탁』과 『여자를 위해 대신 생각해줄 필요는 없다』란 책은 메시지 전달이나 주제 의식이 좋다. 그래서 손님들한테도 많이 추천하고 있다.

그는 수나우라 테일러의 『짐을 끄는 짐승들』도 흥미롭게 읽었다. 장애 인권과 동물권을 연결한 작품이라서 사회적으로 의미가 큰 책이다. 인상 깊게 와닿으면서 책방지기 기억에 오래 남을 것 같은 이 책도 그는 많이 추천하는 편이다.

책방지기에게도 책은 그저 문학을 읽는 것으로만 생각했던 때가 있었다. 그러나 이런 생각은 진작에 무너졌다. 세계 확장 등 여러 가지를 생각했을 때, 비문학작품이 더 충격적으로 자신을 열게 만드는 것임을 깨달았기 때문이다. 이를테면 『침묵의 봄』도 그렇다. 침묵의 봄에서 시작하는 각 장의 처음을 보면, 레이첼 카슨은 굉장히 서정적이다. 그 서정성을 바탕으로 현실의 이야기를 끌고 가는 것들,

● 책방 서가. 외국 문학(아래), 한국 문학(가운데), 인문 관련(위) 서적이 진열되어 있다.

여럿이 공감해 봤으면 좋겠다는 생각이 들었다. 그래서 전작 읽기도 생각하게 되었다. 비문학 작품이지만 세계에 대한 시각을 확장하고 열어줄 수 있는 책들, 코로나19 시대에 조금 더 절박하게 읽을 수 있는 책들을 그는 많이 추천하고 있다.

그러고 보니 한뼘책방을 품고 있는 '금요일의 아침, 조금'이란 카페명은 무슨 뜻일까? 주말을 앞둔 금요일은 직장인들에겐 설레는 요일이기도 하다. 이렇듯 주말을 기다리는 시간이라는 의미에서 카페 이름도 '금요일의 아침, 조금'이라고 지었다 한다. '금요일의 아침'을 한자로 쓰면 곧 '조금朝金'이기도 하다. 우리는 늘 책을 읽어야겠다고 생각하며 산다. 그런 면에서 보면 누구나 한 뼘 만한 정도의 서고는 가진 셈이다. 이 아담한 가게 한 켠에 위치한 '한뼘책방'이라는 이름이 좀처럼 잊히지 않는 이유다.

커피를 마시든 책을 판매하든 지금까지 갔던 책방에서는 관광객이 대부분이었다. 그런데 이곳은 의외다. 시내에 자리해서 그런 걸까, 손님은 주민이 훨씬 많다. 커피를 마신다는 이유도 있지만, 분위기를 즐기러 오는 분이 더 많다. 책방 뒤뜰 정원. 12월은 애기동백의 계절이다. 높다란 울타리 너머엔 어떤 사람이 살고 있는지 모르지만, 대나무 밀림이다. 오스카 와일드의 『거인의 정원』이 떠오른다.

📍 제주시 이도2동 319-5
🕐 화~토요일 13:00~20:30 (일, 월요일 휴무)
📱 010-8249-7446
📷 instagram.com/btween_fingers

제주시 일도2동 **책가방**

독서와 그림으로 마음을 화장하는 책방지기

*

*

*

허물없는 친구가 필요하신가요?
동초등학교 맞은편 골목 '책가방'을 찾아가 보세요.
그림 작가이자 글 작가인 책방지기가 늘어놓은 소품들,
그의 섬세함이 담긴 그림들, 정성껏 책의 내용을 적어서
붙여 놓은 포스트잇이 소개하는 책이 있습니다.
무엇보다도 편안함을 누릴 수 있습니다.

#소품샵 #디자인서적 #북큐레이션 #릴레이책추천 #미술

책가방, 생각만 해도 아련하다. 내가 초등학교 저학년일 땐 책가방이라기보다 '책보'였다. 언제부터인가 책가방을 만났다. 처음 만났을 때 잊지 못할 흥분이 있었던 것도 같은데, 그 기억은 어디로 사라졌는지 오간 데 없다. 고교 시절 등교할 때 만원 버스, 책가방이 사람에 걸려 낑낑대던 기억만이 얼굴을 붉어지게 할 뿐이다. 빨리 내리라고 소리 지르던 차장의 목소리가 들리는 듯하다. 동초등학교 맞은편 골목에서 김미화 씨가 운영하는 '책가방'을 찾았다.

학원을 운영할 때, 작가는 외적인 활동으로 블로그를 운영했다. 자신이 좋아하고 잘하는 게 무엇일까? 독서였다. 그는 독서와 관련된 것을 블로그에 올리기 시작했다. 그때 블로그 제목이 책가방이다. 책방 이름으로도 괜찮은 것 같았다. 그렇게 책방은 '책가방'이란 이름을 얻었다. 풀어 보면 '책이 가득한 방'이다.

책이 아니어도 부담 없이 고를 수 있는 소품, 아담한 공간에 낮은 천장은 책방지기와 손님을 더 끈끈한 정으로 엮어 주는 마법이 있

- 책가방 입구.

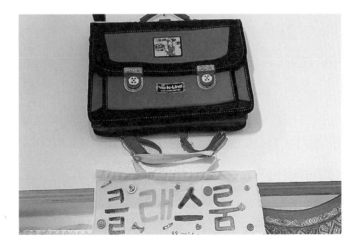

- 책방의 마스코트인 '책가방'이 걸려 있다.

다. 왠지 정이 가는 책방지기, 책방은 그의 삶을 파는 곳이다.

졸업 후 원하는 직장에 들어가는 사람이 얼마나 될까? 제주 토박이인 김미화 씨는 디자인을 전공했다. 그런데 학습지 교사로 발을 들여놓았고, 나중엔 국어학원을 운영했다. 꿈이 아니라 직업이 필요했기 때문이다. 나 역시 살아온 날을 돌이켜 보면 그렇다. 원하는 직업이 아니라 아무 데나 취직해야 한다는 강박관념으로 살았다.

김미화 씨는 학습지 교사로 활동하면서 잠재되어 있던 의식이 되살아났다. 이는 국어학원에서 다시 책방으로 이어졌다. 손에서 책을 놓을 수 없는 게 가장 큰 이유였다. 독서는 모든 과목의 기본이다. 누구나 독서의 중요성을 인식하면서도 여전히 영어·수학에 밀리는 게 현실이다. 독서는 한두 달에 이뤄지지 않는다. 어릴 때부터 습관화되어야 한다.

우연한 끌림

김미화 씨는 지금 책과 그림에 푹 빠져 있다. 습관화되어야 한다는 것과 달리 어릴 때부터 책을 좋아한 건 아니다. 독서는 우연히, 아니 끌림이었다. 대학 시절 어느 날, 서점 앞을 지나던 그는 보이지 않는 손에 이끌려 서점으로 들어갔다. 그리고 조신영, 박현찬의 『경청』과 아네스 안의 『프린세스 마법의 주문』 2권을 골랐다. 그 책을 읽으면서 앞으로 어떻게 살아야 할지 생각했다. 다행이랄까, 그 후

마법에 걸린 것처럼 장르를 가리지 않고 읽었다.

디자인을 전공했는데 왜 하필 국어학원이었을까? 읽고 쓰는 게 좋았기 때문이다. 늦기 전에 좋아하는 일을 해야겠다고 생각했다. 후딱, 전공을 버렸다. 그리고는 글을 쓰고 그림을 그리기 시작했다.

학교 다닐 땐 그림에 눈이나 뜬 정도였지 잘 그리지는 못했다. 국어학원을 하면서 그는 다시 그림을 시작했다. 자신이 쓴 글에 직접 그림을 그리고 싶었기 때문이다. 자신의 책을 내고 싶은데 글만 가지고는 안 될 것 같았다. 출판한 책은 없지만, 아직 젊다. 그는 희망을 버리지 않는다. 그는 이미 화가이자 글 작가였다.

〈제주의소리〉에 연재되는 이문호 교수님의 '짧은 글 긴 생각'이란 칼럼 타이틀이 떠오르는 순간이다. 비록 서점은 작지만, 작가의 삶에선 한없이 큰 의식을 볼 수 있었다. 아직도 우리 사회에선 명망 있고 돈 잘 버는 직업을 가진 사람이 출세하고 성공한 사람이다. 그러나 소신껏 주관을 펼치며 일하는 사람이 성공한 사람이라는 의식 또한 늘었다. 물론 나만의 생각이다. 그래도 예전과 달라진 것은 분명하다. 책방은 작지만, 작가 김미화는 큰 사람이었다.

글은 삶의 기록, 그림은 위로, 책방은 운명

그림과 글은 창작이라는 공통점이 있다. 그러나 그림은 이미지를 읽어 이야기를 상상하고, 글은 읽으면서 이미지를 그려 내는 차이가 있다. 그림 작가이자 글 작가인 김미화 씨는 그림을 그릴 때가 더 행복하다. 둘 다 아직은 부족하지만 그림은 어릴 때부터 못 그린다는 콤플렉스가 있었다. 그는 콤플렉스를 극복하기 위해 정면으로 도전했다. 한 계단 한 계단 오르면서 흥미가 생겼다. 거뜬히 극복했다. 미술을 작업하는 동안엔 아무 생각도 나지 않는다. 그야말로 무아지경의 세계다. 그림이 더 행복한 이유다. 처음엔 학원이며 화실, 평생교육원에서 배웠지만, 나중엔 독학했다. 이제 그는 책방에서 본인의 그림도 판매하고 있다.

글은 오래전부터 써 왔지만 때에 따라 다르다. 어떤 때는 잘 쓰는 것 같고, 어떤 때는 방황하기도 한다. 쓰기 싫다가도 마구 쓰고 싶어질 때가 있다. 글을 놓고 싶지 않다. 미술이 도전이라면 그에게 글은 일기이자 삶이다.

유일하게 기쁘거나 우울할 때 작가는 일기를 쓴다. 아무 생각도 하고 싶지 않을 땐 그림을 그린다. 소재나 장르는 가리지 않는다. 주로 캔버스화나 수채화를 그리지만, 연습 차원에서 소묘도 그린다. 요즘은 의뢰받은 그림이나 작품 전시를 위주로 그린다. 개인 전시도 있지만, 독서대전 때문에 도서관에서 전시하는 것도 있다.

손님은 아무래도 그림보다는 책을 많이 찾는다. 대부분의 고객인 20대 여성들은 에세이를 선호한다. 아마 방황하는 손님도 있을 것이다. 이런 손님들에게 작가는 자기계발서를 추천하지 않을까? 자기계발서로 책의 재미를 느꼈기 때문이다. 그러나 추천은 없다. 손님들은 작가가 붙여 놓은 포스트잇의 내용을 참고하면서 책을 고르기도 한다.

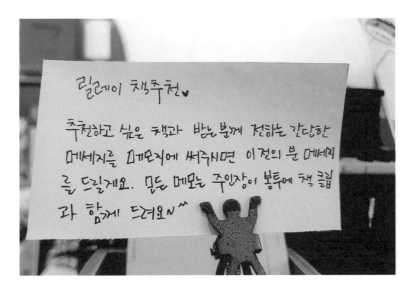

- 누군가에게 추천하고 싶은 책이 있을 때 간단한 메시지와 함께 남겨주면 책방지기가 전해주는 '릴레이 책 추천'도 진행하고 있다.

- 진열된 책의 내용을 일일이 적어 붙여 놓은 포스트잇. 손님을 위한 배려다.

책방에 진열된 책, 늘어놓은 소품 모두 그가 전공했던 디자인의 영향이 크다. 전공인 디자인과 전혀 다른 일을 하는 것 같지만 전공은 살아 있다. 그렇게 알게 모르게 그의 곁을 맴도는 보이지 않는 손이 되어 작가를 키우고 있다는 느낌이었다.

그림이나 독서에 빠지게 된 것도 마찬가지다. 애덤 스미스는 시장에서 가격은 보이지 않는 손에 의해 결정된다고 했다. 보이지 않는 손이 시장에만 있는 것일까? 아니다. 우리 삶에도 보이지 않는 손이 있다. 그 보이지 않는 손이 삶을 이끈다. 그렇다고 무작정 끌려가는 건 아니다. 노력에 따라 얄궂은 운명은 피할 수도 있다.

나이가 들면서 점점 운명을 무시할 수 없다는 걸 깨닫게 된다. 그러나 환경 또한 만만치 않다. 무시할 수 없음이다. 다만 올곧은 잣대가 필요할 뿐이다. 돈도 안 되는 거 때려치우라고 염려하는 사람도 내 실패를 책임지지 않는다. 노력을 전제로 했을 때 모든 건 때가 있다. 즉 보이지 않는 손의 끌림이 있다.

삶을 디자인하는 사람

작가는 눈에 보이는 곳마다 책을 두고 언제 어디서나 읽는다. 제일 집중해서 읽을 때는 자기 전이다. 그런데 자기 전엔 잠을 설칠 수 있다는 단점이 있다. 그래서 자기 전엔 소설책이 아닌, 잠들기 위해 지루한 책을 읽는다.

작가는 책을 읽으면 현실적인 것을 잠시 접어둘 수 있어 좋다. 집중할 수 있기 때문이다. 게다가 상상의 세계를 펼칠 수 있어서 더 좋다. 그는 감정에 몰입하기보다는 '드라마 같다, 혹은 영화 같다'라는 식으로 이미지화하면서 책을 읽는다.

작가 김미화가 최근 읽었던 책은 여성에 대한 편견과 차별을 다룬 작품인 『82년생 김지영』이다. 이 책은 2020년에 히트 치면서 영화로도 만들어졌다. 읽을 때도 눈물이 났지만, 소설을 원작으로 만드는 동명의 영화를 보면서 더 울었다. 배우의 연기가 감정을 더 풍부하게 했는지도 모른다.

지영(정유미)은 3년 전 결혼하고 딸을 낳으며 퇴사했다. 세 살 많은 남편 대현(공유)은 IT 계열 중견 기업에 다닌다. 지영도 그렇지만, 남편 대현이 안절부절못하고 전전긍긍하는 모습, 특히 친정어머니(김미경)가 딸의 빙의된 듯한 모습을 볼 때 그 연기는 눈물이 왈칵왈칵 쏟아졌다. 숨을 쉴 수 없었다.

"사부인, 쉬게 해 주고 싶으면 집에 좀 보내 주세요. 사실 그렇잖아요. 사부인도 명절에 딸 보니 반가우시죠? 저도 제 딸 보고 싶어요. 딸 오는 시간이면 제 딸도 보내 주셔야죠. 시누이 상까지 다 봐주고 보내시니, 우리 지영이는 얼마나 서운하겠어요? 사돈, 저도 제 딸 귀해요."

- 영화 〈82년생 김지영〉 중에서

지영의 어릴 적 꿈은 소설가였다. 그런 지영이 사랑하는 사람과 결혼하고 아내이자 엄마로 살아가는 모습은 행복한 것도 같았다. 하

● 벽에는 책방지기이자 그림 작가 김미화 씨가 직접 그린 그림들이 걸려 있다. 모두
  판매하는 상품이다.

지만 자신도 모르는 사이, 다른 누군가가 되어 내뱉는 빙의의 목소
리는 어쩌면 대한민국의 며느리들이 품었던 마음을 대변하는 게 아
닐까. 설날, 친정어머니를 빙의한 모습은 섬뜩하리만치 아파 왔다.
'멘붕'에 빠진 시댁 식구들을 보며 카타르시스를 느꼈다.

  전공을 살리지 못했어도 작가 김미화는 아쉬운 게 없다. 이미 삶
에 디자인을 충분히 적용하고 있기 때문이다. 하루 한두 명의 관광
객 손님이 전부지만 책방을 포기하고픈 마음은 추호도 없다. 그는

지금 다른 곳에서 수입을 마련하려고 애쓴다. 어른 수강생들을 대상으로 한 클래스는 물론 아이들 관련 클래스도 준비하고 있다. 피어나고 자리 잡히는 건 순간이다. 힘들다 한탄만 할 수도 있다. 그러나 긍정적 마인드를 지닌 그에게선 희망이 가장 먼저 보였다. 그래서 더 멋있었다.

자기 뜻을 펼치며 사는 사람이 과연 얼마나 될까. 작가 나이 올해 서른다섯, 그는 아름다웠다. 내가 그 나이에 그렇게 살았더라면 다른 내가 되지 않았을까? 그 사실이 아프면서도 행복했다. 꿈을 꾸는 자와 꾸지 않는 자는 다르다.

책방엔 기분 좋은 단골이 있다. 물론 동네 손님이다. 왠지 어린이집 선생님처럼 보이는 40대 정도의 그분은 한 달에 한 번 꼭 오신다. 언제나 한결같다. 손님이 친근감을 표시하는 것도 좋지만 한결같은 사람, 무엇이든 꾸준한 게 좋다는 걸 책방지기는 이분을 통해서 알았다.

또 어느 모녀가 있다. 책을 좋아하는 모녀는 이사 와서 근처에 책방이 있으니 반가웠다고 했다. 책방에서 아이는 아이 책을, 엄마는 당신의 책을 고른다. 한번은 아이의 학교 숙제 때문에 위인전이 필요했다. 그런데 아이 수준에 맞는 위인전이 없었다. 작가가 그림책 한 권을 빌려주었다. 모녀는 덕분에 숙제 잘했다고, 책을 돌려줄 땐 커피도 사들고 왔다. 그렇게 시작된 인연이 지금까지 이어지고 있다.

한때는 아이들이 좋아서 학원을 시작했던 작가다. 그런데 아이들은 체면치레하지 않는다. 이게 또 성인에게는 상처가 되기도 한다.

작가 김미화도 그런 상처로 학원을 접었다. 그랬었는데 다시 아이들이 예뻐 보이기 시작했다. 단골 모녀의 아이가 계기를 만들어 준 것이다. 이제 아이들 수업도 할 수 있을 것 같다.

📍 제주시 일도2동 1006-73
　　(동초등학교 맞은편 두맹이 골목 위치)
🕐 화~토요일 13:00~18:00 (일, 월요일 휴무)
📱 0507-1357-6787
📷 instagram.com/bookbagshop

제주시 삼도2동 **헌책방 동림당**

* 헌책의 언어는 쌓일수록 외롭다

삶의 향기가 그리우신가요? '헌책방 동림당'을 찾아가 보세요.
우리 기억 속에 아련한 화백의 그림, 골동품, 고서적은 물론
제주 속 우리네 삶의 흔적과 책 속에 담긴 지은이의 흔적까지
만날 수 있습니다.
무엇보다도 털털하고도 편안한, 헌책이 안겨 주는 안락함과 함께
색깔까지 그대로 묻어나는 책방지기와 헌책에 얽힌 에피소드 등
이야기를 나누며 유쾌한 시간을 보낼 수 있습니다.

#헌책방 #골동품 #고서적 #희귀도서 #유물 #예술품

　　　　　　　　한 시대를 주름잡던 헌책방, 헌책방은 말
그대로 헌책을 사고파는 가게이다. 그러나 이제 새 책이 넘치는 시
대, 헌책방이 사라져 가는 이유다. 책방지기의 색깔이 곧 책방의 색
깔이라고 했던가. 책 읽는 이가 드물어가는 요즘, 책이 너무 좋아서,
책을 모으다가 책에 파묻힐 것 같아서, 결국은 제주에 와서 헌책방
을 운영하는 책방지기 송재웅 씨를 만났다. 헌책의 색깔을 그대로
드러내는 그는 오래전부터 알고 지내던 사람처럼 털털하고도 편안
했다.

　서울이 고향인 송재웅 씨는 석사 과정에선 한일관계사를, 박사과
정에선 한중관계사를 공부했다. 수료 후 강의, 번역, 글쓰기 등을 하
면서 제주로 오기 위해 준비했다. 하지만 여러 사정으로 연기되다가
2011년 4월, 자그마치 5톤 트럭 4대 반의 책을 싸 들고 제주로 왔다.
　처음엔 노형동에서 약 132.2제곱미터에서 시작했다. 그러나 이도

곧 좁아지고, 66.1제곱미터를 더 늘렸으나 소용없었다. 노형동은 책을 쌓아 두는 창고로 두고, 이곳 삼도2동에서 지하서점 99.2제곱미터, 2층 전시장 99.2제곱미터를 임대하게 되었다. 엄청난 분량의 책 앞에선 발조차 내딛기 조심스러웠다.

송재웅 씨가 헌책을 모으게 된 건 중학생 때부터다. 그러다가 결정적인 건 중국에 있을 때였다. 그때 중국은 상대적으로 물가도 쌌고 환율도 괜찮았다. 주말이면 북경의 헌책방 가를 뒤지고 다녔고, 답사든 여행이든 가면 그 동네책방을 뒤지는 게 가장 큰 낙이었다. 국내에 와서도 책 모으기는 이어졌고, 쌓이는 건 책밖에 없었다. 집이 터질 지경이었다.

반상회가 있던 어느 날이다. 상자에 담긴 책은 방 가운데고 어디고 마구 쌓여 있었다. 그렇게 많은 책이 있다는 걸 모르던 이웃은 그 책들을 보며 집이 무너질까 무섭다고 했다. 실제로 집이 무너진 건 아니지만 위험하긴 했다. 아내는 '차라리 어디 공간을 따로 만들어서 책도 같이 읽고, 책 좋아하는 사람끼리 수다도 떨고, 책도 팔면서 놀이터를 만들자'고 하였다. 그렇게 헌책방을 생각하게 되었다. 어찌 보면 그는 책 때문에 아파트에서 쫓겨난 셈이다.

책방은 이왕이면 자신이 좋아하는 곳, 아이들도 원하는 걸 선택할 수 있는 곳에서 하고 싶었다. 학교에서 강의하는 마음만 비우면 충분했다. 대중적인 책과 달리 중국 책, 전문적인 책, 역사 관련 책, 자료로 쓰는 책, 유물로 쓰는 책은 상대적으로 부가가치가 높다. 그가 소장한 책 역시 대부분 이런 책들이다. 책이 필요한 사람은 필요한 책을 찾아 어디든지 달려간다. 그렇다면, 설령 물류비가 든다 해도

● 2층 전시장에는 송재웅 씨가 지금까지 모은 골동품 등 다양한 예술품들이 전시되어 있다.

어디에서든 살아남을 수 있지 않을까? 제주도로 오게 된 가장 큰 계기다.

서울에서 집 무너질까 이웃이 무서워했다는 건 괜한 말이 아니었다. 지하 서점과 입구에는 땅이 꺼질 정도로 많은 책이 쌓여 있었다. 더 충격적인 건, 노형동 창고엔 이곳보다 4~5배가 더 많다는 사실이다. 창간호 잡지, 저자 서명본 도서, 절판 희귀 도서, 고서 등 약 15~20만 권 정도 될 거라는데 셀 수도 없다. 특수 도서는 인기와 희소성에 따라 가격이 다르다. 책 한 권을 찾으려 해도 힘들 것 같은 책방, 누군가에겐 귀물이 이곳에 숨어 있다. 지하엔 서점, 2층엔 송재웅 씨가 지금까지 모아온 골동품과 그림, 고서적 외에도 여러 가지 예술품을 전시하고 있다.

애정과 현실 사이에서

한때는 헌책방이 많았다. 바꿔 말하면 그만큼 많이 이용했다. 어떤 책이든 구할 수 있다는 믿음도 있었다. 65년생 송재웅 씨, 동시대를 사는 우린 전공 서적을 제외하면 읽었던 책들이 비슷하다. 그래서인지 모르지만, 서가에 잔뜩 꽂힌 책에선 익숙한 냄새가 났다. 그래서 더 정겨웠다. 그러나 이곳은 노형동과 달리 온전한 임대다. 매출이 많은 업종도 아니다. 이제 장르를 줄이고 고서적만 판매해야 하나, 고민에 빠졌다.

방법은 간단하다. 부가가치가 높은 책만 팔면 된다. 그렇게만 된다면 공간은 고민하지 않아도 된다. 지하 책꽂이 한 칸에 있는 책을 다 합해도 부가가치가 높은 책 한 권의 가격도 안 된다. 문제는, 주머니 가볍게 읽고 싶은 책을 찾는 손님들이 왔을 때다. 책이 좋아서 책을 모았는데, 이들을 실망시킬 수는 없다. 대중적인 책도 필요하다. 그런데 부동산 가격은 치솟고 임대료도 비싸졌다. 생각대로 되는 게 없다. 지금 책방지기는 몹시 힘들다.

송재웅 씨가 소장한 책 중에는 대장경만 해도 신수대장경, 고려대장경, 남전대장경 등 7종류다. 한글대장경의 경우는 370권이 넘는 세트로 책꽂이 하나 반을 차지한다. 중요한 건 낱권으로 팔 수 없다는 사실이다. 필요한 사람이 아니고서는 볼 일도 없거니와 책꽂이에 모두 전시할 필요도 없다. 박스에 담긴 채 공간을 차지하는 이유다. 이런 책들은 비가 안 드는 넓은 공간만 있으면 된다. 찾는 이가 있을 때 출장 가서 발송하면 되는 것이다. 굳이 제주도가 아니어도 된다. 지금은 네 곳의 공간이 있어도 실제 활용도는 없다.

　송재웅 씨는 이미 오래전부터 헌책 수집가다. 그가 이곳에 쪼물딱쪼물딱 가게를 만들어 놓은 이유도 자신이 가진 것 중에서 조금은 드문 것들을 보여주고자 해서다. 박물관이나 전시장도 생각해 보았다. 그런데 이상과 현실은 다르다. 2020년엔 코로나19로 매출도 1/3이나 줄었다. 물론 그전에도 문 열고 유지하면 다행이었다. 연세가 부담으로 다가올 수밖에 없다. 돈은 안 되는데, 그는 계속 헌책을 수집하며 일을 벌여 놓는다. 죽을 둥 살 둥 일해도 쪼들리는 이유다. 골이 깊어지면 헤어 나올 수 없다. 이곳 2층 전시관에서 특화된 뭔가를 하려면 나머지 3개 공간 중 최소한 하나 이상은 줄여야 한다.
　책을 좋아하는 사람이라면 그의 마음을 이해할 것이다. 그는 책을 파는 것보다 사는 걸, 제가 찾던 책을 만나는 게 즐겁다. 당연히 팔리는 양에 비해 사는 게 더 많을 수밖에 없다. 70~80년대엔 헌책방도 10권을 사들이면 대여섯 권을 팔았던 호황기가 있었다. 그러나 지금은 헌책 20권을 사들여서 한 권 팔기가 땀 난다. 들여오는 책은 많고, 경상비를 줄이려면 빨리 솎아서 버려야 된다. 그런데 내치는 순간 폐지가 된다고 생각하니 선뜻 버리지 못한다.

어느 날이다. 책을 처분한다는 전화를 받고 인수하러 갔었다. 그 쪽에서는 싸게 줄 테니 골라서 가져가라고 했다. 그렇지 않으면 버리 겠단다. 그에게 꼭 필요한 책은 별로 없었다. 그런데 버리겠다는 말 이 아팠다. 폐지하라고 퉁으로 주는 것도 아니고, 골라서 사 가라고 했다. 그러므로 돈을 줘야 한다. 가져와도 돈을 준 만큼 벌지 못하지 만 안타까워서 끌고 온다. 그렇게 책방에는 또 책이 쌓인다.

마음을 비우고, 부가가치가 있다고 여겨지는 책만 취급하면 간단 하다. 그런데 그게 안 된다. 문제는 공간이다. 살펴보면 도내에도 활 용이 잘 안 되는 공간이 많다. 예를 들면 월드컵 경기장의 운동장 사 각지대다. 이곳은 경기나 행사가 없는 평상시엔 사용하지 않지만 주 차장 시설은 좋다. 이런 곳에서 책방이나 문화시설 등 문화공간으 로 활용할 수 있게 만들어진다면 바랄게 없다. 그러나 정해진 규정 은 체육 관련 기관이 우선이다. 시골의 감귤 창고나 선과장 같은 곳 은 식당이니 카페니, 자본을 가진 사람들이 이미 들어섰다. 책방지 기처럼 비실비실한 사람은 엄두도 못 낸다. 고민이 될 수밖에 없는 이유다.

없는 게 없는 서점

한눈에 봐도 범상치 않아 보이는 그림과 골동품, 고서적들, 이건 또 어디서 났을까? 이 역시 송재웅 씨가 취미로 모은 거다. 한나라 때 유물부터 요나라, 고려, 원나라 때 유물까지 다양하다.

● 어느 개인 소장가에게서 나온 80~90년대 낡은 테이프들.

이 중에서도 시대를 뛰어넘고 눈에 띄는 건 중국 송나라~원나라 시대의 자주요磁州窯에서 만든 '사자형 촛대' 한 쌍이었다. 이는 전두환 컬렉션 중 하나다. 전두환 씨가 29만 원밖에 없다며 세금 안 내고 버티던 때다. 당시 국내 최고의 경매회사에서 전두환 가족이 소유한 그림, 도자기 등 문화예술품들을 경매했다. 그때 송재웅 씨는 이 사자형 촛대 한 쌍과 그림 한 점, 부채 그림 하나를 낙찰받았다. 그중 부채 그림은 조선 시대 목판본 몇 권과 바꿨다.

일제강점기에 술잔으로 쓰였다는 유물도 있었다. 술잔을 엎으면 '제주도사'와 '경로장수'라고 쓰여 있다. 일제강점기 때는 제주도지사를 제주도사라고 했다. 술잔 안에는 학과 거북이 그려져 있는데, 노인들을 모시고 경로잔치 하면서 선물용으로 만들었던 술잔이다.

책도 거의 문학 관련 책이다. 문헌 자료로 권당이든 한꺼번에든 계약만 된다면, 육필 원고나 그 외 초등학교 졸업장, 시계와 같은 고인의 자료를 기증하면 사업도 되고 의미도 있을 것 같았다. 그런데 심의 평가에서 결렬되었다. 평가자마다 생각이 다르니 어쩔 수 없었다. 유품은 모두 자산이다. 가지고 있는 게 나을 수 있지만, 좋은 책은 누군가 읽어야 더 가치가 크다. 미술평론가 김원민 선생께서 문충성 선생께 선물했다는 해바라기 시화가 나를 보며 웃는 듯했다.

의미 없는 책은 없다

송재웅 씨 경우는 중국에 오래 있었고, 그때 알던 인연들이 있다. 공부하다 보면 시작과 달리 전공 분야가 바뀌는 경우가 종종 있다. 이처럼 전공이 바뀔 땐 한 번씩 슬림화한다. 이때 책들을 가져가라고 그냥 주시는 분도 있고, 어떤 분은 팔기도 한다. 그렇게 다양한 방식에 의해서 책방으로 오는 책 중 인연에 의한 중국 책도 몇만 권이다. 중국 관련 역사, 중국 경제와 관련된 몇십 박스의 책이 뜯지도 않은 채 창고에 쌓여 있다. 이 외에도 영문학, 독문학 관련 등 책은 다양하다. 철학은 더 많다.

송재웅 씨는 책을 정리하다 보면 재미있는 걸 발견한다고 했다. 읽기만 하는 사람들은 가치를 생각하지 않는다. 오로지 감명 깊게 읽거나 자신에게 필요한 정보가 있으면 좋은 책이다. 그런데 헌책을 장

● 의미 없는 책은 없다.

사하는 입장에서는 좋은 책임에도 양이 많으면 상대적으로 덜 인정받고, 별로라고 생각하는 책이어도 귀하면 대우받는 책이 있다. 희소성에 따라 가치를 매기는 기준이 조금씩 다르다.

여러 가지 이유로 책을 정리할 때 우리는 비싸게 팔릴 거라고 생각되는 책이 있다. 우선 깨끗하고, 세트도 맞고, 산 지 얼마 안 된, 비싸게 산 책이다. 그러므로 오래 되어서 여기저기 꽃이 피는 등 구석에 박아놨던 책은 내칠 거라며 옆에 쌓아 놓는다. 의미 없는 책은 없다. 대부분이 좋은 책이라고 여기는 책도 그가 보기엔 그다지 의미가 없는 경우도 많다. 대부분 귀물은 폐지로 버릴 거라고 쌓아 놓은 그 안에 숨어 있다.

가장 기억에 남는 건 일본에서 가져온 책이다. 그는 헌책이라면 국경을 넘는 일도 마다하지 않는다. 제주도 관련 책이라면 어디든 간다. 제주도에서 책방을 하기 때문이다. 명색이 헌책방인데 다른 데서 구할 수 없는 희귀본을 갖추는 건 자존심이다. 그는 국내 헌책 시장에선 보기 힘든 책을 일본에서 찾았다. 1918년 영주서관瀛洲書館에서 발행한 김석익 선생님의 『탐라기년耽羅紀年』 원본이다.

『탐라기년』은 제주사 연구의 태두라 할 수 있는 '제주의 첫 번째 편년체編年體 역사서'로, 939년부터 1906년까지의 제주 역사를 모두 4권에 나눠 수록했다. 이 책을 저술한 저자의 의도는 스승인 부해浮海 안병택安秉宅 선생의 서문에 있는 '앞에 우리 연대를 쓰고 중국 연호를 할주割註로 나눈 것은 우리나라를 중히 여긴 것'이란 구절을 통해 파악할 수 있다.

프랑스어판 춘향전도 있다. 『향기로운 봄』이란 제목으로 춘향전을 출간한 사람은 제주목사를 지낸 홍종우다. 우리나라 첫 번째 프랑스 유학생이던 그가 기메박물관에서 동양 고서적들을 분류하는 일을 할 때다. 이때 한국의 로맨스 소설을 소개해 달라는 부탁으로 번역해서 소개한 1892년판 원본이다. 책을 살짝 들춰 보았다. 쿡, 웃음이 터졌다. 1892년에 프랑스 작가가 상상해서 그린 춘향이 유럽 아가씨였기 때문이다. 옥사 역시 유럽풍이다. 이 책은 우리나라 고전이 외국어로 번역되었던 것 중에 제일 먼저 언급되는 책이다.

이 이에도 일본에서 발매됐던 제주도 역사지, 제주도 인민들의 4·3 무장투쟁사 자료집, 홍정표 선생의 제주도 민요해설도 일본에서 들어왔다. 대원군의 아버지 남연군 도굴 사건으로 유명한 에른스트 오페르트의 저서도 있다.

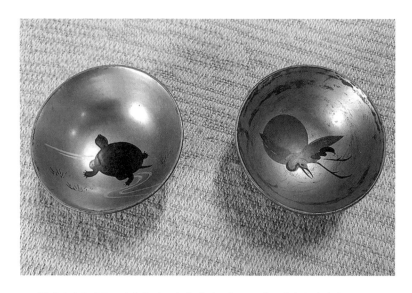

● 일제강점기 제주도지사가 경로잔치 때 선물용으로 만들었던 술잔이다.

● 나무 판자 위에 고려청자 청병(좌)과 전두환 컬렉션 중 하나라는 사자형 촛대(우)가
  세워져 있다. 오른쪽 상 위에 놓여 있는 건 고려시대의 수저라고 한다.

책방엔 이중섭 관련 작품, 이중섭 화백과 친구였다는 최영림 화백의 그림도 있다. 두 화백 모두 제주에 살았었고, 제작 방식이 다를 뿐 최영림 화백의 은지화도 있다. 이 외에도 눈에 띄는 건 이승오 작가의 〈캠벨 토마토 스프〉였다. 앤디 워홀의 작품을 패러디 또는 오마주한 작품으로 이는 헌책방 동림당과 관련이 많다고 했다. 작품의 재료가 모두 헌책과 폐지로 만들었기 때문이다. 그래서인지 송재웅 씨는 이승오 작가의 〈캠벨 토마토 스프〉가 자식처럼 무척 정이 가는 놈이라고 했다. 정이 많아서일까, 가게에 헌책이 쌓일수록 그는 외롭다.

📍 제주시 삼도2동 830-14 지하(국수마씸)
🕐 화~토 13:00~19:00(지하 서점),
　　일, 월 13:00~18:00(2층 전시장)
📱 070-8289-3631
📷 instagram.com/donglimdang

제주시 용담1동 **바라나시책골목**

심원의 고향에 이르면 눈물샘이 터진다

책과 음악, 천연 아로마 향이 흐르는 인도의 분위기와 함께
차 한 잔을 앞에 두고 온전히 내면을 들여다보는 시간

#조용한책방 #휴식 #인도 #힐링 #북카페 #헌책

　　　　　　　　마음의 본바탕에 이르는 길이 무엇이냐
고 묻는다면 그건 아마도 일심一心에 머무르는 게 아닐까. 우선 호흡
에 집중하고 지금에 머무르며, 내면에 흐르는 기억과 감정들을 알아
차린다. 그리고 다시 호흡으로 돌아와 지금에 머무른다. 이를 통해
내면의 물결이 가라앉을 때 마음의 본바탕은 저절로 드러난다. 여행
중 인도의 바라나시에서 자신의 본바탕을 발견한 권혜진 씨, 그는
2016년부터 제주에서 바라나시책골목이란 간판을 내걸고 북카페
겸 책방카페를 운영하고 있다.

　바라나시책골목엔 순차적으로 맞이하는 향기가 있다. 대문 앞에
선 바다 향, 마당에선 박하 향, 책방 안에 들어서면 천연 아로마 향
이 흐른다. 내가 방문하던 시간엔 카페 안에서 어쩌다밴드의 〈고백〉
이 흐르며 분위기를 더 감미롭게 했다. 만약 인도에 간다면 이런 분
위기일까? 실제로 인도에 다녀오신 분들이 여기에 오면 인도의 카페
와 비슷하다는 말을 많이 한다.

● 책방 입구에서 바라본 바다.

　바라나시책골목은 도심 속 시골이다. 대문에서 책방에 이르는 길은 어수선한 듯하면서도 정겨웠다. 책방지기의 이야기를 듣다 보니 그 이유를 알 것 같았다. 인도의 바라나시에 반했다는 책방지기, 갠지스강이 흐르는 바라나시의 느낌과 흡사한 원초적인 게 이곳에 있음이었다. 제멋대로 자라는 것 같으나 질서가 있는 마당의 박하, 나뭇가지로 기둥을 세운 빨랫줄에 엉성하게 매달린 염색천 모두 원초적인 모습 그대로였다.

방송작가에서 책방지기로 삶의 방향을 틀기까지

시사교양 쪽에서 방송작가로 활동하던 권혜진 씨는 여행을 즐겼다. 그 경험은 활동에도 많은 도움을 주었다. 졸업 후 SBS 방송아카데미에서 방송작가의 기초적인 것들을 배운 그는 KBS 생방송 〈세상의 아침〉에서 경험을 쌓았다.

프리랜서인 방송작가는 오전 프로그램과 오후 프로그램을 돌고 돈다. 그는 이슈가 되는 사건·사고 보도 프로그램에서부터 SBS 〈생방송 투데이〉 등을 돌고 돌다가 다시 돌아와 메인 작가가 되었다. 그리고 SBS에서 〈동물농장〉, 〈생활의 달인〉, EBS 〈다큐프라임〉, KBS 〈휴먼다큐 성공 예감〉, MBC 교양 프로그램 〈명품여행! 지금 그곳에 가면〉 등에서 일했다.

방송 일은 그에게 잘 맞았고 또 재미있었다. 그런데 그에겐 내면을 들여다보며 조금 더 천천히 살고 싶은 또 다른 마음이 있었다. 그렇다고 섣불리 방송 일을 그만둘 수는 없었다. 매력도 있었고, 돈도 벌어야 했기 때문이다. 10년 차가 되면서 방송 일이 익숙해졌고, 마음의 여유가 생기자 원하던 갈망이 파고들었다.

삶의 방향을 바꿔도 살 수 있겠다는 확신이 들었다. 레귤러 프로그램을 줄이고, 2015년엔 제주를 오갔다. 하지만 두 마리 토끼를 한꺼번에 잡는 건 쉽지 않았다. 자신이 원하는 내면이나 영상 등 삶에 올인할 수 없었기 때문이다. 방송 일을 접는 게 아쉬웠지만 할 수 없었다. 2016년, 14년 넘게 해오던 방송 일을 정리했다. 그리고 제주에서 북카페를 차렸다.

이제 자신의 공간에서 책을 읽으며 탐구하고, 명상도 하면서 살게 되었다. 그러나 자신이 인플루언서도 아니고, 손님은 별로 없었다. 그러나 모든 건 때가 있는 법, 1년이 지나고 2년이 지나면서 손님이 늘기 시작했다. 조금씩 방향을 선회하다가 '아, 이때다!' 하는 확신이 들 때, 남아 있던 절반의 욕망을 단칼에 잘라 냈다. 차츰 시간대에 따라 손이 모자랄 정도로 손님이 밀려들었다. 수입에 대한 두려움, 그건 오지 않은 걱정이었다. 정성이 쌓이며 손님이 늘었고, 또 굴러간다. 책방지기의 선택은 잘못된 게 아니었다.

수도인 델리 외에도 인도의 대표적인 도시는 여럿이다. 그중에서 바라나시야말로 인도의 대표로 꼽을 수 있는 도시다. 바라나시엔 인도를 아우르는 이미지가 있기 때문이다. 갠지스강이 흐르는 땅을 바라나시라고 하는데, 비록 거리 여기저기에 소의 배설물이 널려 있을지라도 바라나시는 인도인들에게 가장 성스러운 곳이다. 그런 만큼 이곳에서 죽기 위해 몰려드는 사람들이 많다.

힌두교도들은 갠지스강에 몸을 담그면 죄가 씻기고, 죽어서도 이곳 강물에 재가 뿌려지면 윤회의 사슬에서 풀려난다고 믿는다. 그들은 갠지스강에서 빨래도 하고 몸을 씻기도 한다. 그 물을 마시기도 하며 심지어는 어린아이의 시체를 그냥 내려보내기도 한다. 인도인들에게는 이곳 바라나시에서 죽음을 맞이하는 게 최고의 죽음이다.

힌두교도들의 종교의식인 아르띠 뿌자Arti Pooja가 진행될 땐 누구나 바라나시의 성스러움에 빠져든다. 관광객도 마찬가지다. 그만큼 바라나시는 매력적인 도시다.

갠지스강이 흐르는 바라나시는 수천 년 전부터 다양한 현자들의 토론 문화가 발달한 영성靈性의 집결지다. 권혜진 씨는 어렸을 때부터 왠지 이곳에 끌렸다. 이유는 없다. 그냥 끌렸다. 그렇게 가슴이 이끄는 대로 여행을 다녔다. 그러다가 바라나시에서 남편도 만났다. 이처럼 바라나시는 권혜진 씨에게 다양한 인연이 있는 곳이다. 간판을 바라나시라고밖에 정할 수 없는 이유였다.

수행자들의 집결지이자 인도의 가장 대표적인 영성 문화와 이미지를 가진 바라나시, 그 도시를 가슴에 담은 권혜진 씨는 방송 일을 병행하면서 다른 일도 할 수 있을 것 같았다. 워낙 인도를 좋아했거니와 쉬면서 책도 읽고 싶었다. 사람이 오든 말든 책이 있는 공간을 만들어 보자. 오직 그 바람 하나로 본인이 갖고 있던 책으로 이 일을 시작하게 되었다. 가게에 진열한 책 70~80퍼센트는 본인이 갖고 있던 책들이다. 진열된 책들은 특별히 어느 장르를 중점적으로 다루고 있지 않았다. 명상을 다룬 책도 많았고, 대가들의 책도 많았다. 모두 중고책이었다.

북카페만 하던 때, 사람들은 이곳에서 책을 구매하고 싶어 했다. 권혜진 씨는 그런 고객을 위해 중고책을 구매했다. 그리고 중앙라인에 두고 판매하게 되었다. 물론 양옆엔 북카페를 찾은 손님들이 마음껏 읽을 수 있는 책이 더 많다. 어쩌다 새 책을 구매해도 이미 권혜진 씨가 먼저 읽기 때문에 판매할 땐 자연스레 중고책이 되었다.

임차인은 늘 불안하다. 언제 가게를 비우라고 할지 모르기 때문이다. 그래도 권혜진 씨는 담담하다. '가슴의 믿음'이라는 삶의 기준이

- 강렬한 원색 컬러가 눈을 사로잡는다.

있기 때문이다. 이 믿음을 따르면 길은 절로 만들어진다. 책방 마당에서 자라는 박하는 억지로 손을 대지 않아도 저들 스스로 아름다움을 피워 낸다. 그런데 우리는 애써 다듬으려고 한다. 걱정되기 때문이다. 믿고 그대로 두면 이들은 본질을 드러내며 저절로 일어난다. 권혜진 씨가 이곳에 올 때도 마찬가지였다. 그는 가게를 힘들게 알아보지 않았다. 그냥 제주를 오가며 살아볼까? 그뿐이었다. 그러다가 단한 번 보고 계약한 게 이 집이다. 중간에는 집을 판다는 얘기도 잠깐 있었다. 결과적으로 주인은 그대로 있어도 된다고 했다. 옮겨야 할 일이 발생하더라도 흐름에 따르면 된다. 흔들리기보다 서핑하듯이 그흐름을 타고 즐긴다. 이처럼 권혜진 씨에게는 가슴의 믿음이 있다.

바람에 날아간 민들레 홀씨는 자리를 선택하고 내려앉지 않는다. 그 어떤 곳에 내려앉아도 그곳에서 저절로 피어난다. 그래서 더 곱다. 이 데칼코마니와 같은 일들이 이곳에서도 일어난다.

북카페를 시작하고, 1년 정도 시간이 흐르자 손님이 늘기 시작했다. 그 비결은 들판의 꽃들과 비슷했다. 권혜진 씨는 손님이 오면 안내하고 주문만 받을 뿐 전혀 개입하지 않는다. 손님들 스스로 공간을 자유롭게 이용할 수 있도록 하기 위해서다. 사람들의 내면엔 갈망하는 자유가 있다. 그리고 자기만의 방향성이란 신호가 있다. 손님은 착석하면서 자신만의 굴로 들어가고 있음을 알아차린다.

들판의 꽃이 아름다운 건 자유가 있기 때문이다. 마찬가지로 손님들도 이곳에서는 한 송이 들꽃이 된다. 자유롭게 산다고 하지만

● 책방지기는 손님이 오면 안내와 주문을 받고 이후부터는 전혀 개입하지 않는다. 명상 구조로 된 북카페 공간.

속박에서 벗어날 수 없는 우리, 자유를 경험한 이들은 자신의 만족도를 소문에 실어 날려 보낸다. 그 소문은 민들레 홀씨가 되어 어딘가로 날아간다. 처음에 왔던 손님이 다른 사람을 데려오고, 다시 그 사람들이 누군가를 소개해 주었다. 이렇게 손님은 조금씩 아주 조금씩 늘어갔다.

　손님이 붐빌 땐 자리가 모자라서 아쉽기도 하다. 매출에 영향을 미쳐서가 아니다. 불편을 끼치기 때문이다. 모든 게 완벽할 수는 없다. 그 불편 속에서도 손님들은 저들 스스로 방법을 찾아간다. 자리가 없으면 먼저 와 앉은 손님이 눈치를 보기도 한다. 그래도 권혜진 씨는 개입하지 않는다. 오직 손님들이 스스로 해결해 나간다. 손님들끼리 '여기 앉아도 될까요?' 하는 식으로 양해를 구하며 같이 앉기도 한다.

북카페로 시작 후 2018년에는 책방카페를 셀렉하였다. 그리고 책 판매를 시작했지만 메인은 여전히 북카페다. 북카페든 책방카페든 권혜진 씨는 늘 손님들에게 자유를 부여한다. 가슴을 따뜻하게 하는 이도 있고, 아프게 하는 이도 있지만 긍정적인 손님이 훨씬 많다.

여태 모르고 지냈던 감정을 느꼈다면서 펑펑 울고 가는 손님이 가끔 있다. 평소에 잊고 지내던 감정들, 이곳에 있는 책과 음악, 향, 공간, 문화가 두루 섞이면서 손님들은 심원의 고향, 즉 마음 중심에 다다른다. 심지어 이들 중 일부는 자기만의 공간에 앉아 있는 책방지

● 중고책이 판매되는 중앙라인.

기를 부여잡고 눈물샘을 터뜨리기도 한다. 그동안 막혀 있던 구멍에서 시원하게 뱉어내지 못한 소리가 가슴을 두드리면 흐느낌은 더 커진다. 그 어떤 가슴의 울림이 확 찾아들며 느끼는 자유로움이랄까? 그렇게 감정을 리셋하면서 한층 가벼워진 마음을 경험한다.

이러한 경험은 다시 민들레 홀씨가 되어 어딘가로 날아갈 것이다. 어쨌든 권혜진 씨가 소원했던, 가슴으로 바랐던 공간도 내면의 중심을 건드리며 원래를 드러낼 수 있는 그런 공간이었다. 권혜진 씨는 한 잔의 차와 함께 느낌에 따라서 손님의 감성을 건드리는 메시지를 전달하기도 한다.

진정한 휴식은 침묵이다

난처한 상황에 놓였을 때 우리는 대부분 합리화하고 변명하려고 한다. 내 말을 들어달라고 호소할지라도 타인의 말은 히어링hearing할 뿐 리스닝listening 하지 않는다. 그런데 이곳에선 애써 말하지 않아도 전달되는 소리가 있고 들리는 소리가 있다. 입이나 표정, 손짓이 아니어도 책이나 음악, 향, 또 공간 전체가 말을 한다. 그리고 진정으로 내 침묵을 리스닝해주는 존재다.

바라나시책골목을 북카페니 책방카페니 하지만 이곳은 책에 앞서 다른 사람들의 이야기가 있는 곳이다. 앉는 자리도 명상 구조다. 이곳에서 차 한 잔을 앞에 두고, 책을 펼치거나 받아 안으면 이미 명상은 시작된다. 동북 아시아의 한국 땅 제주에서 남부 아시아에 있

● 각자의 방식으로 책과 함께 시간을 보내는 손님들.　　　　　ⓒ바라나시책골목

는 인도를 불러들이고, 자기를 돌아볼 수 있는 쉼터의 공간으로 자리매김한다.

바라나시책골목엔 손님들이 남긴 일종의 방명록 같은 이야기들이 있다. 여기엔 책을 읽으러 왔지만, 가만히 앉아 있다가 어떤 '느낌'을 받았다는 메시지가 더 많다. '지금까지 자신이 뭘 좋아하는지 잊고 살았다. 비로소 뭘 좋아하는지, 뭘 하고 싶은지 생각났다' 등 상당수 교집합이 이런 내용이다. 사람들은 이곳에서 온전히 자기만의 내면을 들여다보는 시간을 갖는다.

우리는 얼굴도 성격도 직업도 모두 다르다. 그러나 마음의 구조는 똑같다. 고민도, 행복을 어디서 느끼는지도, 정말 하고 싶은 걸 하고 사는지에 대한 의문도 마찬가지다. 이처럼 인간의 기본적인 마음 구조가 비슷하기에 다양성 아래 공존하며 살아가는 게 아닐까.

　행여라도 손님의 자유를 방해할까, 이야기를 나누는 내내 속삭이듯 사분사분 말하는 책방지기의 모습이 인상적이었다. 그야말로 손님들이 온전히 쉴 수 있는 공간을 위해 최선을 다하는 모습이었다. 삶의 문제는 소리가 많은 데 있다. 마음의 소리는 침묵할 때 비로소 들을 수 있다. 이곳에선 침묵으로 말하고 침묵으로 듣는다. 그러므로 말을 줄이고 더 많은 걸 이곳에서 얻어 갈 수 있기를 권혜진 씨는 바란다. 진정한 휴식은 침묵이다. 더불어 몸과 마음에 쌓인 스트레스를 내려놓는다.

📍 제주시 용담1동 406
🕐 월~금요일 11:00~19:00 (토, 일요일 휴무)
📱 010-7599-9720
📷 instagram.com/varanasi_jeju

책방길 따라
제주 한 바퀴

초판 1쇄 발행 2022년 10월 20일
초판 2쇄 발행 2023년 12월 10일

지은이	고봉선
엮은이	제주의소리

펴낸이	오세룡
편집	여수령 허승 정연주 손미숙 박성화 윤예지
기획	곽은영 최윤정
디자인	지완
홍보마케팅	정성진

펴낸곳	담앤북스
	서울특별시 종로구 새문안로3길 23
	경희궁의 아침 4단지 805호
	대표전화 02)765-1251(영업부) 02)765-1250(편집부)
	전송 02)764-1251
	전자우편 damnbooks@daum.net

출판등록 제300-2011-115호

ISBN 979-11-6201-381-6 (03300)
정가 20,000원